中國學術思想 研究輯刊

十 三 編

林 慶 彰 主編

第 21 冊

戴震倫理思想析論

趙 世 瑋 著

花木蘭文化出版社

國家圖書館出版品預行編目資料

戴震倫理思想析論／趙世瑋 著 — 初版 — 新北市：花木蘭文
化出版社，2012〔民 101〕
目 2+180 面；19×26 公分
（中國學術思想研究輯刊 十三編：第 21 冊）
ISBN：978-986-254-718-2（精裝）
1.（清）戴震 2. 學術思想 3. 倫理學
030.8   100017589

ISBN-978-986-254-718-2

中國學術思想研究輯刊
十三編　第二一冊　　　　　　　　ISBN：978-986-254-718-2

戴震倫理思想析論

作　　者　趙世瑋
主　　編　林慶彰
總 編 輯　杜潔祥
出　　版　花木蘭文化出版社
發 行 所　花木蘭文化出版社
發 行 人　高小娟
聯絡地址　新北市永和區中正路五九五號七樓
　　　　　電話：02-2923-1455／傳眞：02-2923-1452
網　　址　http://www.huamulan.tw 信箱 sut81518@gmail.com
印　　刷　普羅文化出版廣告事業
封面設計　劉開工作室
初　　版　2012 年 3 月
定　　價　十三編 26 冊（精裝）新台幣 42,000 元　　版權所有‧請勿翻印

戴震倫理思想析論

趙世瑋　著

作者簡介

趙世瑋，國立中山大學中國文學系碩士，天主教輔仁大學中國文學系博士，現任南亞技術學院通識教育中心專任助理教授，國立清華大學中國文學系兼任助理教授。曾發表期刊論文 "Yen Fu and the Liberal Thought in Early Modern China"、〈中國近代思想史「群」觀念之起源及其影響〉、〈譚嗣同師弟關係考辨〉；會議論文〈論戴震詮釋孟子思想之意義及相關思想史上之問題〉、〈試論晚清公羊學派進化思想之形成〉、〈蘇軾〈正統論〉及其時代問題析論〉、〈論晚清「以太」說之建構與作用〉，以及譯作〈全球倫理與中國資源〉（Gregor Paul）。現從事晚清思想及清代浙學等專題研究。

提　　要

　　本文希望藉由思想史之整合性研究觀點，將戴震倫理思想形成的外在與內在因素加以分析研究。

　　首章乃就本文性質提出研究觀點。第二章則就戴震倫理思想形成的外在歷史因素加以探討。其中對戴震面臨政治與倫理觀念衝突時，提出思想理論予以對抗，而顯示外在環境對思想形成與發展的影響力；其次由戴震明經所以明道之言，為繼承清初經學所以經世之觀念，致使透過考證工夫而企圖達到明道與經世的目的，並以此目的來完足知識分子對社會之內在道德責任感；至於戴震倫理思想中重要之天理人欲觀念，其成熟之社會條件，則藉由明代中期以來士、商關係之轉變，以及對治生問題之重視，逐漸發展出對人欲之認同。第三章分別就戴震倫理思想所具有之特性，逐一提出分析討論。對於戴震理欲觀所具有之特色，首先予以說明；其次，對此理欲觀的理論性建構，主要是基於戴震對理氣觀之形上思想之認知基礎而發展出來。理氣觀之轉變，並不自戴震開始，故本章乃就戴震可能依循前人之觀點，逐一將理氣觀發展之歷史中各家觀點與戴震觀點相互參照比較，最後再由戴震之理氣觀與其人性論之間相互影響之關係，探討其倫理思想之特性。第四章則從西方學人之研究分析中，探尋戴震倫理思想之政治性及社會性涵義。第五章即分別就近代以來學者對戴震思想之批評與理解，從而顯示戴震思想於近現代思想史上之意義。

目

次

第一章　倫理思想的研究理論

　　中國倫理思想的發展，原本即帶有其歷史情境的複雜因素摻雜其中，對於倫理思想與政治及社會思想之間相互結合發展的論述，往往也顯示出倫理思想的複雜性。〔註1〕而倫理思想的基本性質，在中國思想史中個別思想家運用於建立其思想結構及學說主張時，即易於產生性質差異的論述觀點。這些論述觀點的不同，也就成爲思想史上對思想觀念產生紛爭的主要原因。凡此，對於思想性質的考察，不論基於形上思維的辨析，或是歷史事實的反省，都應以釐清問題性質及觀點取向爲主要工作。

　　就本文所擬探究戴震倫理思想發展的歷程而言，倫理思想發展的歷史背景，主要從明代中期爲討論之起點，由此時期學術思潮的發展及政治、社會的現象，從而對影響戴震倫理思想的歷史因素作一客觀性的陳述。必須強調的是，本文側重於思想史範疇的研究方法，故對於思想觀念的產生，有必要尋找出思想發展的歷史脈絡，並著重於此一脈絡的邏輯性。因此涉及解釋性的問題，則更留意解釋理論的建立與有效性。

　　解釋理論的建立，有賴於研究者所持觀點之意向。一般研究思想史的學者，將思想史研究方法及其理論，置於研究對象時，研究對象自然受到方法及理論的規範。問題是所謂思想史的方法，甚至於「思想史」一詞的語意概念究竟意指爲何，在今日從事思想史研究的學者而言，並未建立一完整的理論系統。本文因而擬先就此方法論問題做一淺略的論述。

〔註 1〕 強調中國倫理與政治結合之關係以解釋中國古代封建政治之特性，可見於梁啓超《先秦政治思想史》（台北，1977 年）。另戴師景賢〈中國前途與中國倫理思想之未來〉一文，也深刻分析中國倫理思想與中國政治發展之間關係。（文見 International Conference on Mainland-Taiwan Relations towards the 21st Century, Yale Mainland-Taiwan Society, Yale University, April 3, 1993.）

第一節 思想史的規範

近代研究思想史之學者，對於所謂「思想史」一詞的語意，呈現兩種不同的看法，其一是「觀念史」（History of Ideas），另一則是「思想史」（Intellectual History）。此一語意分歧的現象，造成兩種結果。一是中國學者並不分別這兩個不同語意所應包含不同研究取向的意義，亦即中國學者往往將觀念史的問題和思想史的問題混淆。另外，西方學者在譯述中國學者作品時，也因為無法定義其所指，而概以思想史（Intellectual History）視之，因而造成連學術史的論著也成為思想史之作品。

就近代西方學者對思想史的研究而言，是有其清晰的定義。觀念史研究之不同於思想史，在於觀念史偏重於哲學觀念的繼承與演變，即如 Arthur O. Lovejoy 所指出，所謂觀念史是比一般哲學史特殊，但不像一般哲學史那麼狹隘之領域。Lovejoy 在定義觀念史的主要型態時，即指出五項原則。首先，是隱晦而不完全清晰的假設，以及或多或少的無意識精神習性對個人或一個時代的思想所產生的作用。第二，普遍性的及不明確的地域性因素和思想習性，對個人進行內在反省所產生的影響。第三，觀念史的另一種要素，在於描述各式各樣的形上的悲痛情感。第四，要了解思想變遷的真正作用因素，必須從事哲學語意學的調查。第五，我們所關心的觀念型態，比起我們所想到的，還存在更多明確的、容易為我們加以區別和驗明的型態。〔註2〕

無疑的，Lovejoy 的觀念史定義，在企圖解釋哲學觀念和文學觀念的問題，我們可以從 Lovejoy 在 1936 年的著作〈導論〉中很明顯看出。但這並不意味 Lovejoy 的觀念史和一般哲學史所著重討論的問題，在方法上沒有分別。事實上 Lovejoy 的觀念史對於單位觀念（unit-idea）的演變，更重視觀念之間的結構關係及思想之邏輯性。〔註3〕而 Lovejoy 的觀念史方法，正是余英時先生所強調思想史的內在理路（inner logic）。〔註4〕

〔註2〕 上述五種型態見 Arthur O. Lovejoy, *The Great Chain of Being: A Study of the History of Ideas,* （Cambridge, Mass., 1936）, pp. 7～14.

〔註3〕 對於觀念和思想兩語詞的分別，在本文以下常見到的情形略做說明如下：當我們援用 Lovejoy 的單位觀念時，觀念和思想之間的分別即在於思想是由各別的單位觀念所共同構築而成。例如我們在論及倫理觀和倫理思想時，為了能很快地加以分別，倫理觀的語意是指倫理思想中的某一種甚或某幾種具倫理意義的觀點。這種觀點可以是理欲觀，或是性善觀，或包含兩者。但無論如何，這都只是整個倫理思想的一部分而已。

〔註4〕 此說見於余氏〈清代思想史的一個新解釋〉，（余英時：1976 年，頁 127）基

　　此外，Michel Foucault 則說明思想史（應為觀念史）所研究的是那些籠罩在文學、藝術、科學、法律、倫理學，甚或是我們日常生活中，那些隱晦不彰哲思的歷史；或是研究那些行之有年的主題的歷史。這些主題雖不曾以精密系統化的方式分析過，但卻在那些從不涉獵哲學的人們心中形成一種自然而然的哲學觀。同時，浮動不定的語言、沒有型態的作品，或不相連屬的主題，是思想史研究的主要課題。它分析的是意見而非知識，錯誤而非真理，心態模式而非思想形式。Foucault 又指出，起源來歷、持續性，及一統化是思想史中的重要主題。〔註5〕Foucault 的觀念史見解，的確也指出一部分在其之前觀念史家的研究形態，但 Foucault 企圖以 Archaeology 來推翻觀念史的研究，卻是相當明顯的。對於觀念史及思想史過分突顯某些事件和人物承先啓後的樞紐地位，熱中鑽研某一時期的時代精神，強求某些意識理念的因果關係，乃至重塑理想主義式的世界史觀等舉動，Foucault 均毫不留情加以撻伐。職是之故，Foucault 對觀念史的觀點或許因而有些偏見。

　　對於思想史的研究方法，如 John Higham 的意見指出，思想史研究的中心課題在於研究思想與其他的社會生活的領域之間的關係。〔註6〕而晚近研究思想史的學者，尤其從事中國思想史的研究學者中，以 Benjamin Schwartz 的見解為最重要。Schwartz 早在 1954 年所發表的一篇論文中提到，思想史的概念可以歸納為四項基本假設。其中重要的一項是所謂「思想史的重點並不僅僅限於一般所謂的自主過程的思想領域內。它主要著重在人類對他所處的生活環境的意識反應。」〔註7〕此外，Schwartz 在 1971 年的文章中又提到：

> 思想史包含了人類意識生活的整體，即思維、情感、想像，以及各
> 種感受的生活，而且不單單指概念化的領域。再者，我們決不只關
> 切人類的思維生活，將之視為自足的領域──即所謂的觀念史
> （History of Ideas）──而是關切和人所賴以瞭解自身的歷史處境有

　　　本上，余氏並不反對外在環境對思想所產生的影響，他之所以提出內在理路
　　　的解釋，只是補充前人所謂外緣因素說法的不足。余氏對此說法的相關意見
　　　可參考 "Some Preliminary Observations on the Rise of Ch'ing Confucian
　　　Intellectualism"，《清華學報》新十一卷，第一、二期。

〔註 5〕 Michel Foucault, *The Archaeology of Knowledge*, tr. by A.M. Sheridan Smith,
　　　　（New York, 1972），Part4, Chapter one.

〔註 6〕 John Higham, "The Rise of Asmerican Intellectual History", American Historical
　　　　Review, vol. VI: 3,（April 1961），p.453.

〔註 7〕 B. Schwartz，〈中國思想史的若干方法論問題〉，見張永堂編，《中國思想與制
　　　　度論集》，1976 年。

關聯的人類意識。〔註8〕

對於自主性觀念的批評，正是像 Schwartz 等思想史家所關切的。基本上 Schwartz 對思想史的看法是不將之視爲觀念自主的演變，而是與觀念以外的因素互相影響。這些因素，就 Schwartz 對美國學術界的了解而認爲：

> 他們研究思想史，不是強調它的內涵，而是將思想活動本身當做是一社會歷史現象，所以思想總是被當做社會力量或心理結構的反射，而思想內涵本身則並無意義。〔註9〕

Schwartz 所反應的這項陳述，正具體顯示思想史和觀念史之間存在最大的不同。因爲自主性觀念的存在和演變，基本上是觀念史家所關切的問題，且觀念史家有一重要的前提，即是假設人心是有絕對自主性的，是可以不受外在因素的影響而變動。然而觀念史家這個假設並不全然是個虛設，只是思想史家爲了要區別其與觀念史家在觀念認知上的不同。即如 John Higham 所說：

> 思想史必須盡其所能貢獻於整個歷史的組織及理解。就某種意義上說，所有的人類的活動都有心靈上的因素，而思想史正由此可見出它作爲一個整合性工具的與日俱增的功用。這項綜合的目標是可以透過對於觀念與政治、社會、經濟事件之間關係的研究予以完成。
>
> 〔註10〕

因而，就一眞正對思想問題的解決之道而言，思想史家也必須接受觀念史中部分的方法。因爲思想本身除了思想史所認識和外在環境之間存在密切的互動關係之外，不可否認的，思想史仍然不能脫離最根本的對於思想觀念（ideas）本身的了解，否則，思想史家又如何確定其所具有的，用來探索和外在環境之間相互作用關係的觀念本身，不會存有任何的誤解。

　　整合觀念的建立，或許是解決思想史研究法可能產生不足的途徑之一。透過思想史的內在邏輯和外在因素的研究，將可更明確了解問題本身的複雜性，並且尋求解決之道。然而這並不意味在思想史方法論上即有所突破。事實上，在近代一些具有社會取向的思想史研究，即逐漸顯示出「非理論性因素」在思想史上的重要性。這包括（一）對於問題的說明，需依賴在此之前

〔註8〕 B. Schwartz, "A Brief Defense of Political and Intellectual History—with Particular Reference to Non-Western Countries", <u>Daedalus</u>, December, 1971.

〔註9〕 B. Schwartz,〈研究中國思想史的一些方法問題〉，《近代中國史研究通訊》，1987 年，本篇爲一學術演講稿。

〔註10〕 John Higham, "Intellectual History and Its Neighbors", <u>Journal of History of Ideas</u>, vol. XV, No. 3, 1953, p. 347.

人們對有關此一問題的實際經驗；（二）從繁複的資料之中去擇取可能牽涉到認知者的意志行動的部分；（三）處理問題的方向常來自於生活中各種力量的影響。〔註11〕提出這種觀念的 Karl Mannheim 曾就知識存在的問題加以辯證。Mannheim 認爲知識並非完全是依照內在法則（immanent law）而發展，亦即不是完全依照純粹的邏輯可能性，而爲內在辯證所推動。相反的，知識的發展在許多關鍵點上都受各種非理論性因素所影響，Mannheim 將之稱作「存在性因素」。從影響認知過程的社會過程來看，理論思考的生活力量及現實態度並非只是個人性質的，亦即並非源於個人在思考過程中意識到自身的利益，而是可能源於集團的共同目的。個人的思想係以此爲基礎，個人只是參與在共同的思想中而已。因此，思想與社會存在之間的關聯若不加以考慮，則一大部分的思想或認知都無法確切了解。〔註12〕當然，就 Mannheim 對知識社會學的立場而言，社會不僅決定了人類觀念作用的表象，也決定了內涵。也就是說，社會中存在的非理論性因素，對人類知識的獲得以及思想觀念的建立，有其重要的影響。Peter L. Berger 在評論 Mannheim 的知識社會學時即指出：

> 在研究社會和歷史時，若誇大了理論思想的重要性，無疑地將成爲注定失敗的理論家。……因爲無論從科學、哲學，乃或神話的系統來爲現實作理論建構，都無法窮盡社會中視爲「眞實」的事物。〔註13〕

正是因爲思想家所面對的是一個眞實而又複雜的社會，有關哲學理論方面的解釋，也僅能就理論本身的邏輯性加以發揮，對於社會所存在眞實事物的問題，理論本身所能達到的有效性解釋究竟爲何，往往也無法客觀地驗證。因此，知識社會學提出的設問，即人類思想的過程乃是由社會過程所決定，於是有成立的可能。Alfred Schutz 也曾就此問題提出解說，認爲：

> 所有常識性思考的定型化，都是具體社會、文化與歷史生活總體的整合因素。在這個總體中，它們被社會支持並視爲當然。這些類型的結構決定了知識的分配、知識的相對性，並與特定的歷史情境中特定社群的具體社會環境有關。〔註14〕

〔註11〕黃瑞祺編著，《曼海姆》，（台北，1990 年），頁 114～115。

〔註12〕由 Mannheim 的論述觀點來觀察戴震及其前後的思想家對於「通經以明道」的觀念的形成，似乎也可以顯示出一些深層的問題。

〔註13〕Peter L. Berger and Thomas Luckmann, *The Social Construction of Reality*，中譯本，（台北，1991 年），頁 24。

〔註14〕Alfred Schutz, *Collected Pappers*, VolI, （The Hague, Nijhoff, 1962）, p.149.

近五年來對以「思想史」為題的研究當中，似乎有一新趨勢，即是對於思想史的範疇及方法論上的問題提出討論。早在 1982 年由 Dominick LaCapra 和 Steven L. Kaplan 編著 *Modern European Intellectual History: Reappraisals and New Perspectives.*（Ithaca, 1982）一書中，LaCapra, Roger Chartier, Martin Jay, Mark Poster, E.M. Henning, Hayden White 等人，即從社會文化、語言、考古學、解構、方法論及意識型態各方面和思想史之間的關係加以論述。LaCapra 也提到當前思想史所面臨的危機，即來自於範疇界定及理論效用的壓力。1990 年，Fritz Ringer 發表 The Intellectural Field, Intellectual History, and the Sociology of Knowledge. 一文，針對他在 1969 年出版的 *The Decline of the Geran Mandarins: The German Academic Community, 1890～1933.* 一書中所顯現的問題提出進一步解釋，而引起熱烈迴響。Martin Jay 和 Charles Lemert 分別撰述專文回應 Fritz Ringer 的文章。〔註 15〕大致而言，他們所關切的問題，仍是思想史的範疇定位及理論建構兩方面。此外，Vincent J. Tarascio 的論文 Intellectual History and the Social Sciences: The Problem of Methodological Pluralism. 也提出思想史的方法多元論可能引起一些人對歷史學的注意。由於社會學家所處理的是非常複雜的社會現象，因而需借助於歷史學家。然而各種方法的效用仍需根據它們對於特殊研究的適合性加以判斷，而非僅從哲學的或方法論上的定論這些基礎來做判斷。只有如此，歷史家和社會學家才能從全面性的方法上互沾利益。〔註 16〕

從以上的陳述，我們可以做一概括性結論，亦即關於思想史的方法論或定義問題，事實上到目前為止，並沒有所謂具體或結論性的論斷，這些問題隨著歷史時期的變遷而持續著，似乎永遠有不斷修正的可能。只是就目前研究者的意見而言，整合性研究方法仍有其重要而客觀的立場，這也是目前研究思想史的共同趨向。本文即以 Talcott Parsons 的一段話做為總結：

> 研究的基本目的，並不是對思想家們所說，或所認定的主題作結論式的摘要，也不是以現有社會學或相關的知識，對這些理論的每一個命題作直接的探討……事實上，我們是在社會理論中做研究，不是對各理論做研究。因此，這種研究的旨趣，並不在於那些理論家

〔註 15〕Martin Jay, "Fieldwork and theorizing in intellectual history: A replay to Fritz Ringer", <u>Theory and Society</u>, 19, 1990. Charles Lemert, "The habits of intellectuals: Response to Ringer", <u>Theory and Society</u>, 19, 1990.

〔註 16〕Vincent J. Tarascio, "Intellectual History and the Social Sciences: The Problem of Methodological Pluralism", <u>Social Science Quarterly</u>, 1990, p.54.

作品中各個不同的命題，而應是在於一個具系統的理論性推理的體系。

Parsons 這段話也正是本文所致力的目標。

第二節　歷史情境與學術思潮

思想史工作如上文所述，希望從非理論性因素之中尋找思想觀念形成的過程。而非理論性因素中的社會過程及歷史過程，又是重要的因素。因此探索研究對象的歷史演進過程則是一項重要工作。然而，事實上並不是如此簡單，因為我們所要探索的對象是存在久遠過去所發生的事件，這些事件之間的因果關係，往往極其複雜，並且在這些事件當中有許多肇因對研究者而言是沒有用的。因此，我們或許可以使用，也有必要選擇如 Max Weber 所謂的「理念型分析」的歷史觀點來進行研究。按照 Weber 對「理念型分析」的解釋，則是「為了展示研究對象某一方面的特性，並對其成因提出具有啟發性與系統性的了解，而把一些有關的因素特別加以強調出來，加以統合的分析建構。」〔註17〕「理念型分析」可以使研究者從複雜的歷史現象中整理出一套條理。事實上，事件愈是複雜，愈需要對其予以概念的澄清，所以即愈需要理念型的分析。〔註18〕如果從邏輯的觀點來看，把一些有關的因素特別強調出來並加以統合而成的分析建構，雖然不能解釋此一事件的整體，卻不必然是此一事件簡單化的解釋。就如同 Karl R. Popper 所說的：

> 在歷史中刻意地引介一個預先構想的選擇性觀點進來，亦即去寫我們所感到興趣的歷史。這並不意味著說我們要歪曲某些事實，使其合於我們這個觀念架構。相反地，我們對所有與我們的觀點有關係的證據，都要小心地、客觀地加以衡量。但是它的意思卻是說，我們不必去為所有這些事，或者與我們的觀點不相關，因而不使我們感到興趣的事實或層面而煩惱。〔註19〕

選擇性觀點的應用，既非簡單化我們所要處理的歷史對象，也不是要刻意扭曲歷史事實，最重要的是要明確地說明選取某一觀點的目的性，同時明白地

〔註17〕 Max Weber, *The Methodology of Social Sciences*, tr., Edward Shils and Henery Finch, （New York, 1949）, p.9. （Parsons, 1949）, p.5.

〔註18〕 Max Weber, Ibid., p.191.

〔註19〕 Karl R. Popper, *The Poverty of Historicism*, New York, 1964.

道出這個觀點,並且永遠要自覺到這只是許多觀點中的一個觀點。

至此,我們可以了解到的,即是我們所研究的對象及材料,基本上是經過我們選擇的,並且透過觀點的選取,進行歷史的解釋。而我們所運用的歷史方法或觀點事實上都是很難被驗證的假說,就 Popper 的認知而言,這些觀點即是一種歷史解釋。這種解釋,並不是一種理論。理論的建構,很難在歷史中實現。尤其當我們從歷史年鑑學派中了解到以長時期的觀點來探討歷史過程,所發現的持續性的基礎模型時,這些基礎模型基本上即是透過歷史的經驗事實而加以掌握。這種基礎模型,或是像 Fernand Braudel 所說的歷史結構,仍然只是歷史經驗的條理化,它的本質仍是事件,而非理論。就歷史結構而言,它是特定的,而不是一般的、普遍的。在不同的歷史社會就會各自有其不同的基礎模型。這種說法,事實上和 Weber 的「理念型分析」的觀點具有密切的關係。對 Weber 而言,「理念型分析」是了解歷史的一個詮釋的工具,它的建構和應用,都是對應著特定的歷史個體而來的。面對不同的歷史情境和歷史個體,我們即可建立不同的「理念類型」。而且就「理念型分析」所必需滿足的條件來看,(一)「理念型分析」必須與有關的史料之間不存在衝突。換句話說,它必須照顧到可見到的一切有關的史料。對於無關的史料之所以無關,也必須有言之成理的解釋。(二)在「理念型分析」展示被解釋的對象的特殊性與對其成因而提出具有啟發性與系統性分析的時候,「理念型分析」必須能夠應付有關史料中例外的現象。〔註20〕就這兩項「理念型分析」所必須具備的原則(或可說是方法,但與理論絕不相同)而言,對於史料的取擇之後所進行的歷史分析及解釋,存在著一種狀況,即解釋者先就其本身意圖選擇的某些觀念來對史料加以選取,已透過一層意識自主的過程而對史料加以系統性整理,然後解釋者再經由這個過程,對被解釋的對象(即具系統性之史料,但已經不是單純的史料,而是具有邏輯結構的歷史實體),進行另一層意識自主的過程而加以分析解釋。從這種關係來說,解釋者自身所具備的意識觀念清晰與否則是明顯地相當重要。

以這種解釋觀點來反應歷史情境時,是否會產生狹隘性?基本上,所有解釋性問題本就不具備周嚴的特性,尤其面對錯綜複雜的歷史現象時,我們所能掌握的歷史結構終究是整個歷史實體或社會實體的一部分。而所有經過理念化之後的解釋觀點永遠不能取代真實的社會實體。這不僅是方法論上一

─────────────

〔註20〕林毓生,《政治秩序與多元社會》,(台北,1989 年),頁 64。

直存在的問題，也是人文科學中永遠有別於自然科學中的絕對客觀性所必須面對的困境。因此我們或許應該從一個較開放的角度來看待這種狀況，亦即在解釋觀點本身儘量要求其能符合情境邏輯之外，也儘量從客觀的角度來衡量並儘可能地呈現歷史中一部分的眞實面。

對於歷史情境的掌握，與其說是在一個「限制」的歷史環境之下，不如說是藉著「正確取向」（orientation）來奠定歷史環境的基礎。因爲歷史情境之所以具體而具結構化，是因爲事實的互動，而不是因爲規範的關係。〔註21〕由於進行歷史情境分析的時候所採取的觀點取向對於情境的掌握和呈現具有重要的影響，因此，如何取擇觀點以使歷史分析具有效性，實爲一大難題。

舉例來說，就所謂的「時代精神」的意義而言，正是代表著集體性的願望對於經驗資料的選擇以及概念的表述所產生的影響。因而將時代精神與學術思潮相關聯，其作用即在於以集體性的歷史經驗來解釋思想潮流的發生與發展。然而時代精神的意義，僅僅是一種歷史情境中，集體歷史經驗的表現的一部分。事實上歷史是可以透過許多不同的途徑來了解，因爲有許多同時並存而且互不相容的思想潮流相互競爭、對抗，這些思潮對共同的經驗提供不同的解釋。這類的競爭、對抗無法從對象本身來加以了解，因爲對象是相同的，因此必須從不同的期望、目的、欲望來了解，這些都是衍生自集體的生活經驗。如此，我們即需要依賴社會領域中不同力量的相互作用，來解釋思想觀念的發生與發展。在這些過程之中有一些乍看之下似乎是純粹理論上的爭執，但在知識社會學的分析之下，卻可以化簡爲較基本的哲學差異，而這些差異又可追溯到具體存在的集團之間的對抗與競爭。

基於上述觀點的建立，我們對明清時期的學術思潮，諸如經世思想、漢宋學之爭及考據之學的發生和發展，可以取得一個較清晰而客觀的觀察角度。因爲學術觀念的形成終究是建立在集體性的思想經驗之下，這些觀念可以提升至一個思想潮流的層面，仍然反應著集體經驗的一種欲求目的。我們可以先列舉幾個提問，即考據之學爲何在清代得到如此卓然的發展？考據學家本身的學術立場究竟爲何？對於這類問題的解釋，勢必要運用較爲廣泛的觀點，才可能深入問題的中心並加以探索。

〔註21〕在黑格爾的文獻中，把世界視爲「情境」，指的是這世界擁有道德意義，是一種行動的藍圖。一種情境包括一種含有各種因素和條件的叢結（complexities）。它的意義是：機會、遠景、威脅或承諾。（Karl Mannheim, 1949, p.69）

第三節　道德思維的範疇

Karl Mannheim 曾指出：

> 要描繪人的道德歷史——即使只作最籠統的描繪，就必須以兩種角
> 度出發來考察不同階段的人類行為。在社會活動中，人的眼界和人
> 的理性意識曾達到何種程度？某一時代具有代表性的人物在多大程
> 度上可以承擔責任？當然，光憑這兩個問題還難以囊括道德的整個
> 現象，但它們在我們所涉及的範圍之內卻是重要的。在道德領域裡，
> 我們也可以運用「功能的」與「實質的」這兩種範疇——雖然要作
> 某些修正。功能的道德存在於那些在行動中產生作用的規範，這些
> 規範保證了社會表現出功能的道德而不引起摩擦。這樣的規範很
> 多，它們隨社會結構的改變而改變。實質的道德是透過某些具體內
> 容（信仰準則、感覺和法律的內容）表現出來的。〔註22〕

對於 Mannheim 所指出的「功能的」和「實質的」道德範疇而言，其所指的分
別意義可以說是對倫理現實和倫理思想兩種道德思維範疇的進一步說明。就
功能的道德而言，人的道德行為必須受到社會規範的約束，而社會道德規範
的標準也同時是可改變的，亦即在不同的歷史情境的社會中，道德規範的標
準即可能不同。在這種狀況之下，人所面對的道德標準，是一種社會現實的
反應。這種現實反應，乃是基於社會中各種價值觀之間相互衝突而逐漸趨於
妥協後，所呈現的價值標準。而實質的道德表現，則是屬於一種思想的呈現。
這種思想的產生，是基於思想家本身思想觀念的相互辨證而產生的。每個思
想家心中都有各自的道德觀，這些道德觀的產生，並不一定是從社會現實道
德標準而來，也可能是思想家擷取自倫理思想史中的諸多觀念而生成。然而
這兩種道德思維範疇的分別，僅僅只是思想史中道德現象的兩種概約性分
別。因為在現實社會中，這兩種道德範疇之間，總是存在著相互影響的狀況。
如果我們能對 Kral Max 的歷史相對主義倫理學的道德觀予以客觀的了解，我
們可以知道倫理現實和倫理思想之間是存在相互影響的。基本上 Kral Max 並
不願承認他的倫理觀念具有任何終極的和自明的意義，他寧願從理論方面來
說明其人道主義的目標：

> 這種理論解釋他的倫理觀念是社會環境的反應和產物。他的理論可

〔註22〕Karl Mannheim, Man and Society in An Age of Reconstruction: Studies in Modern
　　　　Social Structure, 1949, pp. 45～46.

以描述如下：如果一社會改革家或一社會革命家，相信自己是由於
憎惡「不義」和愛好「正義」所激勵的，那麼，他大多會淪爲幻想
的犧牲者。或更嚴格說，他的「不義」和「正義」的道德觀念，是
社會和歷史發展的副產物。不過，它們是一種重要的副產物，因爲
它們是推動歷史發展的機制之一，而這種發展又推動了道德觀念的
發展。要說明這一點，我們可以看出至少永遠有兩種「正義」的觀
念，而這兩種觀念，事實上非常不同。一種是統治階級所理解的「正
義」觀念，另一種則是受壓迫階級所理解的「正義」觀念。〔註23〕

Popper 所理解 Max 的這項觀點，雖然過於強調道德的社會特性，但是對於思
想與現實之間交互作用的關係，卻有深刻的見解。

　　對於倫理現實和倫理思想範疇區別的說法，還可比較大陸學者的意見。
張岱年曾經說明倫理學說的兩個思想範疇。

倫理學說，自古以來，所討論的問題雖然很多，實則可析別爲兩大
類問題：其一爲關於道德現象的問題；其二爲關於道德理想和道德
價值的問題。這兩類的問題性質不同。道德現象的問題是把道德看
作社會歷史現象，從而考察探索道德演變的客觀規律。道德與社會
經濟的關係問題即屬於此類問題。道德理想和道德價值的問題是規
定行動的指針、生活的目標，設定人生的理想、當然的准則。〔註24〕

張氏的說法和上述 Max 的見解有相似之處，這種相似正反應出典型的馬克斯
主義的思想模型。不過張氏認爲道德現象的主要問題在於了解道德演變的基
本規律爲何；而道德理想和道德價值的主要問題則在了解道德的最高原則爲
何，並且由考察歷史上道德演變的客觀規律以確定道德的最高原則。〔註25〕
這個道德最高原則事實上即是倫理思想的中心觀念。而張氏以倫理現實的問
題來確立倫理思想的觀念，這種推論是否眞實可能，仍需要進一步加以檢證。

　　而對於道德思維本身而言，不論現實性與思想性之間究竟存在何種影
響，當我們討論到兩者之間存在關係的問題時，必須要能充分掌握分析觀點
的邏輯性。尤其是現實社會中人的道德行爲的邏輯性，以及倫理思想中的邏
輯結構問題，都有必要加以確定。最後，本文將以 Max Weber 對邏輯結構的

〔註23〕Karl R. Popper, *Open Society and Its Enemies*, pp. 937～938.
〔註24〕張岱年，《中國倫理思想研究》，（上海，1989 年），頁 18。
〔註25〕同上，頁 18～19。

論述結束本章，並以此結構概念做爲以下考察問題時的重要準則。Max Weber
說：

　　當我們說歷史知識的本質與客觀可能性的觀念密切關聯，我們並不
　　意指歷史假設如何在研究者的心中逐漸形成，而是當歷史知識受到
　　懷疑或爭論時，在邏輯範疇裡測試它的有效性，如此方能確定它的
　　邏輯結構。倘若在敘述的形式裡，史家只是告訴讀者他對歷史因果
　　判斷的邏輯結果，而不詳細交待結論的邏輯基礎，也就是說，僅提
　　示讀者其中的過程而不詳究全部的推理，以致在外表的著作形式裡
　　層缺乏堅強因果推理的骨架，充其量這樣的作品，只是歷史小說，
　　而非科學的著述。〔註26〕

〔註26〕Max Weber, "The Logic of Historical Explanation", *Weber: Selections in Translation*,
　　　　ed. By W.G. Runciman, （Cambridge University Press, 1978）, p.125.

第二章　戴震倫理思想形成的
　　　　歷史因素

第一節　倫理現實的衝擊

　　中國思想因為缺乏如西方完整的倫理學體系，因此個別思想家在論述倫理問題時，僅能針對個人所面臨的道德困境加以反省。這裡所謂的道德困境，不一定即是思想家本身對於現實環境的反應，也包括思想家對於存在已久的道德觀念的辯解。這種情況，即是倫理現實和倫理思想之間存在的差異。〔註1〕尤其必要分析清楚，客觀存在的倫理現實儘管可以在思想家的內

〔註1〕對於倫理現實和倫理思想之間的差異性，除可參照前章的論述，我們還可以蔡元培先生分別倫理學與修身書之不同的論述做為參照。他說：「修身書，示人以實行道德之規範者也。民族之道德，本於其特具之性質，固有之條教，而成為習慣。雖有時亦為新學殊俗所轉移，而非得主持風化者之承認，或多數人之信用，則不能驟入於修身書之中，此修身書之範圍也。倫理學則不然，以研究學理為的，各民族之特性及教條，皆為研究之資料，參伍而貫通之，以歸納於最高之觀念，乃復由是而演繹之，以為種種之科條。其於一時之利害，多數人之向背，皆不必顧。蓋倫理學者，知識之徑途；而修身書者，則行為之標準也。持修身書之見解以治倫理學，常足為學識進步之障礙，故不可不區別之。」（蔡元培：1981年，頁1）蔡氏所謂的「修身書」，即有關倫理現實之意見，著錄成書。「倫理學」則是思想家的倫理思想。蔡氏此一分別，其用意在於指出倫理現實與倫理思想之間，為兩個不同範疇的問題，不能互為混淆。如果思想家受制於倫理現實的問題而影響其倫理思想，則將妨礙學術思想的進步。蔡氏此說在理論上固然成立，事實上多數的思想家也希望如此，但客觀現實卻有其困難之處。倫理思想往往受制於現實問題，其原因不外乎中國思想的產生幾乎是一種問題導向的思想。此一問題導向是來自個人面對社會群體及國家政治種種問題，為尋求解決之道而不得不激發出的一種思想型態。

心產生極大的衝突矛盾並加以批評，但這和主觀存在於思想家觀念中的倫理思想畢竟是兩個不同層次的問題。這種分別在以下論述戴震的倫理思想時，可以很明顯地加以察覺和區分。然而困難的是，由於環境因素的複雜影響，明清時期的思想家在倫理現實和倫理思想之間的分別，有時本身會有意識地辨明，但更多時候則是將這兩者加以混淆。若要解釋這種現象，與其說是這些思想家本身觀念上不夠清晰，不如說是現實困境促使他們必須面對這些現實難題，並且將之導入他們的思想觀念中。特別是面對政治與倫理結合的社會局面時，思想家多半不能抽身於傳統政治觀的影響，這也就更加深倫理現實和倫理思想的衝突。有關此一現象的解釋，也可以驗證上述知識社會學對於社會環境之非理論性因素對思想家本身思想觀念的影響力。

究竟明清時期的倫理現實問題具有多大的衝擊力？造成這種現象的歷史因素究竟如何？透過上述兩項疑問的解答，將有助於理解這個時期倫理思想的演進歷程，以及了解倫理現實和倫理思想之間的存在的衝突因素。而重現明清時期的歷史情境和探尋這時期的學術思潮，則是解答上述疑問的重要途徑。

明清時期的倫理現實問題，可以說即是一種經世致用之學能否發揮的問題。此一經世致用之學在明代和清代各有不同的認定標準。但一方面他們之間又具有某些共同的準則，這些準則如果放在整個中國歷史上來看，也只是經世之學的一種共象；即是政治仕途上所謂體制內的改革，或是從事地方社會團體的服務事業之體制外的改革。當然，就一個仕人而言，他固然可以從事體制內、外的改革，而非仕人集團的知識分子，也會一直積極爭取體制內改革的參與權，除非是出於個人意願不願意投身於這種改革。無論是貢獻於體制內或體制外的改革，知識分子可以說都是出於一種對國家、社會的道德責任感。這種責任感的目的乃是為大多數民眾謀求最大的幸福，無論是物質上的滿足，或者是精神力量的充實。而「學做聖人」或「尋聖人之道」則普遍成為知識分子將內在精神力量的發展，建立在社會階層的民眾身上時的一種自我追尋的終極目標。

一般而言，從事明清思想史研究的學者，總是將明代思想史上的問題延伸到清代。這些問題包括考證學的成因和漢學宋學之爭，同時也包含經世思想的發展問題。這些問題在明代和清代所產生和發展的歷史背景和環境因素有著顯著的差別。然而分別言之，這些問題不論是發生在明朝或清朝，它們之間的依存關係具有共同的規律，也即是說考證學的成因和漢學宋學之爭，

以及經世思想的發展，原本是源自一個主要問題而產生的。這一主要問題即是對於明代中期王學思潮的一種「反應」。此處所謂的「反應」相較於「反動」，其實是從另一層更深入的角度來分析此一問題。然而這種「反應」只是當時學者之間觀念上的一種分歧現象。若就王學而言，王陽明所面對的社會困境是遠大過於學術觀念的問題。這種社會困境其實是一直從唐代延續而來的。對於宋代理學甚或所謂的新儒家的發展而言，他們所遭遇的社會困境和明朝是類似的。宋代理學家追隨韓愈的儒學道統精神而建立對抗禪宗思想的理論，其結果，仍然是無法在社會中建立普遍穩固的基礎。一般人仍像韓愈所說的「儒門淡薄，收拾不住人心」。朱子即曾說過：

> 佛氏乃爲逋逃淵藪。今看何等人，不問大人、小兒、官員、材人、商賈、男子、婦人，皆得入其門。最無狀是見婦人便與之對談。如杲老與中貴、權要及士大夫皆好。湯思退與張魏公如水火，杲老與湯、張皆好。又云：杲老乃是禪家之俠。（《語類》卷一二六）

這一段話說明了佛教的社會基礎之廣大。新儒家希望和禪宗相競，自然要爭取社會上各階層的人，尤其是普遍不識字的人民。歐陽修、范仲淹猶不免受到禪宗極大的影響，即使是張載、二程，雖然從理論上建立了思想結構來和禪宗抗衡，到底他們的學問仍是屬於士人階級的。尤其是理學的本體論和工夫論，其思想結構仍是借徑自禪宗，因此在方法論上自然難免受到後儒的批評。理學家在方法論上的困境，到了南宋時期仍無法擺脫。朱子曾親受學於李愿中，但朱子一開始便懷疑李先生的教法。他說：「李先生爲默坐澄心之學，只爲李先生不出仕，做得此工夫。若是仕宦，須出來理會事。」（《語類》二十三）又有觀心說，在純粹理論上反對此默坐澄心的工夫。他說：

> 佛者有觀心說。夫心，一而不二者也，爲主而不爲客者也，命物而不命於物者也。故以心觀物，則物之理得。今復有物以反觀乎心，則是此心外之復有一心而能管乎此心也。此亦不待辨而審其言之謬矣。（《文集》卷六十七）

邵堯夫有「以物觀物」的說法，反對「以心觀物」，然朱子以爲可以得物理。在朱子而言，只反對「以物觀心」。而朱子反對佛家的觀心工夫，其實也是反對當時程門相傳看喜怒哀樂未發以前氣象的工夫，也就是反對他老師李愿中的默坐澄心之學。但是朱子強調的「讀書窮理」的方法，反而更難在一般民眾中受到接納。

　　此一困境在陸象山同時，已漸有方法工夫上的突破。紹熙三年，陸象山應朱熹的邀請，在白鹿洞書院給吏民主講〈洪範〉五皇極一章。這次聽講者，除官員、士人、吏卒之外，還有百姓五六百人。其主旨謂為善即是「自求多福」，不必祈求神佛。但是陸象山在講詞中卻更進一步提出要人「復其本心」的觀念。他說：

> 若其心正、其事善，雖不曾識字亦自有讀書之功。其心不正、其事不善，雖多讀書有何所用？用之不善，反增罪惡耳！（《象山先生全集》卷二三）

之後，據《象山年譜》淳熙十三年條記載：

> 既歸，學者輻輳。時鄉曲長老亦俯首聽誨。每詣城邑，環坐率二三百人，至不能容徒寺觀。縣官為設講席於學宮，聽者貴賤老少溢塞途巷。從游之盛，未見有此。（同上卷三六）

我們應可想像在這其中聽講的，自有許多不識字的人，因此才能進一步了解象山為什麼要堅持一種「易簡」之教。而象山講學，並不是以理性的思辨內容為主，而是來自真摯動人的情感。《象山年譜》就曾記載，「所講諸生皆俛首拱聽，非徒講經，每啟發人之本心也。間舉經語為證，音吐清響，聽者無不感動興起。」這種訴諸情感而不訴諸理性的作法，正是象山社會講學的特色。陸象山這一講學態度影響了王陽明。王陽明講學，正是如象山易簡直接的社會講學態度。他的對象也是以一般平民為主。陽明就曾說：

> 你們拏一個聖人去與人講學，人見聖人來了，都怕走了，如何講得行？須做得個愚夫愚婦，方可與人講學。（《傳習錄》三一三條）

重要的是陽明的後學——泰州學派，繼承了陽明的教法，使得王學能普遍深入社會各階層。而程朱理學雖然將士階層從禪宗那邊扳了過來，但是並未能完全扭轉儒家和社會下層脫節的情勢。明代王學則承擔了這一未完成的任務，使民間信仰不再為佛道兩家所操縱。

　　從宋代到明代，儒家所面對的學術困境實因為社會困境所致，即社會上普遍信仰佛道兩教。因此，宋代理學家從哲學理論的建立來突破此一學術困境，明代王學則企圖從講學方法的推行來突破困境。如果對於這種現象的產生能寄予現實社會壓力的考量，至少也應給予宋明理學同情的諒解。因為方法上無法有效的突破，以致王學給予人們一種印象，即講學態度和禪宗沒有兩樣。然而，宋明學者為突破社會壓力的用心卻得不到清代經世和考證學者

的諒解。黃宗羲即批評浙中王畿「躋陽明而爲禪」（《明儒學案》卷三二），又
批評泰州羅汝芳「眞得祖師禪之精者」。（同上卷三四）全祖望則進一步說明：

> 公（黃宗羲）謂明人講學，襲語錄之糟粕，不以六經爲根柢，束書
> 而從事於遊談。故受業者必先窮經，經術所以經世，方不爲迂儒之
> 學，故兼令讀史。（《鮚埼亭集》卷十一）

又說：「自明中葉以後，講學之風已爲極敝，高談性命，束書不觀，其稍平者
則爲學究，皆無根之徒耳。」（〈甬上證人書院記〉）顧炎武在〈與友人論學書〉
中也說：

> 竊嘆夫百餘年以來之學者，往往言心言性，而茫乎不得其解也……
> 士而不先其恥，則爲無本之人，非好古而多聞，則爲空虛之學。以
> 無本之人，而講空虛之學，吾見其日從事於聖人，而去之彌遠也。（《亭
> 林文集》卷三）

顏習齋也曾說：

> 予未南遊時，尚有將就程朱附之聖門支派之意。自一南遊，見人人
> 禪子，家家虛文，直與孔門敵對。必破一分程朱，始入一分孔孟，
> 乃定以爲孔孟程朱，判然兩途，不願作道統中鄉愿矣。（《年譜》習
> 齋五十八歲告恕谷語）

即使是在明代，王學也受到不少批評，如陳第即說：

> 君子言道，無瞬而不言。言於妻子，言於僕婢，一啓口在也。君子
> 行道，無息而不行。行於食飲，行於坐臥，一舉足在也。必譊譊然，
> 俟聚徒而後謂之言；赫赫然，俟居位而後謂之行也，末也。（《謬言》）

高攀龍也批評王門說：

> 始也掃聞見以明心耳，究而任心而廢學，於是乎詩書禮樂輕，而士
> 鮮實悟；始也掃善惡以定念耳，究且任空而廢行，於是乎名節忠義
> 輕，而士鮮實修。（《高子遺書・崇文會語序》）

儘管明代已有人針對王學的弊端提出批評，而王學的末流也的確有不少的缺
失，但是這些批評卻相較於明末清初的學者來得溫和。明末學者因爲面臨政
治及社會高度不安的情況而提出經世致用的言論，以期能扭轉頹勢，但終究
未能產生巨大的潮流以影響人心。明代滅亡之後，知識分子重新檢討明代滅
亡的原因，而一致將之歸罪於王學空疏之學所造成的。因而知識分子乃起而
重新提倡經世致用之學。事實上，明代滅亡雖然和當時學者務求空談，不關

心時政有關，〔註2〕但是明代滅亡卻不能完全歸罪於王學末流。而學者之間對於明亡的批評，本也應針對王學末流而發，卻又往往失之公允地罪及王陽明，甚至於包括朱熹、二程等整個宋明理學。清代初期反理學的風氣是相當明顯的，而這股反理學的風氣是基於檢討王學末流所造成的空談義理，無益社會國家，因而轉向從經書中尋找經世致用的實學。但事實上宋明學者研究的對象也涉及部分的經書，因而為了區別和宋明學者不同，即針對經書的解釋方法下手。同時，清代學者本就是因為反對宋明學者解釋經書的方法，因此更著意在解釋方法的問題上。〔註3〕

　　當然，我們從近代學者對於清代經世之學發展的研究當中，可以了解清初經世思想的發展，乃是清代考證學發展的重要因素。由於經世思想中對於經書的重新認同，也從研讀經書的態度和解釋方法上做了革新，最主要的即是拋棄宋明理學家解釋經書的方法，而回歸漢代解經的原則。日人山井湧就曾經把十七世紀的中國看成是過渡時期，以強調經世為其特徵。經世觀念的興起，一方面是肇因於對明末王學的反動，另一方面卻是清朝考證學的先趨。山井氏以顧炎武的著作舉例，證明顧氏對經學史學的研究是為了要解決當時的社會、政治、經濟諸問題。〔註4〕山井湧更進一步解釋說：

> 這種經世實學的自覺到了明朝滅亡的前後，學者受到社會激烈變動的刺激，而表現得更為明顯。而在清朝的統治確立後，出現了一群在情感上追慕明朝、反抗清朝而不屑仕宦於清的士大夫，他們身歷明朝滅亡之痛，對於造成這種局面的政治、經濟或學問，不得不加以深刻的批判和反省。他們把客觀的、具體的現實事務作為學問的對象，因此處理的態度也就不得不變得自然客觀。若要從昔日的文

〔註2〕　如邵廷采即曾說：「嘗讀逸書，吳興老生沈仲固有言：『道學之末流，至寶祐、開慶間幾不可問。見治財賦者則目為聚斂，開閫者則目為粗才，讀書作文者則目為玩物喪志，留心政事者則目為俗吏。所讀止《四書》、《近思錄》、《通書》、《太極圖》、《東西銘》、《語錄》數種，不為其說，即立身如溫國，文章氣節如坡仙，亦置之格外。……賈似道利其結舌寒蟬，不致掣己之肘，故用之列布要津，禍不在典午清談下。』」（《思復堂文集》卷七，〈候毛西河先生書〉）

〔註3〕　潘用微的《求仁錄》和陳乾初的《大學辨》已廢棄道學家的傳注，直接尋求孔孟的真義。錢賓四先生說：「蓋兩人皆不喜玄虛渺漠之談，而倡孔孟程朱之辨，罷棄傳注之附會，直求本經，以探孔孟真義。」（錢穆，《中國近三百年學術史》，1937年，頁65）所以用微有不得看注，不得看諸賢語錄的話。

〔註4〕　山井湧，〈從明學轉化至清學來看顧炎武的學問觀〉，中央大學文學部紀要，1964年，頁67～93。

獻史實上尋求闡釋問題的根據，就不得不變得越發客觀、實證了。
而如此淵博的文獻知識，自然不只應用在政治問題的闡釋上，理所
當然地也應用自處理經書史書，也就是經學史學本身上面，此時朝
著清朝考證學發展下去的可能性就產生了。〔註5〕

對於山井湧的論述，可以見出一個現象，即是清初學者正如山井湧所說的情
況，乃是將處理經書中的問題做為解決政治問題的前提，那麼對於經世思想
的起源，心理學上所謂的「刺激——反應」理論，正是反應出當時知識分子
的普遍心態。這種集體意識觀念的產生，基本上仍是受制於外在的社會因素，
即社會發展過程中，實際生活經驗和存在的問題對於知識分子思想觀念所產
生的影響力，足以決定這個時期思想潮流的趨向。這一種非理論性因素正明
顯地表現在清初時期學者的身上。

　　經世之學在清代的發展，固然有其非理論性因素的存在事實，但是經世
之學對於經書關注的態度，並非純粹是清代一朝的特色。早在明代末年，東
林學派中的高攀龍就曾明言學問即應為經世之實學，而且主張經世之學乃立
基於經術，非由讀書而來不可。（《高子遺書》，卷三〈示學者〉；卷十〈家訓〉）
這種說法乍看之下似乎和經學史學派的遺老有相同的主張，但是他的實學並
不把政治、經濟等事務作為學問研究的對象，他的實學觀仍含有著心性修養
的工夫，並且沒有擺脫學問與實踐、修養混淆不清的心學特質。因此，明代
的經世思想並不受非理論性因素所影響，而相對的比較，清朝受到這項因素
的影響就非常明顯了。

第二節　經世思想與考證學的關係

　　在分析經世思想的非理論性因素之後，本文將就經世思想家對經書意義
的認定問題加以討論。清代經世思想家對於經書本質所具有的作用意義，和
傳統經學家最大的差異，即是經學史學化的問題。對於「六經皆史」的觀念
起源，說法仍有待證明，但就這一觀念的產生，無疑的是對於傳統儒家經學
觀念的一種挑戰。在明代時期，李贄的「六經皆史」（《焚書》卷五）的說法，
顯然是受到王陽明《傳習錄》（卷一）中「春秋亦經，五經亦史」、「六經皆只
是史」的影響。但王陽明的目的並沒有貶低六經的意思，而李贄的「六經皆

〔註 5〕山井湧，〈明末清初的經世致用之學〉，《明清思想史之研究》，東京，1980 年。

史」說卻與他社會變化的歷史觀和不以聖人是非為是非的哲學觀相聯繫。李贄認為六經：

> 非其史官過為襃崇之詞，則其臣子極為讚美之語，又不然，則其迂闊門徒，懵懂子弟記憶師說，有頭無尾，得前遺後，隨其所見，筆之於書。」（李贄《焚書》卷五〈經史相為表裡〉）

又說：

> 徒出於聖人，要亦有為而發，不過因病發藥，隨時處方……藥醫假病，方難定執，是豈可遽以為萬世之至論乎？（李贄〈童心說〉）

李贄這一番說詞，雖然過於激烈，但是他否定經書成為萬世至論的觀念，認為經書中的問題事實上只是歷史問題的反應。不同的歷史情境所面臨的現實問題，就像因病發藥，是應該針對問題本身來加以解決的。因而經書的內容正是記載這些歷史問題的書籍。

清代的章學誠也說：

> 天人性命之學，不可以空言講也，故司馬遷本董氏天人性命之說而為經世之書。儒者欲尊德性，而空言義理以為功，此宋學之所以見譏於大雅也。夫子曰：「我欲託之空言，不如見諸行事之深切著明也。」此春秋之所以經世也。……三代學術，知有史而不知有經，切人事也；後人貴經術，以其即三代之史耳；近儒談經，似於人事之外別有所謂義理矣。浙東之學，言性命者必究於史，此其所以卓也。……知史學之本於春秋，知春秋之將以經世，則知性命無可空言，而講學者必有事。……史學所以經世，固非空言著述也。且六經同出於孔子，先儒以為其功莫大於春秋，正以切合當時人事耳。（《文史通義》，〈浙東學術〉）

所以當我們「思考中國經學與史學之間的依違關係，顯然的可以看出十八世紀中國的史學已有進入用歷史來克服經義的趨勢。」〔註6〕章學誠說「事變之出於後者，固貴約六經之旨而隨時撰述，以究大道也」，或許不認為道的本質有什麼改變，他認為儒者需要撰著，主要出於不得已。因為周公、孔子之道已經大備，六經不外是片面的消息而已。可是後代的人要不斷地重新寫作經典，就像孔子要述六經一樣。這種對於經傳傳統的態度顯然是空前的。除了

〔註6〕李弘祺，〈史學研究研究前景的我觀──方法及視野的一些反省〉，《讀史的樂趣》，頁109。

據此態度而對宋明理學作出了嚴苛的批判，實際上更直入「經學即理學」的核心，徹底解消經學所能代表絕對眞理的信仰。經學既然不具眞理的意義內涵，因此經學成爲經世思想家用來做爲反應歷史問題的工具，並且從中取得解決政治及社會問題的方法，則成爲理所當然的。〔註7〕

由上述的陳述可以進一步指出，經學和理學之間敵對的立場，正顯示出明清時期經世思想發展的重要因素。而這一敵對立場也顯示出清代時期漢學、宋學之間的爭論，以及由漢宋之爭所引發經世考證的觀念再度發揚。尤其清朝初期許多考證學者共同具有「通經明道」的觀念。「通經」的方法是需要經過文字、音韻的考證程序而建立的；「明道」的目的是要求得致用，即在社會及政治改革上能提供具體的原則，甚至能運用這些理念實際參與改革。這一思想觀念，從顧炎武開始，而及於乾嘉考證學者。顧氏曾說：「君子之爲學，以明道也，以救世也。」（《亭林文集》卷四〈與人書〉二五）又說：「凡文不關於六經之旨，當世之務者，一切不爲。」（同上卷四〈與人書〉三）錢先生因而評論說：

> 故治音韻爲通經之鑰，而通經爲明道之資，明道即所以救世，亭林之意如是。乾嘉考證學，即本此推衍。以考文知音之工夫治經，即以治經工夫爲明道，誠可謂得亭林宗傳。」（錢穆：1937年，頁134）

雖說明道致用的經世觀可以成爲清代考證學興起的重要因素，但是這兩者之間微妙的關係仍須詳加分辨。

民國以來學者對於清代學術與考證學興起之間相互關係的研究成果，可謂日漸豐富。然而對於清代考證學興起原因的探討，至今仍有許多分歧的意見及急待澄清的問題。就考證學何以興起的問題而言，各家說法意見不一，大約可歸納爲以下幾個說法：一、王學反動說；〔註8〕二、政治文字獄之壓迫；

〔註7〕其實經學有史學的傾向，主要的問題在於治經是爲了了解三代所存的政治制度究竟爲何，並且，以這些制度反省到現今所處的時代問題，從而找出能爲現今經世之用的制度。朱子就認爲《尚書》是一部古史，其間有關上古天文曆法地理制度以及種種名物，全需專家智識來整理，所以他把《書集傳》的工作讓門人蔡沈去完成。同時朱子對於孔子《春秋》也認爲是一部通史。史學應該注重近代，在孔子時修史，自然偏重春秋時代，在後世則不應仍看重《春秋》。他也認爲古禮不能行於後代。這種對待經書的態度，自然是會將經學的尊嚴性和神祕性全都剝奪了，而重新還給經書應得的地位。後來陽明六經皆史的理論，其實在朱子早已發揮透切了。

〔註8〕梁氏論述考證一派興起的原因，爲後人所論及的，如「因矯晚明不學之弊，

〔註 9〕三、經濟社會條件說；〔註 10〕；四、唯氣（器）思想的興起；〔註 11〕

五、思想內在理路說；〔註 12〕；六、經世思想的轉化。〔註 13〕這六項說法至

乃讀古書，愈讀而愈覺求真解之不易，則先求諸訓詁名物典章制度等等」；又如「其後文字獄頻興，學者漸惴惴不自保，凡學術之觸時諱者，不敢相講習，然英彥之士，其聰明才力，終不能無所用也。詮釋故訓，究索名物，真所謂於世無患與人無爭，學者可以自藏焉。」皆爲重要發現。（梁啓超：1989 年，頁 21～22）

〔註 9〕關於文字獄影響考據之學興起的意見，最早爲章太炎所提出（見章氏《檢論》卷四〈哀焚書〉、〈清儒〉）即所謂的「家有智慧，大湊於說經，亦以紓死，而其術近工眇踔善矣」，而梁啓超只是將這個意見再加以發揮。

〔註 10〕Benjamin A. Elman 於 1980 年撰寫成 *From Philosophy to Philology: Intellectual and Social Aspects of Change in Late Imperial China.* 博士論文一書，其中的觀點部分受到前述兩人的影響。Elman 在這個基礎上，更加深入提出他對清代考據學的看法。他認爲，清代考證學的盛行，並非是一般所認爲的那樣是因爲學者在清政府的高壓政策下不得已而逃避現實，鑽入故紙堆中，而是宋明以來儒家的「漢學」和「宋學」之爭在清代的繼續。Elman 認爲，所謂「漢學」和「宋學」之爭在明朝後半期已難解難分，清代考證學正是在這樣的背景下興起的。它反映了當時的學者企圖擺脫程朱理學，通過對儒家經典的研究來恢復正統的儒學。因爲就清代考證學者認爲，宋明儒生通過朱熹、王陽明來了解儒學正統是走入歧途，因爲朱、王的儒學中摻雜了許多道家與佛教的思想，並非真正的儒學正統。考證學者們想要通過對原始經典的考證來擺脫統治學術思想界數百年的宋明理學。Elman 因此指出，正因爲如此，清代的考證學並非單純的求學問的現象。如果照 Elman 的說法，則是清代儒者有意識的反對宋明理學，這個說法仍不脫梁啓超、胡適的意見。但 Elman 更從社會、經濟的角度去分析清代考據學的成因，諸如江南各地書院的興起及其在教育和學術界的地位和作用，明清江浙一帶公私藏書樓的藏書情況及其在學者們的考證研究中的作用，印刷業和印刷技術對學術的影響，一些大部頭書籍如《四庫全書》、《皇清經解》等的編纂經過，清代學者在當時的交通條件下互相往來和交流學術的情況等。Elman 認爲，從某種意義上說，清代中期的考證學的興盛與商人的資助有一定的關係。如《皇清經解》的作者中有十五名出身於以鹽商巨賈眾多而著稱的揚州府，爲各地之首，似非偶然。Jerome B. Grieder 認爲 Elman 這一著作「不僅是思想和學術方法的歷史，它也是一部蘊育了考證學派的思想和社會文化史。」（Asian Studies, 46:2）

〔註 11〕這個說法，主要是以日本學者的研究觀點爲主。如日人山井湧等。

〔註 12〕錢氏對於清廷以政治力干預學術，造成學術轉向考據一途的意見，與章氏梁氏相同，但錢氏認爲清代經學考據實是由明清之際學者的史學轉化而來，同時錢氏又認爲「清儒學風，其內裡精神，正在只誦先聖遺言，不管時王制度。此一層，實乃清代學術之主要精神所在，所謂汲源於晚明者正在此。」（錢穆：1980 年，頁 3～10）此外，余英時根據「內在理路」說法，認爲乾嘉考據學興起的原因乃是晚明學者的義理之爭轉折爲文獻考證而引導出清代全面整理儒家經典的運動，同時余氏又認爲清代考證學的發展乃是儒學由「尊德性」

今也分別或多或少地受到學者的批評。從這些批評中，我們也可以感受到考證學興起原因是相當複雜的，因而任何一種解釋的說法，也只能就整個興起問題本身提供一個面向的觀察。而如果要以任何一種觀察結果來解釋其興起的原因，都是不可能的。就上述幾項解釋觀點而言，其性質約可二分為外緣因素和內緣因素。誠然，就思想變遷的因素而言，可以有內在因素及外在因

的層次轉入「道問學」的層次。（余英時：1980 年，頁 15〜17）因此，余氏即說道：「其實若從思想史的綜合觀點看，清學正是在尊德性與道問學兩派爭執不決的情形下儒學發展的必然歸趨，即義理的是非取決於經典。」（余英時：1976 年，頁 106）因此余氏特別提出羅欽順等人對取證經書的態度來加以證明。然而取證經書的態度是否足以影響清代考據學的發展？這兩者之間是否有邏輯上的相關性？事實上就羅欽順本人而言，即不認為考據訓詁的方法可以尋繹聖人的義理。羅欽順認為「凡經書文義，有解說不通處，只宜闕之。蓋年代悠邈，編簡錯亂，字畫差訛，勢不能免，必欲多方牽補，強解求通，則鑿矣。自昔聰明博辨之士，多喜做此等工夫，似乎枉費心力，若真欲求道，斷不在此。」（《困學記・續錄》卷上），而且羅欽順提出取證經書的信念，目的仍在於能講論關於心性的義理，而乾嘉考據學的特色即在於認為通過訓詁考據的方法可以認識到聖人之道。如戴震所說：「故訓詁明則古經明，古經明則賢人聖人之理義明，而我心之所同然者乃因之而明。」（戴震：1980 年，頁 214）錢大昕也認為「夫窮經者必通訓詁，訓詁明而後知義理之趣。」（〈左氏傳古注輯存序〉）又說：「夫六經皆以明道，未有不通訓詁而能知道者。」（〈與晦之論爾雅書〉）雖然聖人的義理可以包含於心性之學中，但這並不是乾嘉時期所重視的問題，意即清儒對聖人義理的內容和宋明儒者的見解是有相當大差異。因而余氏想要將清代考證學的淵源上溯於明代，並從此中見出儒家思想轉變的說法，似乎仍有再商榷的必要。再者，余氏所謂的「清學正是在尊德性與道問學兩派爭執不決的情形下儒學發展的必然歸趨，即義理的是非取決於經典」的說法，似乎是從 Wm. Theodore de Bary 的說法引申而出。早在余氏一系列有關清代學術思想的新解釋的文章發表之前，de Bary 已在 *Neo-Confucian Orthodoxy and the Learning of the Mind-and-Heart* 一書中提出「先知式的」（prophetic）與「學術式的」（scholastic）兩種理學思想成分。他認為「東西兩方的先知（式）的態度都對現存制度作激烈批判，或對社會的放縱作出返本主義（fundamentalist）的反應（de Bary: 1981, p.9〜13）。在這種情況下，追求中庸之道的儒家自由主義，將會轉而求之於學術傳統中的練達智慧，拿文獻記載或正式制度中所呈現的集體經驗來衡量自己良心的激切呼喚。」（de Bary：1964, p.7）de Bary 這個說法多少也反應了明末學者對王學末流的弊病所採取對治的某些態度。

〔註13〕勞思光認為「由致用而通經，由通經而考古；再進至建立客觀標準，以訓釋古籍，此即由清初學風至乾嘉學風之演變過程。而當客觀訓詁標準建立時，乾嘉學風即正式形成矣。」（勞思光：1981 年，頁 805）勞氏這一說法，只是就風氣轉變的現象上而言，並沒有說明清初學風至乾嘉學風何以轉變的原因。另外，陸寶千也持相近的觀點。（陸寶千：1983 年，頁 164）。

素的區分。然而孰重孰輕？則不是討論其變遷因素的重點所在。且就時代而言，本有各時代政治、社會或學術方面急待解決的問題，因而思想所以產生並用以解決時代問題，其因素自然有內外輕重的分別。因此就清代初期思想變遷的過程而言，其所以變遷的因素固然極複雜，然而處於此一時期的知識分子與政府之間，觀念和意識上的相歧或相合，乃源自思想和行為上有無衝突或妥協。此則是尋覓這個時期思想變遷因素重要的線索。雖然思想的變遷可以如觀念史家所言，不受外緣因素的影響，然而，就思想史家所強調的社會性因素而言，則往往外在環境因素對思想觀念形成，具有決定性的影響。近代學者每每於討論明末清初學術思想轉變的問題時，總不外分析這個時期思想家的思想觀念與學術成就。而就清初三大儒而言，顧炎武著《天下郡國利病書》，黃宗羲著《明夷待訪錄》，王夫之著《讀通鑑論》、《黃書》、《噩夢》等，其思想表現則肇因於明亡此一歷史事實的外緣因素刺激，從而激起其「經世」思想的產生。因此，決定「經世」思想產生的因素，外緣的客觀環境的影響似乎是較為重要。然而經世思想畢竟有其歷史的遠源，且從來就是儒家思想強調外在事功表現的一面。因此，所有知識分子不論參與政治性活動或只從事學術思想的思考，終究不得不以經世思想為其政治行為的準則或思想發展的依歸（即學理上的闡揚）。如此，對於顧炎武既有其經世思想一面，而又能深於考證學問，其中或可以解釋顧氏從事經史考證的動機，乃是為達成其經世目的而將之實踐於經史典籍之中。〔註14〕因而顧氏認為：

> 聖人之道，下學上達之方，其行在孝弟忠信；其職在灑掃應對進退；其文在詩、書、三禮、周易、春秋；其用在身，在出處、辭受、取與；其施天下，在政令、教化、刑法；其所著之書，皆以為撥亂反正，移風易俗，以馴致乎治平之用，而無益者不談。（《文集》卷六，〈答友人論學書〉）

即如顧氏著《音學五書》，也以能通古音，則「六經之文乃可讀」（《文集》卷二〈音學五書序〉），如此三代的制度，才能進一步加以考究，甚而至於恢復。因此，顧氏特重強調經書的重要性，觀念上即認為經書中已含有經世思想。而顧氏特倡「經學即理學」說，即認為「明經即明道，而謂救世之道在是」（錢穆：1937 年，頁 141）而明經的方法，則不以求義理為主，而是以訓詁、考證等方法加以求得。然而考證方法也有其歷史的遠流，絕非顧氏自創，（錢穆：

〔註14〕見何冠彪著《明末清初學術思想研究》，頁 10～28。

1937 年，頁 136）〔註15〕不過顧氏藉以來詮釋經文而已。而何以顧氏放棄義理方法而選擇考證方法？原因或可爲二。一是對經書的理解，在朱子時即有義理和考證兩種途徑。〔註16〕顧氏既深慕朱子學，〔註17〕當知從這兩途徑下手；但原因二，是顧氏認爲當時講義理之徒：

> 不習六藝之文，不考百王之典，不綜當代之務，舉夫子論學論政之大端，一切不問，而日一貫，日無言，以明心見性之空言，代修己治人之實學。」（《日知錄》卷七〈夫子之言性與天道〉）

最後導致明代滅亡，因而義理的選擇，自然在意識上受到摒棄，而選擇考證一途。至於和顧氏同時的閻若璩，則單純選擇考證爲學，事實也來自朱子的影響。閻氏子閻詠曾轉述閻氏話語說：

> 徵君意不自安曰：吾爲此書，不過從朱子引而伸之，解類而長之耳，初何敢顯背紫陽，以蹈大不韙之罪。（《尚書古文疏證》序）

閻氏這段話透露出兩個消息。一爲朱子已疑《尚書》今古文異同的問題（錢穆：1971 年，頁 181），閻氏讀書，當受朱子影響而有所啓發。二則閻氏如此近諛的言詞，顯然與其人品有關。〔註18〕因當時政府崇尚朱子學，影響所及，一般的知識分子也多半趨而附之。〔註19〕

〔註15〕 宋代的葉適相信研習六經才能傳承聖人之道，事實上他在有意無意之間，是體會到經典的傳注訓詁，對詮釋聖人義理有重大的作用。他說：「書文訓故，莫知所起之時，蓋義理由此而出。（《習學記言序目》卷十三，〈論語・泰伯〉，北京，1977 年，頁 188〜189）另外，費密曾說：「聖人之書，二帝三王之王政定制，始不湮沒，書不盡言者，咸出口授；古今不同，非訓詁無以明之，訓詁明而道不墜。」（《弘道書》卷上，〈原教〉）事實上明代中葉的經學研究風氣，除經典考證一途外，辨析經學與理學間關係的思想漸成風氣。由歸有光開始，不少學者都重視辨析經學還是理學可以傳承聖人義理的問題。這一辨析經學與理學關係的風氣，與乾嘉考證學的興起可能有重大關係。

〔註16〕 錢穆著《朱子學提綱》，頁 181、203。

〔註17〕 顧氏對朱子學之深慕，可由其詩文集之〈儀禮鄭注句讀序〉一文中見出。

〔註18〕 閻若璩行徑可參見錢穆《近三百年學術史》，頁 224。

〔註19〕 顏習齋〈上太倉陸桴亭先生書〉中即指出：「季友著書駁程朱之說，發州決杖，況議及宋儒之學術品詣者乎？此言一出，身命之虞所必至也。然懼一身之禍而不言，……其忍心害理不甚相遠也。」顏氏之說，正好突顯了程朱之學在當時俗儒與清廷刻意的提高其地位後，已成爲神聖不可侵犯的一種政治意識形態。另外戴震曾說道：「尊者以理責卑，長者以理責幼，貴者以理責賤，雖失謂之順；卑者幼者賤者以理爭之，雖得謂之逆。於是下之人不能以天下之同情天下所同欲達之於上。上以理責其下，而在下之罪人不勝指數。人死於

另外，就思想層面來看，「明經所以明道」的觀念，一直是明末清初學者以及後來乾嘉時期學者所共同具有的觀念。而這一個觀念如何具體表現於外在行為上？很明顯清初學者的表現和乾嘉時期學者的表現是迥然有別。但是，就「明經」的行為而言，清初「經世」學者固然能從經書中的典章制度反省到實際政治作為的實踐與否，來加以理論上的批判，但「考證」學者同樣以考證典章制度的內容來做為「明經」行為的實踐。這兩種態度其實只是取捨有所不同。除非「經世」學者真能在清代通過皇帝的信任而得以在實際政治措施中發揮他的「經世」思想，否則這種對經書中制度的認識，也只能達到理論上的設想，而無法印證其實效性。而且就顧炎武、黃宗羲等人而言，不出仕的態度是相當堅決的，因而對於經書中的制度，只能從著述中寄以理論上的要求。另一方面，明代的滅亡固然對清初學者在思想上具有深刻的影響，而明亡原因固然也可以說是政治制度的不健全，但制度的變革是否就能挽救明代的滅亡？事實上這並不是清初學者所能解答的。如果我們將當時知識分子對於明亡的感受加以分析，除了制度外，更重要的是對明代知識分子講學態度所產生的反感。〔註 20〕而這個問題才是促使清初學者欲從制度上建立理想政府而轉向經書典籍中探求制度的重要推力。對於經書的重視，不僅是清初學者如此，清代統治階級也是如此。最主要原因則是這些舊傳經籍在中國古代形成時，即以「政治性」及「倫理性」兩重觀念所構成。〔註 21〕一方面經籍中有關國家整體制度的設計，常成為歷代君王施政時的思考依據；另一方面，則是知識分子強調在經籍中的制度能完全實現後，所造成政治和社會極其和諧安定的理想社會景象（三代之治的設想），受到君王的重視而得以藉其發揮安定社會秩序的功能。

如果我們進一步思考何以清初的經世思想會逐漸轉向乾嘉考證學的發展途徑，則上述對於「經書」義理的詮釋態度，以及推助此一態度趨於主觀意

法，猶有憐之者，死於理，其誰憐之？」（《疏證》卷下）戴震這段話也說明了康熙、雍正兩朝雖提倡程朱之學，然而程朱之學只不過是掩飾清廷政府實行威權統治的一個工具。戴氏這番話頗有譴責清廷假理學之名做為泛政治化與泛道德化的政治手段的深意。而顏、戴兩人所爭的，都在一個「理」字，可見清廷在解釋理字的意義時，雖然襲用了宋儒之名，卻毫無宋儒之實。

〔註 20〕此一觀念乃是從顧炎武、錢謙益等人一路沿襲下來的。

〔註 21〕這也就是經書中含有的最根本的義理，其原因則是中國古代社會即是一個政治和教育合一的社群，因此不論在《詩經》或《儀禮》中，都可見出這種政教合一的現象。

識形成的政治、社會因素，則是深入理解清代考證學興起的重要線索。

　　首先就政治和社會因素而言，明末遺民和清初時期的知識分子對於政治制度和社會現象的不滿和批評，一則由於明亡的刺激，再則因為知識分子本身所具有夷夏之辨的歷史觀念影響下，常常和清代政權處於極端對立及不合作的態勢。然而統治階級為逼迫知識分子對其政權合法性的認同，同時也必須知識分子加入整個官僚體系，以維持國家政治正常運作，所以採取各種手段，或籠絡、或威迫知識分子放棄其狹隘的民族觀，投效政府。滿清政府這種作法儘管在中國歷史上並不構成特例，即歷史上每遇朝代更替時，總免不了有此現象。然而清人在作法上所具有的特殊性，則是和其他朝代不同。這種特殊性所顯示的意義，即顯現統治階層本身自覺其意識上的矛盾所致。〔註 22〕由於清代政府是一個以外族身份入主中原的政治團體，而和其身份性質相近的元朝，不過相距兩百多年。元朝之所以滅亡，原因則是元人對於漢人輕視態度，而無法建立以知識分子為主的文治政權。（錢穆：1940 年，頁 496）這種態度無疑加深了漢人對元人仇視的心態，因此，民族上的衝突及民族意識的宣揚，則成為日後明代政權重獲知識分子支持的原因。此後清代統治階級又以這個模式統治中國，自然必須慎重考慮元代滅亡的因素而避免重蹈覆轍。然而清政府留心中原文化所做的努力，卻在明代遺民提出夷夏之辨的口號中受到嚴重挫折。這對於統治階級在心態上造成的打擊和刺激自然不可言喻。因而清初政府在政權基礎尚未穩固時，不得不加以隱忍，並以各種優渥條件籠絡部分知識分子。〔註 23〕等到雍正、乾隆時，則一反懷柔作風而給予強調夷夏之辨的知識分子嚴厲懲戒。〔註 24〕滿清統治階級在心態上自覺是一異族皇帝，但卻又處處表現出期望符合三代「聖君」的形象，以期能獲取知識分子的認同。但在本質上，滿清皇帝對於漢人知識分子仍然是帶有

〔註 22〕此亦即是清政府一方面想達到治教合一，但卻又對漢人知識分子嚴防極深，唯恐漢人參與過多政治而影響其統治權。這可以清初時期滿漢官員任授比例懸殊的現象中見出。

〔註 23〕但事實是否如此單純？章太炎曾說：「自清室滑夏，君臣以監謗為務。當順治、康熙時，莊廷鑨、戴名世以記載前事誅夷矣。雍正興詩獄，乾隆毀故籍。訕謗之禁，外寬其名，而內實文深。士益媮窳，莫敢記述時事以觸羅網。……仁和朱氏者，自言明裔，康熙世懼搜戮，改氏曰宋。鳳皇朱氏者，自言明裔，清初逃之鎮箪山中，戒子姓不出山。亦足以見其戕虐再三，憯毒無道，視蒙古之遇宋裔，絕矣！」（《檢論》卷八，〈哀清史〉）

〔註 24〕如雍正、乾隆時其對曾靜、呂留良等文字獄案的處理方式，和康熙時期即有很大的差別。

歧視眼光，因此，對控制知識分子的言行仍是相當嚴格。〔註25〕尤其是康熙認為明代滅亡原因，實因明末朋黨之爭所致。康熙曾說：

> 明末朋黨紛爭，在廷諸臣，置封疆社稷於度外，惟以門戶勝負為念。

（《明史例案》，卷一，頁4）

就康熙看來，明亡的原因是朋黨相爭，而康熙之極力主張明代亡於朝臣的黨爭，和康熙中葉的南北黨爭有關。康熙實際上是以明末史事來訓誡他自己的大臣。因此，從順治、康熙之後，對於臣子中有結黨之事，往往加以訓誡。〔註26〕尤其是雍正面對一連串黨爭事件，對雍正來說，自然地要從究竟應確立何種君臣關係才能使清朝長治久安的政治原則著眼，來處理他所面臨的嚴峻局面。事實上雍正帝對君臣關係應有的準則早有見解。雍正二年著《朋黨論》，在駁辟朋黨的同時，把清初以來的君臣關係作了明晰的理論闡釋：

> 朕惟天尊地卑，而君臣之分定。為人臣者，又當惟知有君，則其情固結不我解，而能與君同好惡。

然而朝臣所以結黨原因，本身固然有政治利益的爭執，但更有可能是對於皇帝及趨炎於皇帝的朝臣間政策施行不當而欲與之劃清界線，甚至結合眾議加以批評干涉。如果批評都不被允許，那麼知識分子還談何經世濟民？

其次，對於「經書」義理的詮釋問題，清初知識分子對這些義理的理解，多半也只達到「知其然」的地步，而乾嘉時期的知識分子則往往企圖達到「知其所以然」的地步。這種現象的產生，原因則是在於清初知識分子眼中的「義理」所指涉的對象是三代先王的制度如何推行的種種作法，而乾嘉時期的知識分子眼中的「義理」則是三代先王的制度本身的內容究竟為何？因此，對

〔註25〕乾隆在〈書程頤論經筵劉子後〉一文中，公開指責知識分子「居然以天下之治亂為己任，而目無其君」，如此一來，對於從孔子以降儒家知識分子即抱持應世與淑世的理想完全加以打落。這對於知識分子的心理勢必造成莫大刺激。清初諸儒反滿的情緒原就非常激烈，這不只是因為華夷之辨的觀念使然，而是滿人對於漢人知識分子採取奴化的手段所致，這其中以八股取士的作法，尤為明末清初諸儒所詬病，但是清廷卻堅持不改。據說康熙時有某朝臣說道：「非不知八股為無用，特以牢籠人才，舍此莫屬。」（蕭一山：《清代通史》，頁599）這正說明統治者企圖透過這種考試制度對知識分子的思想加以禁錮。而清廷另一種奴化知識分子的作法，即對於從政的漢人學者多方限制他們在宦途上的發展，或不允許他們涉及太多政策的參與權。據天嘏所著《清代外史》中敘述乾隆時「嘗叱協辦大學士紀昀曰：『朕以汝文學尚優，故使領四庫書，實不過以倡優蓄之，汝何敢妄談國事！』」

〔註26〕見《世祖實錄》卷九十八，頁15；《世宗實錄》卷八十七，頁29～32。

乾嘉時期的知識分子而言，制度本身性質及內容的理解，其重要性是遠大過於制度的推行與否。然而，就儒家思想中對於制度探求的標準來看，制度的施行事實上是要比了解制度本身要來得重要的。因此，乾嘉時期的知識分子對「經書」義理的詮釋態度，可能是相當主觀的。這種主觀態度的形成，前文所指出政治環境的影響則是形成原因最可能的根源。〔註27〕另外，由於這種主觀態度造成對知識思想的發展，產生許多觀念上的日趨狹隘，許多後來的考證學者，只徒以求取文字上的表層意義，而於文字背後所要表達的觀念想法，則一概不論。對於考證學發展到這種情況，戴震可以說是這一時期中最先對這一狀況提出批判的考證學者。對戴震而言，他是極有意識負擔起考證學在清代發展時期的歷史任務。對於通經致用的觀念，則是他進一步提出解決考證學者對解釋經書主觀態度的問題。而戴震倫理思想的產生，除了做為對當時考證學者主觀態度的一種反彈之外，更重要的一點，即是戴震擁護源自顧炎武時期經學和理學之間的抗爭傳統。這個抗爭實際上又極其複雜，因為顧炎武等人反理學的因素是肇因於明亡的刺激；戴震反理學的心態卻是針對清朝政府刻意提倡理學，卻又藉理學之名而行專制統治之實而發。因而戴震倫理思想中批判程朱的部分，其實著意之處即是針對清朝政府。根據唐甄的記載中說：

> 清興，五十餘年矣。四海之內，日益困窮，農空，工空，市空，仕空。穀賤而艱於食，布帛賤而艱於衣，舟轉市集而貨折閱，居官者去官而無以為家，是四空也。金錢，所以通有無也。中產之家，嘗旬日不睹一金，不見緡錢。無以通之，故農民凍餒，百貨皆死，豐年如凶。……吳中之民，多鬻男女於遠方；男之美者為優，惡者為奴，女之美者為妾，惡者為婢，遍滿海內矣。困窮如是，雖年穀屢豐，而無生之樂。由是風俗日偷，禮義絕滅，小民攘利而不避刑，士大夫殉財而不知。諂媚惱淫，相習成風，道德不如優偶，文學不如博弈，人心陷溺，不知所底。（《潛書》下篇上，〈存言〉）

清朝政府刻意粉飾太平的假象，在唐甄的揭露下，更顯出清朝政府假理學家之手，卻行迫害人民之實。尤其一連串文字獄的發生，對於戴震眼見的社會

〔註27〕錢賓四先生即認為：「他們以鄙視滿清政權之故，而無形中影響到鄙視科舉。又因鄙視科舉之故，而無形中影響到鄙視朝廷科舉所指定的古經籍之訓釋與義訓。」（《國史大綱》，頁653）

亂象，當有極深刻的感觸。據馮友蘭說：

> 清初的文字獄中，戴震曾受胡中藻《堅磨生詩鈔》的牽連，十多年
> 不敢出頭露面。（馮友蘭：1989 年，頁 45）

如果戴震本身也曾受到這樣的迫害，那麼對於戴震倫理思想中暗藏對社會倫理觀的重新批判問題，就可以很明白地理解了。

第三節　治生論的社會倫理意義

　　中國四民說之中士、商關係，在宋代開始產生了調整。這項調整透露出一些訊息，即是經濟問題在士人之間的影響日趨重要。元代許衡的〈治生論〉對往後明、清的士人階層心態，呈現出複雜難解的情結。許多士人曾紛紛對許衡的論點提出說明，這些說明傳達了士人之間對於儒家傳統知識分子的倫理觀，已明顯有修正的趨勢。關於這方面的論述，余英時先生在《中國近世宗教倫理與商人精神》一書當中有詳細的討論。余氏指出：

> 新儒家倫理在向社會下層滲透的過程中，首先碰到的便是商人階
> 層，因爲十六世紀已是商人非常活躍的時代了。士可不可以從事商
> 業活動？這個問題，如前所示，早在朱子時便已出現，但尚不十分
> 迫切。到了明代，治生在士階層中已成一嚴重問題。（《中國近世宗
> 教倫理與商人精神》，頁 93）

因此，王陽明的學生一再地向他提出究竟士人可不可以治生的問題。陽明原本認爲「許魯齋謂儒者以治生爲先之說亦誤人」（《傳習錄》第五十六條），但之後卻又說：

> 但言學者治生上，儘有工夫則可。若以治生爲首務，使學者汲汲營
> 利，斷不可也。且天下首務，孰有急於講學耶？雖治生亦是講學中
> 事。但不可言之爲首務，徒啓營利之心。果能於此處調停得心體無
> 累，雖終日作買賣，不害其爲聖爲賢。何妨於學？學何貳於治生？
> （同上，第十四條）

雖然陽明還是反對士人將治生視爲最重要的事，但是他終究不得不承認士人可以從事治生的行爲這一事實。爲何治生問題在這個時期會如此嚴重？究竟是否真有如此嚴重？這個問題牽涉到當時的社會狀況和經濟發展，此處不擬深入討論，僅舉數例說明。首先，清代沈垚〈費席山先生七十雙壽序〉中有

一段話，他說：

> 宋太祖乃收天下之利權歸於官，於是士大夫始必兼農桑之業，方得
> 贍家，一切與古異矣。仕者既與小民爭利，未仕者又必先有農桑之
> 業方得給朝夕，以專事進取，於是貨殖之事益急，商賈之勢益重。
> 非父兄先營事業於前，子弟即無由讀書以致身通顯。是故古者四民
> 分，後世四民不分；古者士之子恆為士，後世商之子方能為士。此
> 宋、元、明以來變遷之大較也。天下之士多出於商，則纖嗇之風日
> 益甚。然而睦姻任卹之風往往難見於士大夫，而轉見於商賈，何也？
> 則以天下之勢偏重在商，凡豪傑有智略之人多出焉。其業則商賈，
> 其人則豪傑也。為豪傑則洞悉天下之物情，故能為人所不為，忍人
> 所不忍。是故為士者轉益纖嗇，為商者轉敦古誼。此又世道風俗之
> 大較也。（《落帆樓文集》卷二十四）

沈垚的這段文字透露出以下幾個問題。（一）士、商關係的改變，乃是從宋代
整個經濟結構改變之後所產生的現象。（二）這一現象又導致士人如希望能讀
書顯身，非憑藉商賈之利不可。（三）由上述現象的循環而產生士人的倫理行
為相對的和商人階級的倫理行為成為此消彼漲的結果。而沈垚在〈序〉文的
結尾又再次強調：「元、明以來，士之能致通顯者大概藉資於祖、父，而立言
者或略之。則祖、父治生之瘁，與為善之效皆不可得見。」這也再度說明了
上述第二和第三個問題之間緊密的關係。沈垚在〈與許海樵〉的一封信中，
也說到：

> 宋儒先生口不言利，而許魯齋乃有治生之論。蓋宋時可不言治生，
> 元時不可不言治生，論不同而意同。所謂治生者，人己皆給之謂，
> 非瘠人肥己之謂也。明人讀書卻不多費錢，今人讀書斷不能不多費
> 錢。」（《落帆樓文集》卷九）

沈垚這裡雖然說「明人讀書不多費錢」，但是這只是比較的說法。士人如希望
藉讀書以顯身，是必須要有資產。這對大多數的士人來說，是有困難的。因
而士人為解決經濟問題藉以來保障其前途，不得不對治生的問題加以考量。

　　但是不論士人從事治生行為或僅只是為了達到生活上最低限度的保障，
從傳統儒家的倫理觀而言，無疑地是一種相悖的行為。因為就傳統儒家對士
人的道德期望，一直是如《論語》中所謂的「君子謀道不謀食，憂道不憂貧」、
「士志於道，而恥惡衣惡食者，未足與議也。」尤其朱子、陽明都不太願意

士人從事治生的行爲，深恐因此造成士人以利存心，那麼爭逐利益的後果將導致人欲的泛濫。但是社會現實逼得士人必須愼重面對經濟問題的情況下，士人只好儘量在自己的心態上取得調適和自我諒解。清初的唐甄即指出：

> 苟非仕而得祿，及公卿敬禮而周之，其下耕賈而得之，則財無可求之道。求之，必爲小人矣。我之以賈爲生者，人以爲辱其身，而不知所以不辱其身也。（《潛書》上篇下，〈養重〉）

全祖望也爲了能認同士人治生的行爲而進一步對治生的定義加以詮釋。他說：「吾父嘗述魯齋之言，謂爲學亦當治生。所云治生者，非孳孳爲利之謂，蓋量入爲出之謂也。」（《鮚埼亭集》外編卷八，〈先仲父博士府君權厝志〉）另外，錢大昕也引述許衡的治生論加以肯定地說：「與其不治生產而乞不義之財，毋寧求田問舍而卻非禮之餽。」（《十駕齋養新錄》卷十八，〈治生〉）爲了不讓經濟問題困擾士人自己，而又不得去取不義之財，因此士人治生爲賈就應該得到同情和諒解。何況沈垚也說：

> 衣食足而後責以禮節，先王之教也。先辦一餓死地以立志，宋儒之教也。餓死二字如何可以責人？豈非宋儒之教高於先王而不本於人情乎？宋有祠祿可食，則有此過高之言。元無祠祿可食，則許魯齋先生有治生爲急之訓。

又說：

> 若魯齋治生之言則實儒者之急務。能躬耕則躬耕，不能躬耕則擇一藝以爲食力之計。宋儒復生於今，亦無以易斯言。（《落帆樓文集》卷九）

此外，陳確也特別強調治生論的重要性，他說：

> 學問之道，無他奇異，有國者守其國，有家者守其家，士守其身，如是而已。所謂身，非一身也。凡父母兄弟妻子之事，皆身以內事。仰事俯育，決不可責之他人，則勤儉治生洵是學人本事。……唯眞志於學者，則必能讀書，必能治生。天下豈有白丁聖賢、敗子聖賢哉！豈有學爲聖賢之人而父母妻子之弗能養，而待養於人者哉！魯齋此言，專爲學者而發，故知其言之無弊，而體其言者或不能無弊耳。（《陳確集》文集卷五，〈學者以治生爲本論〉）

余英時認爲陳確的說法將儒者爲學歸於二事，一是治生；二是讀書，而治生比讀書還要來得迫切。他說：

> 陳確所提出的原則正是：士必須先有獨立的經濟生活才能有獨立的
> 人格。而且他強調每一個士都必須把仰事俯育看作自己最低限度的
> 人生義務，而不能待養於人。這確是宋明理學比較忽視的一個層次。
> 因此陳確重視個人道德的物質基礎，實可看作儒家倫理的一種最新
> 發展。（余英時：1987 年，頁 93）

余氏的論點是正確的。治生一事既是個人道德的物質基礎，也是個人最低限
度的人生義務，由這個觀念延伸到「人欲」問題，自然要強調「人欲」是個
人最低限度的生存條件，「人欲」之可以追求，才得到合理的依據。

　　清初時期的學者一方面面臨政治上的困境，對於士人出仕的意願已先遭
遇問題，如果本身沒有豐厚的經濟基礎，而身為一名儒者是很難維持生計的。
另一方面士人為了免於政治的迫害或是為了經濟問題而轉向商賈治生一途，
基本上是需要對這種轉向時心態上所可能產生的接受程度加以自我認同，也
期望得到大多數人的認同。因此，在清代初期許多士人投身於治生之途的情
況下，不僅對士人的治生行為能加以肯定，更重要的是他們認為這種行為是
合乎道德需求的，是人性中最基本的物質需求，如果不能對這一行為在道德
上加以肯定，士人的心理衝突將更形矛盾。因而對「人欲」的肯定，從明代
中期以後，到清代初期，這個問題更顯示出其重要性。

　　此外，在士、商關係當中，也存在一種現象，即是對於儒業的批評。清初歸
莊曾說：「然吾為計，宜專力於商，而戒子孫勿為士。蓋今之世，士之賤也，甚
矣。」（《歸莊集》卷六，〈傳硯齋記〉）上述引沈垚語也有相似論調。對這樣的批
評，已經不只在於治生之業本身，而是指向士人的倫理行為。更甚者，有謂：

> 山右積習，重利之念甚於重名。子孫俊秀者多入貿易一途，其次寧
> 為胥吏。至中材以下方使之讀書應試，以故士風卑靡。（《雍正朱批
> 諭旨》第四十七冊，劉於義雍正二年五月九日）

以及「卻是徽州風俗，以商賈為第一等生業，科第反而次著。」（《二刻拍案
驚奇》卷三十七）但是基本上大多數的文獻記載仍是以儒為尊的。如明末商
人王來聘即曾告誡子孫，「四民之業，惟士為尊，然無成則不若農賈。」（李
維楨：《大泌山房集》卷一○六，〈鄉祭酒王公墓表〉）又如休寧查杰曾說：

> 試觀貧富之源，寧有予奪乎哉，要在變化有術耳。吾誠不忍吾母失
> 供養，故棄本（儒）而事末（商），倘不唾手而傾郡縣，非丈夫也。
> （張海鵬編：《明清徽商資料選編》，第 1418 條）

而更有趣的現象則是許多商人在從事商賈之餘，仍不忘儒業。明代婺源人李大祈在棄儒從賈時曾說：

> 即不能拾朱紫以顯父母，創業立家亦足以垂裕後昆。

等到晚年事業有成，仍以幼志未酬而囑其子：

> 予先世躬孝悌，而勤本業，攻詩書而治禮義，以至予身猶服賈人服，
> 不獲徼一命以光顯先德，予終天不能無遺憾。（同上，第 1427 條）

又如明代徽州人汪道昆從兄汪大用，也勉其子說：

> 吾先世夷編戶久矣，非儒術無以亢吾宗，孺子勉之，母效賈豎子為
> 也。（同上，第 1434 條）

歙縣吳敬仲也說：

> 非詩書不能顯親。（同上，第 854 條）

新安人凌珊說：

> 恆自恨不卒為儒，以振家聲，殷勤備脯，不遠數百里迎師以訓子姪。
> 起必侵早，眠必丙夜，時親自督課之。（同上，第 1442 條）

婺源洪庭梅則說：

> 常以棄儒服商不克顯親揚名為恨。（同上，第 539 條）

歙縣人方勉弟說：

> 吾兄以儒致身，顯親揚名，此之謂孝。吾代兄為家督，修父之業，
> 此之謂悌。（同上，第 438 條）

對上述這種現象的解釋，陳其南曾加以說明：

> 傳統商人先是不得已而「棄儒就賈」，繼之又以儒服儒行為尚，或再
> 回頭重拾儒業。在這個循環中，吾人可以看出傳統家族主義所扮演
> 的啟動作用。家族的榮耀只能透過讀書仕宦才能獲得，即使從商以
> 致巨富而無名秩，對傳統中國人而言，仍然不算顯祖揚名。這個終
> 極的價值觀念逼使大部分人投身於科舉之業。（陳其南：1987 年，
> 頁 81）〔註 28〕

家族榮耀固然可以解釋上述現象的產生，但是有一點更重要的是，這些士人或有士人特質的商賈本身，在儒家倫理觀上的認知究竟和當時社會有何關係？對於這項問題的討論，則必須牽涉到下層社會的通俗文化。

〔註 28〕這樣的解釋似乎也說明了為何戴震在科考中失利後仍不斷地參加考試，直到晚年仍不願放棄的心態。

　　余英時先生指出，明清轉變時期一項重要的文化變遷，即是知識分子開始主動參與「三教合一」運動的所謂通俗文化。尤其是由林兆恩（西元 1517～1598 年）與程雲章（西元 1602～1651 年）所領導的運動，吸引了大批士商追隨。林兆恩的教義不但在福建、浙江與江蘇地區廣爲士人所接受，連商人也深信不疑。如顧憲成即曾描述其父顧學在臨終前就皈依了林兆恩的教義。顧學所以欣賞林兆恩的教義，是因爲林氏教義的中心思想基本上仍是儒家倫理。至於程雲章的運動則是繼承林兆恩並加以延續。在他的作品當中就分別處理到儒、道、佛三教，而且在長江下游地區的文人界與商界享有盛名。最有意義的是程氏本就是一位徽州商人，所以他可說是由商轉士，並致力於提倡通俗宗教的例子。

　　在十六世紀儒家的知識分子當中，逐漸產生一種趨勢，即是將形而上學的空論落實爲各階層都能接受的信條。對於這種新發展，是否和當時商業文化的勃興有關？余氏認爲當時的商人非常相信所謂的「天報」或「神助」的觀念，並視之爲非人所能控制的命運法則。尤其晚明以來「善書」的風行多少反映了商人的心態，他們相信商業風險雖大，但成功與否則端視個人道德行爲而定。特別是在十七世紀到十九世紀風行的《太上感應篇》，晚明的李贄、焦竑、屠隆都宣揚過此書，而在十六、十七世紀曾造成了一波翻印與註解的熱潮。清代的朱珪與汪輝祖都說他們「每日誦讀是書」，使他們有所警惕「不敢放縱」。章學誠也提到他的父親與祖父都對此書有很大的興趣，他的父親並想爲此書作註。最值得注意的是清代經學大師惠棟，也曾爲此書作了廣泛的註解。惠氏的註解在學界到普遍的歡迎，而且再版了多次。〔註29〕

　　「通俗教義」和「善書」的普遍受到歡迎，不僅只是在一般下層階級，也存在於商人和士人階級當中，這種現象不僅反映出社會倫理觀和道德準則的建立，已逐漸脫離宋明理學的儒家傳統思想主流，尤其明代王學積極提倡簡易直接的通俗化學問，擺脫程、朱理學形上思想的空論色彩，而趨向重視現實層面的社會問題，並且和當時的通俗文化相結合而共同推展。由於這一社會倫理觀的推展，許多人對於在經濟發達的社會環境之下的道德行爲和道德觀，能藉由宗教的力量得到制約，但同時對於經濟利益追求的本身也能因此賦予道德上的寬容和支持。這點在當時以經濟利益爲考量的前提之下，「人

〔註29〕引述自余英時，〈明清變遷時期社會與文化的轉變〉，《中國歷史轉型時期的知識分子》，（台北，1992 年，頁 39～40）

欲」追求的正當性和合理性即可受到肯定。但是經濟因素究竟占有影響道德行為多大的決定力這個問題，事實上並不是很容易判斷的。

根據 Max Weber 所認為儒教這種理性倫理，在對待當世事務的態度方面，如他指出：

> 在儒家看來，這個世界是所有可能的世界中最好的一個；人的本性與氣質，從倫理上看是善的。人與人之間以及事務與事務之間，儘管程度上有別，但原則上都具有相同的本性，都具有能達到無限完美的能力，都能充分地實行道德法則。根據古老的經典作家的著作而進行的哲學與文學的教育，是自我完善的普遍的手段，而教養的不足以及缺乏教養最主要的原因即經濟上的匱乏，則是一切惡行唯一的根源。〔註30〕

透過經濟上的援助使得教育工作能夠推行而防止惡的產生，Weber 這個論點毋寧說是得自荀子思想的啟發，不如說正是孔子所說「庶之、富之、教之」（〈子路〉）精神的體現。至少就歷代文獻記載，經濟問題是可以和人性善惡的道德表現有關。特別是在動亂時期中更有明顯的例子。晚明時期大量農民因土地兼併而淪為流民，或因無法交納租稅而破產，不少人因而流徙城市被迫賣身為奴，而出現明末蓄奴之風甚盛的現象。留在農村的農民，也因為無力抵禦自然災害，因而出現了災荒連年和嚴重飢荒現象。如在陝北地區，崇禎元年全年無雨，草木枯焦。農民爭食蓬草樹皮和石粉，甚至「煮人肉以為食」（《皇朝經世文編》卷三十，清邱家穗〈丁役議〉）。許多佃農抗租奪地、奴僕叛主以求解放、農民起事鬥爭，以及各地的兵變，種種社會亂象所造成道德秩序蕩然的結果，都可歸因於經濟失衡因素所致。

經濟因素既然有上述之重要性，而且對於士人倫理觀和倫理行為的維持有直接關係，那麼肯定治生行為也即是肯定和此行為伴隨的倫理觀的這一推論，也可以得到較為適當的理解。以下，將就戴震倫理觀的特性作一陳述和討論，並根據以上的推論來探討戴震的倫理思想。

〔註30〕 Max Weber, *The Religion of China*, 1951, p.514.

第三章　戴震倫理思想的特性

第一節　新義理的倫理特色

　　戴震思想中所具有倫理思想的特性，有一極為重要的方向，即是針對他當時普遍存在於社會的倫理觀念之扭曲，而提出理論上的根據來加以糾正。戴震於丁酉年四月廿四日〈與段玉裁書〉中提及：

> 僕生平論述，最大者為《孟子字義疏證》一書。此正人心之要。今人無論正邪，盡以意見誤名之曰「理」而禍斯民，故《疏證》不得不作。

又同年正月十四日〈與段氏書〉也說到：「蓋昔人斥之為意見，今人以不出於私即謂之理。由是以意見殺人，咸自信為理矣。聊舉一字言之，關乎德行，行事匪小。」兩書所言，其實同一意思，即戴氏作《疏證》最大動機即是針對時人誤認「理」的本意而產生不滿，且戴氏於〈與某書〉中也強調：

> 後儒不知情之至於纖微無憾是謂理，而其所謂理者，同於酷吏之所謂法。酷吏以法殺人，後儒以理殺人，浸浸乎舍法而論理。人各巧言理，視民如異類焉，聞其呼號之慘而情不通。

捨法而論理，正見當時知識分子以「理」之主觀「意見」為批判社會的工具，然而他們自信於得「理」，在戴氏眼中卻認為他們所認知的「理」，其實是出自一種誤解。這種誤解的產生，主要的原因即是「自以為得理，所執之理實謬，乃蔽而不明。……是盡人不知己蔽也」（〈與段玉裁書〉）。如果再進一步探究「蔽」從何來？則是戴氏所認為自宋儒以來深植於知識分子心中的「理」

的概念。戴氏在〈答彭進士允初書〉中即指出：

> 程朱以理爲如有物焉，得於天而具於心，啓天下後世人人憑在己之
> 意見而執之曰理，以禍斯民；更淆以無欲之說，於得理益遠，於執
> 其意見益堅，而禍斯民益烈。豈理禍斯民哉？不自知爲意見也。離
> 人情而求諸心之所具，安得不以心之意見當之？

在《疏證》中也提到：

> 其言理也，如有物焉，得於天而具於心，於是未有不以意見爲理之
> 君子，且自信不出於欲，則心無愧怍。……不窹意見多偏之不可以
> 理明，而持之必堅；意見所非，則謂其人自絕於理。此理欲之辨適
> 成忍而殘殺之具，爲禍又如是也！

可見對於「理」的理解如有偏見，這一偏見將導致知識分子對一般大眾產生
過於嚴苛的道德要求。而對於知識分子持之以做爲社會倫理的價值標準，對
絕大多數的庶民而言是很難達到這個帶有「意見」的「理」的要求，因而這
個「理」即成爲「殘殺之具」。照戴氏對這種「理」的批評，認爲它是由程朱
提出「去人欲，存天理」的說法之後，後儒逐漸將「理欲之辨」的問題從一
個學術思辨的問題延伸至社會道德的層面，而這種現象尤其在晚明時期格外
明顯。至於到戴氏當時，許多知識分子仍然存有這種觀念。之所以存在這種
現象，戴氏即歸根究底地將它歸罪於程朱。戴氏認爲程朱講「理」，正是通過
「得於天而具於心」這種未經知識經驗批判，而純以先驗自明的認知方法來
理解這個「理」，因而人人都可憑各自的方法來完成此一「理」的概念，這個
「理」便失去任何標準可循。戴氏爲重建「理」的概念，因而自《緒言》開
始，一面排詆宋儒，一面則提出理氣之辨，至《疏證》則明白提出理欲之辨。
甚而戴氏曾告知段玉裁作「講理學」一書，更見戴氏急欲重建「理」概念的
用心。

　　戴氏雖明白重建「理」概念的重要，也深自體認到程朱認知方法所造成
的偏失，因而採取訓詁考據的方法，從舊籍經傳中重新歸納出「理」的含意，
同時以〈樂記〉中對天理、人欲的觀點爲標準而加以詮釋，因而確立出「理」
本於人欲的觀點。戴氏在當時，雖然運用訓詁的方法來解「理」，卻仍然遭
到當時學者疑以爲從事義理之譏。﹝註１﹞因此，戴氏在《原善·自序》即明

﹝註１﹞章實齋曾說：「及戴著《原善》、《論性》諸篇，於天人理氣實有發先人所未發。
　　　　時人則謂空說義理，可以無作。是固不知戴學者矣。」（《文史通義·書朱陸

白表示：

> 余始爲《原善》之書三章，懼學者蔽以異趣也，復援據經言疏通證
> 明之。

戴氏雖言義理，但絕非宋儒言義理的方式，因此，對於理欲之辨的問題，雖然早在《原善》一書中已發其端，[註2] 但戴氏卻不是僅以此爲自足。戴氏不僅要透過對「理」的重新詮釋，來重建社會倫理的規範，同時也想透過以考證方法所求得的「理」，做爲典範，以有別於宋儒空說義理以解經的態度，而建立以考證方法爲標準的新義理。

　　戴氏這個企圖，很明顯的表現在他學術生涯的晚期，即錢穆先生所謂戴震論學的第二期。（錢穆：1937 年，頁 322～324）戴氏開始對宋儒思想進行研究，應始自戴氏從事《經考》著述時期。戴氏此一時期對宋儒思想的態度爲何？余英時認爲戴氏「早年無論義理、考證皆不背朱子之教」（余英時：1980年，頁 159）。然余氏所論，不盡客觀，岑溢成先生即提出質疑（岑溢成：1992年，頁 29～30）。尤其《經考》中對於程朱義理並未有較深入的討論，而即使朱子在經書考證上有正確的意見，相信戴氏也不得不同意。因此，以《經考》中戴氏對程朱的批評論斷戴氏對其思想的態度，並不妥當。而戴氏對程朱義理公開表示反對，實起於其論學晚年，（錢穆：1937 年，頁 322～324）而這也是戴氏思想轉變的關鍵時期。於此之前，戴氏在〈與方希原書〉中，曾說：「聖人之道在六經，漢儒得其制數，失其義理，宋儒得其義理，失其制數。」〈與姚姬傳書〉則說：

> 先儒之學，如漢鄭氏、宋程子、張子、朱子，其爲書至詳博，然猶
> 得失中判。……故誦法康成、程、朱不必無人，而皆失康成、程、
> 朱於誦法中，則不志乎聞道之過也。[註3]

正可見戴氏對程朱義理仍有保留，同時也能識其缺失所在。而一直到戴震在〈題惠定宇先生授經圖〉一文中說：

篇後）另外，余英時先生也說：「從《原善》的修改到《孟子字義疏證》的命名，我們不難看出東原在義理方面的工作一直受到考證派的歧視。」（余英時：1980 年，頁 102）

〔註 2〕如〈卷中〉言：「心得其常，耳目百體得其順，純懿中正，如是之謂理義。故理義非他，心之所同然也。」

〔註 3〕另戴氏在〈與是仲明論學書〉中也說：「如宋之陸、明之陳王，廢講習討論之學，假所謂尊德性以美其名。」只罪及陸、王，未及程朱。

有漢儒經學，有宋儒經學，一主於故訓，一主於義理。此誠震之大
不解者也。夫所謂義理，苟可以舍經而空憑胸臆，將人人鑿空得之，
奚有於經學？

則是明顯批評宋儒義理不當之始。然而戴氏雖批評宋儒義理，對當時考證學
者的心態也頗有微辭，如在〈答鄭丈用牧書〉即說：「今之博雅能文章善考核
者，皆未志乎聞道。……私自穿鑿者，或非盡捃擊以自表襮，積非成是而無
從知，先入為主而惑以終身。」而無論戴氏對宋儒或當時考證學者的態度，
都有一共同的批評點，即是以能夠「聞道」為訴求。如果不能有志於「聞道」，
考證學者和宋明儒即無不同。戴氏有志於求「聖人之道」，與宋明儒在觀念上
最大的差異，即是認為「聖人之道」是存在於「六經」之中，〔註4〕因而欲「聞
道」，則不得不求之於經書，探求的方法，即是以訓詁考證的方法為主。戴氏
之所以選擇這一方法，不外乎是從過去實際為學的經驗中獲得啟示。〔註5〕然
戴氏所謂的「聖人之道」究竟為何？戴氏於《疏證》中說道：「古賢聖之所謂
道，人倫日用而已矣。」〔註6〕這種「人倫日用」為道的觀點，正是與宋儒相
反，而戴氏取之以別於宋儒，並由經書中得到實證，從而建立與宋儒義理不
同的「新義理」。

為建立此一「新義理」，戴氏受到的詰難可謂不少。不僅當時理學派人士
譏其攻程朱之謬，考證學派的人士也以其從事義理工作而持疑，即使戴氏友

〔註4〕 王陽明龍場頓悟之後，即認為，「始知聖人之道，吾性自足，向之求理於事物
者，誤也。」（《年譜》正德三年條）陽明所體認的「聖人之道」，正是其體現
良知所謂的「吾性自足」的一面，並據此提出程朱「求理於事物」的道的錯
誤，而不論是陽明或程朱，和戴震所體認的「聖人之道」是有很大的差別。

〔註5〕 戴震曾說：「僕自少時家貧，不獲親師，聞聖人之中有孔子者，定《六經》示
後之人，求其一經，啟而讀之，茫茫然無覺，尋思之久，計於心曰：『經之至
者道也，所以明道者其詞也，所以成詞者字也。由字以通其詞，由詞以通其
道，必有漸。』求所謂字，考諸篆書，得許氏《說文解字》，三年知其節目，
漸睹古聖人制作本始。又疑許氏於故訓未能盡，從友人假《十三經注疏》讀
之，則知一字之義，當貫群經、本六書，然後為定。」（〈與是仲明論學書〉）
可知戴氏自始為學，即以能「聞道」為從事學問的第一要務，這個觀念至其
終身應是始終未變。而戴氏以訓詁考證為建立其別於宋儒義理之「新義理」，
或可以稱此義理為「考證義理」。

〔註6〕 語見《疏證》〈卷下·道〉。戴氏於此章稍後更解釋說：「就人倫日用，舉凡出
於身者求其不易之則，斯仁至義盡而合於天。人倫日用，其物也；曰仁，曰
義，曰禮，其則也。專以人倫日用，舉凡出於身者謂之道。……故中庸曰：『大
哉聖人之道！洋洋乎，發育萬物，峻極於天！優優大哉！禮儀三百，威儀三
千，待其人而後行。』極言乎道之大如是，豈出人倫日用之外哉！」

人如朱筠等，也不認同戴氏在建立「新義理」上的成績。這或許是出自一種誤解，即以戴氏身分而言，自應嚴守考證學者的立場，但戴氏雖從事義理工作，然而這種工作卻是以考證爲最重要的基礎。如果缺乏此一基礎而從事義理工作，那麼和宋儒有何分別？戴氏本深知於此，只是當時人不識而已。尤其章實齋曾記：

> 戴見時人之識如此，遂離奇其說曰：「余於訓詁、聲韻、天象、地理四者，如肩輿之隸也；於所明道，則乘輿之大人也；當世號爲通人，僅堪與余輿隸通寒溫耳。」（《文史通義・書朱陸篇後》）

戴氏此言，正是宣誓其「明道」的決心，同時也是對時人不求聞道，卻又以此批評戴氏而深表不滿。然戴氏言語中的深意，仍然少有人能理解，雖訓詁四者只是肩輿之隸，但若無此肩輿之隸，則乘輿之大人如何而能乘輿？亦即若無訓詁考證爲基礎，又如何能求道聞道？戴氏看重考證的程度，應與其看重義理的心態是一樣的，尤其在某些情況下，戴氏對迴護其考據之學的態度更甚於義理。〔註7〕正是戴氏知道若沒有考證的支持，則其探求的義理，根本上也就無價值可言。再者，戴氏在當時已是公認的考據大家，學者之間對其態度之尊重，也多因他在考證學上的成績斐然。〔註8〕因此戴氏除了內心引以爲傲的義理成就之外，也勢必重視學者對他考證身分的評價。由此而言，如前文所述，戴氏爲學的歷程前後期並無太大的轉變，而於惠棟影響至於漸泯

〔註7〕 如戴氏於〈與某書〉中即說：「治經先考字義，次通文理，志存聞道，必空所依傍……我輩讀書原非與後儒競立說，宜平心體會經文，有一字非其的解，則於所言之意必差，而道從此失。」又〈題惠定宇先生授經圖〉也說：「故訓明則古經明，古經明則賢人聖人之理義明，而我心之所同然者，乃因之而明。」另翁方綱〈與程魚門平錢戴二君議論舊草〉記：「昨擇石與東原議論相詆，皆未免過激。戴東原新入詞館，斥詈前輩，亦擇石有以激成之，皆空言無實據耳。擇石謂東原破碎大道。擇石蓋不知考訂之學，此不能折服東原也。故訓名物豈可目爲破碎？學者正宜研究考訂詁訓，然後能講義理也。宋儒恃其義理明白，遂輕忽《爾雅》、《說文》，不幾漸流於空談耶！」（《復初齋文集》卷七）又〈考定論中之二〉說：「秀水錢載，詩人也，不必善考訂也，而與戴震每相遇，輒持論齟齬，亦有時戴過於激之。」（同上）

〔註8〕 如徐浩在〈汾州府志序〉中說：「東原名士也，博覽群書，考訂精核，寰海文人皆知之，相與丹黃甲乙，首沿革，終藝文，爲例三十，爲卷三十又四。」又曹學閔撰〈新修汾州府志序〉說：「復延休寧戴孝廉東原，考證古今，筆削成書。」孫和相也說：「又適有休寧戴東原氏，來遊汾晉間，今之治經之儒，咸首推戴君，而是《志》得其嚴加核訂。孫和相，乾隆辛卯季春之月。」（〈汾州府志序〉）

毀程朱，實因戴氏未全面投注於「義理考證」的工作，只就經書中的部分問題糾正程朱說法。而限於問題性質與材料，我們無法確知戴氏早期是否無違背程朱之學而至晚期始變的經歷過程。然而戴氏自始至終對考證的堅持態度是相當一致的。而這也是他建立「新義理」的基礎。戴氏之所以會建立此一「新義理」，一方面固然是戴氏為實現早期求取「聖人之道」的願望，同時也是要將此一「聖人之道」的實質內涵加以充分發揮，即此一「道」乃是就人倫日用而言，乃是「理」與「欲」相結合的「道」。故戴氏倫理思想中有社會倫理觀念的傾向，是否與其早期身受不平的遭遇有關，仍需加以討論，不過戴氏思想內容裡的確有此社會倫理的特色。

第二節　理欲觀的重新建構

　　關於戴氏對理欲觀的闡釋，則是其倫理思想中最具特色之觀點。戴氏以人欲即天理之說，主張人欲不可去。而此一說法實非戴氏之創見，在戴氏之前學者已多有討論。〔註9〕然而這個觀念發展的因素為何？說法不一，有人認為是屬於學說理論內部的討論辯難，有人則認為是社會環境之壓力與學說理論相互衝突對立所致。今就戴氏而言，明顯屬於後者，〔註10〕尤其戴氏在晚年〈與段若膺書〉中提及：

> 僕生平論述最大者，為《孟子字義疏證》一書，此正人心之要。今
> 人無論正邪，盡以意見誤名之曰：「理」，而禍斯民，故《疏證》不
> 得不作。

在戴氏之義，乃是認為當時人常執此一理而責之於民，而此理即程朱所謂「窮天理，滅人欲」之天理。而要求此理見於日常行為，「理」即成為道德行為之規範意義。就戴氏立場而言，這一規範之理的意義本就有誤，況且經由後人刻意將它運用於道德行為規範上，更加扭曲了此一理的觀念。戴氏說：

〔註9〕 主「人欲不去」之說的討論，見本章第四節。

〔註10〕 然而戴氏也受有前項因素之影響，如戴氏於〈答彭進士允初書〉中即做了詳
　　　　細說明。正因程朱老、釋對理之解釋為戴氏深表不滿，因而作《疏證》與彭
　　　　允初辯難。然而此一問題亦非如此單純。程朱釋、老之論理，長久而來，已
　　　　為知識分子及政權所接受，然而，如孟子所言，「生之於心，害於其政，發於
　　　　其政，害於其事。」以此理施用於人事，其結果可想而知，故戴氏於〈與某
　　　　書〉後直指其弊說：「酷吏以法殺人，後儒以理殺人，浸浸乎舍法而論理，死
　　　　矣，更無可救矣。」則前述兩項因素，實有密切相關之衍生關係。

> 自非聖人，鮮能無蔽；有蔽之深，有蔽之淺者。人莫患乎蔽而自智，
> 任其意見，執之爲理義。吾懼求理義者以意見當之，孰知民受其禍
> 之所終極也哉！（《疏證》上）

以意見而執之爲理，即顯示此理之意義遭受扭曲，其所以扭曲之因，乃是人
不知己智之有蔽反以爲智所致。然而就當時狀況而言，以意見當理的情形極
爲普遍，戴氏即說：

> 今雖至愚之人，悖戾恣睢，其處斷一事，責詰一人，莫不輒曰理者，
> 自宋以來，始相習成俗，則以理爲「如有物焉，得於天而具於心」，
> 因以心之意見當之也。於是負其氣，挾其勢位，加以口給者，理伸；
> 力弱氣懾，口不能道辭者，理屈。嗚呼！其孰謂以此制事、以此制
> 人之非理哉！即其人廉潔自持，心無私慝，而至於處斷一事，責詰
> 一人，憑在己之意見，是其所是而非其所非，方自信嚴氣正性，嫉
> 惡如讎，而不知事情之難得，是非之易失於偏，往往人受其禍，己
> 且終身不寤，或事後乃明，悔已無及。嗚呼！其孰謂以此制事、以
> 此治人之非理哉！天下智者少而愚者多；以其心知明於眾人，則共
> 推之爲智，其去聖人甚遠也。以眾人與其所共推爲智者較其得理，
> 則眾人之蔽必多；以眾所共推爲智者與聖人較其得理，則聖人然後
> 無蔽。凡事至而心應之，其斷於心，輒曰理如是，古聖賢未嘗以爲
> 理也。不惟古聖賢未嘗以爲理，昔之人異於今人之一啓口而曰理，
> 其亦不以爲理也。昔人知在己之意見不可以理名，而今人輕言之。
>
> （《疏證》上）

此所謂至愚之人與廉潔自持之人，即戴氏所說正、邪之人。至愚之人以理責
人，雖有蔽亦不至於大過；然可怕者正是那些廉潔自持，嚴氣正性之人，他
們如果主觀的以意見爲理而治人，其爲禍往往更甚於至愚之人，故戴氏又說：

> 宋儒乃曰「人欲所蔽」，故不出於欲，則自信無蔽。古今不乏嚴氣正
> 性、疾惡如讎之人，是其所是，非其所非；執顯然共見之重輕，實
> 不知有時權之而重者於是乎輕，輕者於是乎重。其是非輕重一誤，
> 天下受其禍而不可救。豈人欲蔽之也哉？自信之理非理也。然則孟
> 子言「執中無權」，至後儒又增一「執理無權」者矣。（《疏證》下）

爲了對治此以意見爲理之弊，戴氏於是簡單提示以「人之常情」衡之，戴氏
說：

曰「所不欲」，曰「所惡」，不過人之常情，不言理而理盡於此。惟以情絜情，故其於事也，非心出一意見以處之，苟舍情求理，其所謂理，無非意見也。未有任其意見而不禍斯民者。(《疏證》上)

時人之所以誤以意見為理，如前述乃肇因於程朱之滅人欲以求理，故戴氏極力糾正時人之弊，重新定義「人欲」而與程朱之見做區別。戴氏說：

耳目百體之所欲，血氣之資以養者，所謂性之欲也，原於天地之化者也。……易曰：「立人之道，曰仁與義。」此合性之欲、性之德言之，謂原於天地之化而為日用事為者，無非仁義之實也。就天道而語於無憾曰天德，就性之欲而語於無失曰性之德；性之欲，其自然也；性之德，其必然也。自然者，散之見於日用事為；必然者，約之各協於中。知其自然，斯通乎天地之化；知其必然，斯通乎天地之德，故曰「知其性則曰知天矣」，以心知之，而天人懊德靡不豁然於心，此之謂「盡其心」。(《緒言》上)

戴氏以人性之欲無非仁義之實之論述，明白肯定了人欲的地位，戴氏說：

然使其無此欲，則於天下之人，生道窮促，亦將漠然視之。己不必遂其生，而遂人之生，無是情也。(《疏證》上)

可見人不能無欲，關係至為重要。戴氏理欲觀的形成，雖然比較偏重於社會環境之反省，但是其學說理論在繼承前人討論的基礎上也有其思想內在的重要性。

就倫理思想中的性善論而言，戴震特別強調性字的意義，與荀子、程朱的性說有根本上的差異。戴氏雖以孟子的性論為思想根本主張，也進一步說明「孟子之所謂性，即口之於味、目之於色、耳之於聲、鼻之於臭、四肢於安佚之為性」(《疏證》中)，但孟子說性，本就人近身之事而說，其道理頗為淺近。而戴震說性，則每每涉及宇宙論問題，如戴氏說：

性原於陰陽五行，凡耳目百體之欲，血氣之資以養者，皆由中達外，性為之本始，而道其所有事也。(《緒言》上)

又說：

人分於陰陽五行以成性，而得之也全。喜怒哀樂之情，聲色臭味之欲，是非美惡之知，皆根於性而原於天，其性全，故其材亦全，材即形氣之為耳目百體而會歸於心也。凡日用事為，皆性為之本，而所謂人道也；上之原於陰陽五行所謂天道也。(同上)

人之本性既從陰陽五行分演而來，正見人之性之所以不同於物性，乃在於人性是得乎天地之氣之至全，因而人之材質也得其全，即戴氏所說：「人之得於天也，雖亦限於所分而人人能全乎天德。」（〈答彭進士允初書〉）是故人之情、欲、知，都是人的本性，而它的本原則是由宇宙間陰陽之氣化生而來。因此，戴氏人道與天道之分別，亦就天道為人道之本原基礎而言，之間分別極微。正因人道中所有之事，如人倫日用之事為，即飲食情欲，亦是人性所本有，而此性之本質，則是以陰陽五行之天道為其本。故人道、天道此一循環相依的關係，更證明戴氏對二者不加分別的主張。〔註11〕然就孟子言性，亦僅及於人道而止，此性善論乃是建立在生而有之的先驗論上，而根本不涉及形氣問題。戴氏則試圖上推於天道而匯歸於一，實有戴氏義理上不得不然的作法。戴氏以天道、人道之關係切近，以證明人性有本然之善的可能，其原因不外是因為人之性既是由陰陽五行之氣所生成，人稟受此氣之全，雖個人之間仍有偏全之別，但若就人之整體而言，人性之別並不在本質上有差別，亦即人性皆為善，即符合孔子人性相近、孟子人無有不善之說。故戴氏說：

> 夫木與金之為器，成而不變者也，人又進乎是。自聖人至於凡民，其等差凡幾。或疑人之材非盡精良矣，而不然也。人雖有等差之不齊，無非精良之屬也。孟子言「聖人與我同類」，又言「犬馬之不與我同類」，是孟子就人之材之美斷其性善明矣。（《緒言》中）

〔註11〕 戴氏雖然沒有明確主張天道即人道之說，且就其義理中常可見戴氏對此兩名分別極清楚，如《原善》卷中說：「是故在天為天道，在人，咸根於性而見於日用事為，為人道。」又說：「天道，五行陰陽而已矣，分而有之以成性。」《緒言》卷上也說：「凡日用事為，皆性為之本，而所謂人道也；上之原於陰陽五行，所謂天道也。」又說：「道有天道人道，天道，陰陽五行是也；人道，人倫日用是也。」戴氏分別兩名既如此明白，似無可辯，但戴氏所強調本在人道發揮之重要性，此即後來《疏證》一書中強調理、欲之辨的最根本理論之源。而天道，若就人生成之性與所有事而言，本也就自陰陽五行分化而來，則人性人道之本質，自然應屬於天道之一部分，而不需有所分別。且就人道言，人性能發揮其善而達於極至，本就為通於天道，故戴氏最早於義理發揮之《法象論》中即明白指出：「夫道無遠邇，能以盡於人倫者反身求之，則靡不盡也。」故由人道而至於天道，只是一個過程，而此過程所以不使兩者有分別，即在於人能盡人倫者，即就人性發揮善端（此善亦可由人欲中求），則便已是至於天道。戴氏《緒言》卷上更指出：「人之生也，稟天地之氣，即併天地之德有之，而其氣清明，能通夫天地之德。」所謂「天之德」，即「就天道而語於無憾曰天德」（同上），更可見人之初生，即存在天道之一端，而人能通於天道，更是就人性之發揮處而言，有其絕對必然之可能。因此，戴氏雖分天道、人道兩名，而其實本應無所分別。

所謂人「無非精良之屬」，即是就人「分於陰陽五行以成性，而得之也全」而
說。戴氏此一見解，其實與周濂溪〈太極圖說〉之「惟人也，得其秀而最靈
也」一句有相通之意，而朱子也說：

> 自一氣而言之，則人物皆受是氣而生。自精粗而言，則人得其氣之
> 正且通者，物得其氣之偏且塞者。惟人得其正，故是理通而無所塞。
>
> （《朱子語類》卷四）

正因人得陰陽五行之氣之正者，所以人性能通於理而無所塞，亦是人性能有
必然的善。這在戴氏倫理思想中亦為最重要的觀念，戴氏曾指出：

> 人道本於性，而性原於天道；在天道為陰陽五行，在人物分而有之
> 以成性；由成性各殊，故材質亦殊。……人之才得於天獨全，故物
> 但能遂其自然，人能明於其必然。分言之，則存乎材質之自然者，
> 性也，人物各以類區別，成性各殊也；其歸於必然者，命也，善也，
> 人物咸協於天地之中，大共者也。（《緒言》上）

人性之為善，正在於人能達到此必然之極致。戴氏論性的觀點，固然與宋儒
有相似之處，且性論中已滲入《中庸》、《易傳》之思想，使得戴氏思想模式
更近於宋儒。然推究戴氏性論的根本立場，實與宋儒有極大的分別。其中，
最重要的分別，為宋儒將人性二分為「天地之性」（即「義理之性」）與「氣
質之性」，並認為前者為善，後者為有善有惡，為非性。戴氏對此一問題，於
其義理之作中時有不滿之論，如戴氏於《緒言》卷中即指出：

> 宋儒之異於前人者，以善為性之本量，如水之本清，而其後受污而
> 濁，乃氣稟使然。不善雖因乎氣稟，如水之既受污，而不可謂濁者
> 不為水也。蓋見於氣質不得概之曰善，且上聖生知安行者罕覯，其
> 下必加澄治之功，變化氣質，荀、楊之見固如是也。特以如此則悖
> 於孟子，求之不得，是以務於理氣截之分明，以理為「性之本」，為
> 「無不善」，以「氣之流行則有善有不善」，視理儼如一物。雖顯遵
> 孟子性善之云，究之以「才說性時，便是人生以後，此理已墮在氣
> 質之中」，孟子安得概之曰善哉？若不視理為如一物，不以性專屬之
> 理，於孟子書益不可通，遂斷然別舉理以當孟子之概目為善者。

就戴氏之意，宋儒將理、氣二分不僅是違背六經、孔、孟之書，且謂「『理
氣渾淪，不害二物之各為一體』，將使學者皓首茫然，求其物不得，合諸古
賢聖之言牴牾不協。」（《緒言》上）是宋儒分別人性為義理、氣質二性，

其根源皆由於理、氣之分所致，以人之性善歸於理，人之有惡歸於形氣。戴氏於義理思想形成之初，即有此明確主張，故戴氏在《緒言》一書中，對程、朱之學深表不滿之因，主要是針對程、朱在理、氣分合的意見上啓其懷疑。

今見《緒言》一書，有近半數之篇幅皆是對程、朱性理之說的不當而加以反駁。若就戴氏之意見而論，戴氏既以宋儒分理氣爲二爲不當之說，故就戴氏而言，似應主張理氣不二分，且戴氏不僅應主張理氣不二分，甚至也主張性理合一，性氣合一之說。故戴氏於《緒言》卷上說道：

> 以人能全乎理義，故曰性善，言理之爲性，非言性之爲理，若曰『理即性也』，斯協於孟子矣；不惟協於孟子，於《易》、《論語》靡不協矣。

此處戴氏強調性理合一的條件是惟理可以爲性，而性並不皆是理。戴氏此一論說，似乎又與其性氣合一的說法相互矛盾。戴氏於《緒言》卷中已指明說：「孟子所謂性，所謂才，俱指氣稟。」既然性氣不爲二，又極力反對宋儒理氣二分之說，則性與理之間的關係，似應可藉邏輯推衍而證明理、性亦有同質關係，則戴氏性不可爲理的說法即發生矛盾。然而此處矛盾應可得一理解，即戴氏對性論的定義，正與宋儒不同處，以戴氏對宋儒分性爲義理與氣質兩層，如此解釋孟子性善說則不可通，因戴氏直認爲性只有一層性質，不可強分爲二，則此一性的本質爲何？戴氏於《緒言》卷上即說明道：「如飛潛動植，舉凡品物之性，皆就其氣類別之。人物分於陰陽五行以成性，舍氣類更無性之名。」人之性既由陰陽五行之氣所構成，而這構成人之氣，就戴氏所言：「蓋氣初生物，順而融之以成質，莫不具有分理，則有條而不紊，是以謂之條理。」（《緒言》上）又說：「陰陽五行，以氣化言也；精言之，期於無憾，是謂理義。」（同上）此一氣既然於構成人之生時，即具有理的性質，故人之性也同具有理的性質。然而此一理即性之說，實際上只是倒轉程、朱性即理之說，只爲示人於此理、性有不同詮釋意義的說法而已。事實上說理即性或性即理，意義上畢竟無甚分別，而所以有別，乃是在「理」之一字，戴氏與程、朱之義絕然有別所致。程、朱所謂的「理」，是一具有絕對主宰性的「天理」的意義。程子說：

> 理則天下只是一個理，故推至四海而準。須是質諸天地，考證三王不易之理。（《二程遺書》卷二上）

又說：

> 天下物皆可以理照。有物必有則，一物須有一理。(《二程遺書》卷
> 十八)

又說：

> 天地萬物之理，無獨必有對，皆自然而然，非有安排也。(《二程遺
> 書》卷十一)

程子如此說理，可以知理不僅是恆久必存，爲萬物至高無上的法則，且理是
萬事萬物形成之所以然，即自然而然，是事物形成的準則，故程子又說：

> 萬物皆只是一個天理，己何與焉？至如言：「天討有罪，五刑五用哉；
> 天命有德，五服五章哉」，此都只是天理自然自然當如此，人幾時與？
> 與則便是私意。(《二程遺書》卷二上)

正說明理爲主宰萬物生續的本性。朱子也說：

> 夫有天地之先，畢竟也只是先有此理，便有此天地。若無此理，便
> 亦無天地。(《朱子語類》卷一)

又說：

> 無極而太極，不是說有個物事光輝輝地在那裡，只是說這裡當初皆
> 無一物，只有此理而已。既有此理，便有此氣；既有此氣，便分陰
> 陽，以此生許多物事，唯其理有許多，故物亦有許多。(《朱子語類》
> 卷九四)

天地既亦是萬有之物，故就朱子論理，則萬物雖滋類繁多，然而其所以生，
則是由理爲其主宰。朱子說：

> 天地之間，有理有氣，理也者，形而上之道也，生物之本也；氣也
> 者，形而下之器也，生物之具也。(《朱文公文集》卷五八)

又說：「有是氣便有是理，但理是本。」(《朱子語類》卷一) 就朱子之意而言，
氣只是萬物生成的材料，氣所以能生成萬物，仍是由理所爲，故朱子又說：「正
所以見一陰一陽雖屬形器，然其所以一陰一陽者，是乃道體之所爲也。」(《朱
文公文集》卷三六) 而道體是以理爲體，因而由氣而生萬物，是由理所爲，
以理爲本，以理爲其主宰。但就戴氏所說的理的意義，並不認爲此理有絕對
主宰萬物的性質。就理之最基本意義而言，戴氏直言理爲「文理」、爲「條理」
(《疏證》上)，但就此層意義而言，朱子同樣也說明理有此意義，朱子說：「道
便是路，理是那文理。……理者有條理，仁義禮智皆有之。」(《朱子語類》

卷六）但朱子如此說理，亦仍是就其「理一分殊」之觀念加以闡發引證，故朱子於申說理爲條理、分理同時，也說道：

> 問：「萬物粲然，還同不同？」曰：「理只是這一箇。道理則同，其分不同。君臣有君臣之理，父子有父子之理。」（同上引書）

是朱子仍認爲理之最根本義，仍是形上之天理。而戴氏條理、分理之分，只就字義訓詁上之意義爲說，理的意義有更進一層不同於程、朱之見者，即戴氏所言：

> 舉凡天地人物事爲，虛以明夫不易之則曰理。……理也者，天下之民無日不秉持爲經常者也。（《緒言》上）
>
> 陰陽流行，其自然也。精言之，期於無憾，所謂理也。（同上引書）
>
> 理，譬之中規中矩也。稱其純美精好之名也。……自然之極則，是謂理。（《緒言》下）
>
> 理者，察之而幾微區必以別之名也。（《疏證》上）
>
> 理者，存乎欲者也。（《疏證》上）
>
> 天理者，節其欲而不窮人欲也。（同上引書）
>
> 在己與人皆謂之情，無過無不及情之謂理。（同上引書）
>
> 古者之言理也，就人之情欲求之，使其無疵之爲理。（《疏證》下）

上述戴氏言理，有「區別」義、「不易之則」義、「經常」義、「規矩」、「純美精好」義，而就理之爲一名詞而言，此理似乎是一種「狀態」、「形態」，即合於某種規範條件下的一種狀態。如「區別」義言，人與物有別，即在於人有人理、物有物理，人與物之性不相混，即是由理之規範條件之不同而有所區別。故人、物之別，有此條件下的不可改易之法則，即是理。而天下之民所秉持此經常之理，也就是在此規範下不易的準則。此一規範狀態之名，在人性中所顯示的意義，即可證出戴氏言理欲不可分的眞義，即欲雖不可去，但條件是要在此規範的理之下才有欲必須存在的理由。如果沒有此一規範的理，欲將流於偏私而失去存在的意義。所以戴氏「無疵」、「節欲」、「無過無不及」，亦都是具規範意義。由此，可以得出戴氏言理的意義，實爲一種規範之狀態，亦是一抽象之名詞，因而戴氏即根據這點反駁程、朱言理「如有物爲，得於天而具於心」的實體主宰性的理。

　　戴氏論理之重要性，即是戴氏思想結構極重要的一環節，通過對「理」的重新詮釋，使得《緒言》中理氣之辨問題得以有理論上的根據，也使得《疏

證》中理欲之辨問題，突顯出「欲」所以存在的根本理由之問題得以解決，同時，最重要是戴氏「性」論藉由理的意義的確認後，不僅消解程、朱分天地、氣質兩性之說的困境與矛盾，也將「性善」論中性之所以為善之必然關係顯示出來。由前述對戴氏倫理思想結構分析所作推論中可見，理之有必然性，為「有物有則」的「則」，實已具備規範意義的狀態，為一相對於「物」的抽象名詞。由此也可證成戴氏倫理思想之形成，乃是藉由理氣問題之釐清，進一步探及理欲之辨，而於理論上建立倫理思想之邏輯結構。

第三節　倫理觀發展的氣論基礎

戴氏論「氣」，其重要性亦同於論「理」，而就戴氏倫理思想實質內容而言，較之論「理」常更顯重要。因氣論的建立，對戴氏理欲觀的發展有理論上重要的依據可為憑藉，說詳後述。戴氏氣論觀點，就相對於程、朱的氣論而言，顯然有「氣升理降」的意見，而此一意見的形成，就思想史上的意義而論，乃是思想之內緣與外緣因素交互影響而成。外緣因素不僅涉及經濟環境的改變對知識分子在事物認知與思想上有重要的影響力，而就整個社會環境的改變，更對知識分子有直接親身感受的影響。外緣因素對知識分子所造成的影響究竟為何？最主要是對於現象事物的掌握，能訴諸經驗上的認識，而對於可形可識的具體事物具有較深刻的體認。因而對氣的認識即相對較抽象的理的認識能予以經驗上的觀察體認而加以掌握。與此理氣認知具有相同認知形式的概念即是對「道」、「器」觀的價值上重新認定。〔註12〕

對於氣論的掌握，而企圖突顯氣為宇宙本體意義者，就明代中期至清初知識分子而言，則可以見出思想上承自張載的痕跡。張載所謂「太虛無形，氣之本體；其聚其散，變化之客形爾」（《張子全書》卷二〈正蒙〉）一語，說明宇宙本體，是由可形可見的實體的氣所形成。〔註13〕故張載又說：「太虛不能無氣，氣不能不聚而為萬物。」（同上）此一觀念與程頤絕異，程頤不認為

〔註12〕持氣本論之學者在道器觀的問題上亦多主張道器不二分，無形上形下之分，各家之論分見湛若水《甘泉文集》卷二〈新論〉，羅欽順《困知記》續卷上，吳廷翰《吉齋漫錄》卷上。

〔註13〕此處所說氣為可形可見的實體，只是就氣之聚而言。張載對於氣究竟是無形或有形之屬性，乃是就氣之聚散狀態而說，當氣聚未散時，是「凡可狀，皆有也，凡有，皆象也，凡象，皆氣也」（《正蒙·乾稱》），當氣散未聚時，是「氣本之虛則湛一無形」（《正蒙·太和》）

氣是生化萬物的本體，他說：

> 凡物之散，其氣遂盡，無復歸本原之理。天地間如洪爐，雖生物銷
> 鑠亦盡，況既散之氣，豈有復在？天地造化又焉用此既散之氣？其
> 造化者，自是生氣。(《河南程氏遺書》卷十五)

程頤之意，乃認爲氣只是萬物實體呈現之現象，待物消散之後，氣亦隨之消
散，無法回復其本然之性，也不能恆存於天地之間，因而就生化萬物的本體
而言，氣不足以擔此能力，具此能力的，是在氣之上的理，故程頤說：「理必
有對，生生之本也。」(《河南程氏粹言》卷一) 就萬物之生成，氣固然是組
成萬物必須的條件，而此一條件在張載、程頤的觀念裡，並無不同，而其中
的分別，在於氣究竟只是萬物構成的材質？抑或是本體？若說本體，則是具
有主宰性；若只是材質，則必須要解決何者爲本體的問題。故就朱子論氣，
則是見出氣雖是萬物構成的材質，但此一材質的重要性，與本體是同等的。
朱子說：

> 人之所以生，理與氣合而已。天理固浩浩不窮，然非是氣，則雖有
> 是理而無所湊泊。故必二氣交感，凝結生聚，然後是理有所附著。(《朱
> 子語類》卷四)

朱子之意，氣雖是以理爲本，但若無此氣，萬物也無法生成，則理亦無法顯
現，故朱子說：「若氣不結聚時，理亦無所附著。」(《語類》卷一) 然而在朱
子觀念裡，氣仍只是形下之物，理才是生化的本體，故朱子說：

> 天地之間，有理有氣，理也者，形而上之道也，生物之本也；氣也
> 者，形而下之器也，生物之具也。(《朱文公文集》卷五八)〔註14〕

〔註14〕當然，朱子也並非完全否定形下之氣，據日人山根三芳的意見指出：「使理爲
　　　『所當然之理』的理，導致『所以然之故』的考察，再演進到『所以然之故』
　　　的氣爲何，這不是要從『理的立場』嚴格的規定『氣的世界』之側面，而是
　　　具體的要立腳於『氣的世界』，將理的理念推廣到可以首肯『氣的立場』的。
　　　因此在理氣的調合過程中，就可以看出朱子全部思想的根本性格。……這樣
　　　的思想當然也要和社會、經濟的側面之考察互相配合起來究明的，但是朱子
　　　雖然堅持著理氣調和論之本質的思想，卻還要先重氣之後才及於理的必然
　　　性，是因爲朱子所生存的南宋社會所具有的根本上的社會的諸特色和包含了
　　　這些因素的內在性、必然性所產生的社會上之各種問題以及各種矛盾之解決
　　　手段的理論根據所致的。」(〈朱子倫理思想之研究〉，《國立編譯館館刊》，第
　　　二卷第一期，頁30) 山根氏看重影響氣論思想的社會層面，固然值得重視，
　　　而也因爲氣論的發展不單純只是學術思想內在義理的辯證，因此，當我們考
　　　慮到氣論思想在明代中期有特別的發展時，也不可以忽略此社會層面的考慮。

程、朱此一理爲生物之本的觀念，至明代中期逐漸爲知識分子所懷疑。其中以湛若水、羅欽順和王廷相對程、朱氣論的批評最重要。湛若水曾說：

> 古之言性者，未有以理氣對言之者，以理氣對言之者，自宋儒始也，是猶二端也。夫天地之生物也，猶父母之生子，一氣而已矣，何別理附之有？（《甘泉文集》卷二）

湛氏以氣爲天地生物之本，此一觀念，可遠溯自張載，而湛氏更明白指出「空室空木之中，有物生焉。虛則氣聚，聚則物生。故不待種也，氣即種也，得之氣化而生也，故氣者，生之本。」（同上）氣即種的觀念，即是以氣爲萬物生育之源，亦即氣爲宇宙生成的本體。這種觀念的形成，乃是根據事物實體可見的現象中體認出來，湛氏即說：

> 虛無即氣也，如人之噓氣，乃見實有，故知虛無即氣也。其在天地萬物之生也，人身骨肉毛面之形也，皆氣之質，而氣即虛無也。是故，知氣之虛實有無之體，則於道也，其思過半矣。（同上）

湛氏以客觀存有之實體作爲宇宙本體指涉之對象，此一思路的開展，於觀念史中是相當重要。此外，羅欽順對理氣問題的分辨，也主張說：

> 蓋通天地，亙古今，無非一氣而已。氣本一也，而一動一靜，一往一來，一闔一闢，一升一降，循環無已。積微而著，由著復微，爲四時之溫涼寒暑，爲萬物之生長收藏，爲斯民之日用彝倫，爲人事之成敗得失，千條萬緒，紛紜膠轕，而卒不可亂。有莫知其所以然而然，是即所謂理也。初非別有一物，依於氣而立，附於氣以行也。或者因《易》有太極一言，乃疑陰陽之變易，類有一物主宰乎其間者，是不然！（《困知記》續卷下）

氣之無法恆存，在程頤已明言，然而此處羅氏卻認爲氣是存在於所有時間與空間中，這即是以氣爲宇宙本體所必具的條件。相對的，在氣的運行過程中，所謂的理只是在運行的複雜過程中，使萬物不失其端緒，其所以不失，正是因爲有此不知所以然而然的理，而此理即是相當於戴震所說的「條理」義。而羅氏就四時寒暑，萬物生長，斯民之日用，人事之成敗上以顯示氣化流行而遍生萬事的本質，相似於湛若水對氣之本體的觀察，可以看出此一時期部分的知識分子對客觀事物重視之程度，往往成爲思想理論形成之背後的經驗基礎。此時知識分子對氣爲宇宙生成之本體的觀念已日趨成熟。王廷相的氣論可爲明代中期氣論的總結。王氏曾說：

氣者，造化之本。有渾渾者，有生生者，皆道之體也。生則有滅，
故有始有終；渾然者充塞宇宙，無跡無執，不見其始，安知其終？
世儒只知氣化而不知氣本，皆於道遠。(《慎言・道體》)

王氏這段話已明白定義了氣的根本屬性，氣在有形世界是具生滅、始終的性
質，在無形世界裡卻又無跡無執，不可見其始終。這兩種屬性是分別就氣存
在於形上與形下時的狀態而言，此一說法與湛若水、羅欽順所說之天地間唯
一氣的觀念是具有相同的意義。最重要的是王氏不僅承認宇宙萬物的生成是
由氣化所致，即是根據了氣的材質而形成，甚至氣還具備了萬物生成的主宰
性，即是以氣為生物的本體。此一規定，仍是就實有的事物中得出理論上的
經驗取向，王氏在〈答何柏齋造化論〉中說：

氣雖無形可見，卻是實有之物，口可以吸而入，手可以搖而得，非
虛寂空冥無所索取者。

王氏對氣的經驗體認至理論完成，和湛若水、羅欽順在思想型態上並無差別。
此一思想現象正反映知識分子對經驗事物的認同，已逐漸超脫程、朱在理氣
問題上先驗的理本論觀念。王氏特別指出：

近世好高迂腐之儒，不知國家養賢育才將以治，乃倡為講求良知，
體認天理之說使後生小子澄心白坐，聚首空談，終歲囂囂于心性之
玄幽；求之興道致治之術，遠權塵變之機，則暗然而不知。(《雅述》
下篇)

王氏對經驗世界事物特別看重，反對程、朱以來的先驗天理觀，由上述王氏之
意，也可見出時代環境對思想影響的重要性。王氏之後的呂坤，對理氣之辨則
仍沿襲氣本論的主張，呂氏說：「宇宙內主張萬物的只是一氣，氣即是理。理者，
氣之自然者也。」又說：「天地萬物只是一氣聚散，更無別個。」(《呻吟語》卷
四)，呂氏所言主張萬物的是氣，意即氣是萬物生成的本體，具主宰性，而所謂
理，則是氣能於聚散運行中化生萬物的過程達於完備、合理。呂氏也說：「生物，
成物者氣，所以然者理。」(同上卷二)自然與所以然之意是相同的，亦即氣之
運行，乃是自為主宰，自己有決定如何形成的本性，而理並不是支配氣形成的
主宰，只是在氣為本體中自我完成時所呈現的目的狀態。

明代後期的劉宗周，在理氣之辨的問題上也有深刻的意見，劉氏說：「盈
天地間一氣而已矣」(《劉子全書》卷二〈讀易圖說〉)，又說：「盈天地間，凡
道理皆從形器而立，絕不是理生氣」(《劉子全書》卷十一〈學言〉)、「道理皆

從形氣而立。離形無所謂道，離氣無所謂理。」(《劉子全書》卷十一〈學言〉中)，此肯定氣的宇宙本體的論點，與前述諸人並無觀念的不同，但劉氏卻又說：

> 有是氣，方有是理。無是氣則理于何麗？但既有是理，則此理尊而無上，遂足以爲氣之主宰。氣若其所以從出者，非理能生氣也。(同上)

就劉氏意見而言，有氣方有理，若離了氣亦無此理，則理氣間從屬關係是很明白，氣爲宇宙本體之性應無可疑，而劉氏於此卻又說理可尊而無上，爲氣之主宰，則氣爲宇宙本體的觀念即發生矛盾。但劉氏此說理爲氣之主宰，可理解爲並非理即取代氣之本體地位，亦即劉氏所說之主宰，並非是絕對支配之意，因劉氏下說「氣若其所以從出者」，則是氣之運轉流行，當有其自主性，但此一自主性卻又不是任意而爲，毫無規律，而是具有一定的目的性。即就氣化之生人生物而言，人與物之性分別極大，而在氣化之初卻不可說有此差別，此一差別是就氣化之目的性，即目的要在生人或生物而有所分別，此一分別即是有規律可循，亦即在氣化之初即有規範之作用存在，而這一規範作用是就氣本身所自主發生而言，並不是別有一理爲其主宰，爲其規範。因而氣之上則無別有一理可說，此即劉氏說非理能生氣之意。但劉氏此理的意義究竟爲何？若就劉氏所言，「非有理而後有氣，乃氣立而理因之寓也」(《劉子全書》卷五)，理寓於氣中，而理又不具支配氣之主宰義，則「氣若其所以從出」一句，當可理解爲理只是對氣之自主生化過程中，形成萬事萬物之一合理的規範作用，亦爲必然的作用。劉氏又說：

> 或曰：虛生氣。夫虛即氣也，何生之有？吾溯之未始有氣之先，亦無往而非氣也。(《劉子全書》卷十一〈學言〉中)

此則可見劉氏強調氣爲本體之意已很堅持，而虛之生氣或無之生有、有之生無，其實不過是氣之聚散，由一種形態到另一種形態的變化而已。而此形態之產生與變化之發生，可以說即是劉氏所謂的理，是有其必然發生的因素。因此，劉氏對理氣間存在之關係與意義之界定，較先前儒者所論更爲深刻，而如以劉氏理之意義與戴震所說之理相較，也可見出劉氏理義雖不如戴氏周密，但在意義內涵上是有部分相同的關係。

在劉氏之前，吳廷翰對氣爲宇宙本體的觀念更形執著，吳氏說：

> 天地之初，一氣而已矣，非有所謂道者別爲一物，以並出其間也。

氣之混淪，爲天地萬物之祖，至尊而無上，至極而無以加，則謂之
太極。(《吉齋漫錄》卷上)

吳氏所謂道者是指理而言，則天地之間乃是充滿氣，〔註15〕並不存在理。而
吳氏將太極之名賦予氣的意義〔註16〕明顯正與朱子所說「所謂太極乃天地萬
物本然之理，亙古亙今，顛撲不破者也」(《朱文公集》卷三六)，「太極之義，
正謂理之極致耳」(同上卷三七)的太極之爲理的說法截然不同。此一倒轉朱
子理本論而成爲一絕對氣本論的說法，在理氣觀念史發展過程中，有相當重
要的地位。而對於理氣問題，吳氏則指出「氣之凝聚、造作，即是理」(《吉
齋漫錄》卷上)和「理也者，氣得其理之名」(同上)的看法。照吳氏這個看
法，所謂理，即具有條理、規範法則的意義。因氣之凝聚，本就有其自然的
規律，而氣之造作，乃是就氣的目的性，即生化萬物而言。此一造作，就氣
本身而言，也必須有其自然的規限，即依照氣化本身的目的性而循一規範法
則化育萬物，使萬物能各依其性而生長。這一規範法則，僅是就最後化育成
可形實體的萬物此一目的的結果而言，因爲這個結果具有條理分明，不至於
使人物之性產生混淆不清的狀態，這即是所謂的理。因此，吳氏所說的理，
即氣得其理之名，亦即是氣在目的性上能產生一種依循規範而達於條理的狀
態而說的。吳氏此番理論，若參照戴震的理論，可以發現兩者在觀念上並無
分歧之處。戴氏論理，本就以抽象概念的規範狀態說理，故戴氏條理、分理
的說法，和吳氏的條理說在意義上應是相同。氣升理降的觀念，甚至以氣爲
宇宙本體的氣本論，從張載開始，經過明代中期湛若水、王廷相、羅欽順、
呂坤等人相繼討論，到明代晚期吳廷翰、劉宗周更具體闡述氣的本質意義後，
大致已確立了氣論的地位。

　　若就觀念史發展過程而言，氣本論的觀念是從張載之後，經過上述諸位
者的闡發而承繼下來，此一觀念的發展過程，雖然不一定都能尋出學者之間

〔註15〕與吳廷翰同時的王廷相，也提出太極爲氣的說法。王氏說：「太極者，造化至
　　　　極之名。無象無數，而萬物莫不由之以生，實混沌未判之氣也，故曰元氣。」
　　　　(《雅述》上)以太極爲氣，不僅說明了氣爲宇宙本體的意義，同時也進一步
　　　　解釋了宇宙生成論的問題。因萬物生成，本是由氣所自主，然而氣在生物之
　　　　前，雖然是無形無象的狀態，但如何證明萬物是由氣所生成，則需要藉由陰
　　　　陽二者結合產生的太極來證明氣的存在。
〔註16〕如吳氏所說：「蓋太極始生陰陽，陽輕清而上浮爲天，陰重濁而下凝爲地，是
　　　　爲兩儀，蓋一氣之所分也。」又說：「蓋太極者，言此氣之極至而無以加尊稱
　　　　之也。」(《吉齋漫錄》卷上)

觀念上的相互啓發影響，而如果這個觀念可以獨立存在於各別學者的思想內容之中，則可見得理觀念從朱子之後的發展，本身理論上的缺陷終將被學者們發現而重新予以討論，而學者們討論的依據立場自然是和朱子理本論的立場持相反意見的。然而，持氣本論的學者究竟憑藉什麼條件承認氣的存在？此存在又何以足夠擔當宇宙的生成發展？承前所述，明代中期湛若水、羅欽順和王廷相等人，對氣的認識是從經驗事物中歸結而出，從經驗的事物中，分析事物的構成物質而推論萬物是由氣所構成，則氣的存在是肯定的，而氣既然是構成萬物的物質，對於生成論應無問題，但氣在本體論上的問題，則無法藉由經驗現象證明，即氣如何主宰萬物的生成規律？持氣本論的學者既然反對理是形上的精神主體，因而推想出氣之成爲生物本體，乃在於氣有其自發自主性，即自然而然。故黃宗羲說道：

> 氣若不能自主宰，何以春而必夏、必秋、必冬哉？草木之枯榮，寒暑之運行，地理之剛柔，象緯之順逆，人物之生化，夫孰使之哉？皆氣自爲之主宰也。（《明儒學案・崇仁學案》三）

就黃氏之意，認爲氣化運動應是自然現象，沒有外在的強制。若就此而言，則在理氣問題上，黃氏即不以理爲本體，黃氏所認識的理即是：

> 千條萬緒，紛紜膠轕而卒不克亂。萬古此寒暑也，萬苦此生長收藏也，莫知其所以然而然，是即所謂理也。（《宋元學案・濂溪學案》下）

此所謂理明顯即有規範意義，此一規範義即規定了氣的流行變化過程，故黃氏又說：

> 夫大化只是一氣，氣之升爲陽，氣之降爲陰，以至於屈伸往來，生死鬼神，皆無二氣，故陰陽皆氣也。其升而必降，降而必升，雖有參差過不及之殊，而終必歸一，是即是理也。（《明儒學案・浙中王門學案》三）

氣的升降往來、運動變化，皆遵循一定的規律。理是氣化運動的所以然，不得不然，對氣化運動具有極大的制約作用。氣不能無理，必須依理而行，但理畢竟是氣化過程中自然形成的必然聯繫，是氣自身固有的屬性。黃氏爲劉宗周弟子，思想路徑雖屬心學一派，但在理氣之辨的意見上和前述學者並無太大歧異。而黃氏對理氣分辨的意見很明顯和劉宗周的觀念極其相似，即是因思想上有相承之關係。

與黃宗羲同時的王夫之，對於以往氣本論的理論更提出總結性的看法。
王氏說：

> 陰陽二氣充滿太虛，此外更無他物，亦無間隙。天之象、地之形，
> 皆其所範圍也。（《張子正蒙注》卷一）

氣之獨立存有，且具有唯一性，即是肯定氣之存在的普遍性，而在此氣存在
之外，是沒有其他物質的存在，故王氏進一步指出，「太虛即氣，絪縕之本體」
（同上），既然宇宙間除氣之外別無他物，萬物的生成也以氣爲其本體，此一
說法即歷來氣本論理論最基本的觀念，王氏故而明確指出本體之氣的主宰性：

> 氣之聚散，之死生，出而來，入而往，皆理勢之自然，不能已上者
> 也。不可據之以爲常，不可揮之而使散，不可挽之而健留。（同上）

氣之流行，皆有其自然之規律，由此，王氏討論此規律性而得出對理的認知，
他說：

> 理者，天所昭著之秩序也。時以通乎變化，義以貞其大常，風雨雷
> 露無一成之期，而寒暑生殺終於大信。（同上卷三）

理之有規律性亦是就氣上而說，若無氣，則亦無法顯現理的規律性。而「其
序之也亦無先設之定理，而序之在天都即爲理」（同上），則是就理而言，其
規律性也無預設的定理，其所以有規律性乃是就氣之流行變化的過程與目的
結果中歸納而出所謂的理。因此王氏討論理氣關係時，即強調理爲氣之理：

> 天下豈別有所謂理，氣得其理之謂理也。氣原是有理底，盡天地之
> 間無不是氣，即無不是理也。（《讀四書大全說》卷十）

氣本是有理，正說明氣有理爲其規律乃是必然的，但理只是氣化過程中的規
範狀態，其不爲精神主體意義極其明顯，故天地間只是理與氣，「氣載理而理
以之敘乎氣。」（同上卷三）

理氣問題至王夫之後，已可暫視爲一定論，顏元、李塨論理氣，說法大
致不出王氏之論，顏元亦視氣爲生成萬物的本體：

> 爲寒熱風雨，生成萬物者，氣也；其往來代謝，流行不已者，數也；
> 而所以然者，理也。」（《顏習齋先生言行錄》卷上）

生成萬物的氣包含往來變化的定數和必然的理，此理即有規律性可言。又顏
氏說明理的意義：「理者，木中紋理也。其中原有條理，故諺云順條順理。」
（《四書正誤》卷六）顏氏此說正與戴震釋理之義相同。木之有紋理，若就植
物構造而論，則其紋理乃是植物維管束中韌皮部與木質部之纖維化所形成，

此維管束之形成，是植物維生最重要的組織部分，若缺乏此一組織，植物則無法生長，因而木之紋理亦是木之所以生長的必然組織。若就氣論而言，氣化生成植物，亦同時賦予生長的能力，則此紋理即是其生長之機制，故紋理亦成氣生長之必然規律，即所謂條理。但如此說理，則理又是成為實體之物。其實不然，木之紋理只就其現象而言，紋理卻又不足以主宰其物之生；如人之有血管之組織，然血管亦非人生之主宰；此一現象乃是實現其生之條理，唯其有條理，則物方有生長之規律，故條理只是一抽象之規律，而紋理只是此抽象之理的現象化。

顏氏又認為：「氣即理之氣，理即氣之理。」（《存性編》卷一）理氣關係之密切，也可見兩者在生成論上的重要性不可偏執一端。顏氏弟子李塨繼承師說，而主以反對宋儒的理氣論。李氏說：

> 理氣該語亦有病。天下物必有專理而無氣者，有專氣而無理者，而此乃曰理氣該也，而焉有之？（《中庸傳注問》）

又說：

> 後儒改聖門不言性天之矩，曰以理氣為談柄，而究無了義。曰理氣不可分而為二，又曰先有是理，後有是氣，則又是二矣。（《論語傳注問》上）

李氏既是反對宋儒理先氣後、以理該氣之說，則必株守顏氏之說。與顏、李二氏關係密切的程廷祚，對理氣之辨的意見大致相同。程氏說：

> 自後儒之論興，而天下乃群然貴理而賤氣。……自天地而下，一氣而已矣，……太極亦氣也。「易有太極，是生兩儀」，天地之間，惟氣能生物，而謂理能生兩儀，可乎？……氣其本始，而理其後起者哉！（《青溪集·原氣》）

程氏所說「後儒之論」並非必指程朱，但程氏以太極指氣之說法，一如吳廷翰所論，亦極明顯地表現其氣本論的立場。

理氣問題的形成，對於理欲觀及人性論的發展影響極大，亦極重要。就前述從明代中期至清初諸儒對理氣問題的討論，最終總不免會歸結至人性論或道器論問題。雖然氣本論觀念並非此一時期知識分子普遍探討之問題，然而所以形成氣本論思想最主要原因即是理學本身對於人性善惡問題之爭辯始終無法得到一圓滿解決。人性為善之命題雖然為大部分儒者所接受，但人之為惡究竟如何產生？若照程、朱意見，即將之歸於氣質，於此，即繼承張載

將性二分爲氣質與天地二性。一性二分的矛盾，乃歸因於人之氣質亦根源於性，氣質若有不善，則性亦不可能皆善。本來在程、朱思想中，性與氣原屬兩不同範疇，即一爲形上一爲形下，然而形下之氣本來就不可能純粹無惡，[註17] 而朱子說：「人之有生，性與氣合而已。」（《朱文公文集》卷四十四）則氣應爲性之屬性之一，氣不能無惡，何以性能無惡？實因程、朱認爲性即是理。但如此說又何必將一性二分？此一邏輯循環之矛盾，根源即是由氣之認知所造成。

然而，氣論思想之所以產生，就明代中期至清初此一時期而言，應有兩條發展路徑，其一則前述自張載以下之儒者，而另一條思想路徑應是由王陽明及其後學所繼承。就陽明本人對理氣之理解，即曾說道：

> 理者氣之條理，氣者理之運用；無條理不能運用，無運用則亦無以
> 見其所謂條理矣。（《傳習錄‧答陸原靜書》）

又說：

> 生之謂性，生字即是氣字，猶言氣即是性也。氣即是性。人生而靜
> 以上不容說，才說氣即是性，即已落在一邊，不是性之本原矣。孟
> 子性善是從本原上說，然性善之端須在氣上始見得，若無氣亦無可
> 見矣。惻隱羞惡辭讓是非即是氣。程子謂論性不論氣不備，論氣不
> 論性不明，亦是爲學者各認一邊，只得如此說。若見自性明白時，
> 氣即是性，性即是氣，原無性氣之可分也。（同上〈啓問道通書〉）

陽明此語似乎直認氣即爲性，卻又以爲氣不是性之本原。此卻是就形上形下義而言，「人生而靜以上」是人未成形質之前，即是形而上，在形而上的階段時，性與氣是不容分，這個說法大抵不出宋儒意見；而「才說氣即是性」則已是已成形質，爲形而下，則此氣固爲形下之物，與形上之性已有性質改變之不同。此語事實上亦與宋儒之說無異。但陽明又認爲氣固是形而下，然人之性善之中亦包含此氣，故由此氣之發揮方能見性善之端，可見，性與氣是既不可離而又不能混同。而陽明所指「惻隱羞惡辭讓是非即是氣」，就孟子而言乃是心，而陽明卻指爲氣，可見陽明確有以心爲氣之觀念。且性與氣關係之密切，陽明又以「性是心之體」（《傳習錄》上），則心與氣似有其相互依存的關係。陽明雖未明白指出心即是氣，且就其學說本身也不以此爲討論重點，

〔註17〕 程子即說：「氣有善有不善，性則無不善也。」（《遺書》卷二一下）朱子更就
　　　　此論氣說：「既謂之大本，只是理善而已；才說人欲，便是氣也。」（《朱文
　　　　公文集》卷四）

但陽明在心的意義認知上應有心氣不二之傾向。王門後學鄒守益,則就陽明之意推闡氣論問題。他說:

> 天性與氣質更無二件。人此身都是氣質用事,目之能視,耳之能聽,口之能言,手足之能持行,皆是氣質,天性從此處流行。(《明儒學案》卷十六)

東廓如此說性,已與宋儒不同,而東廓認為此是陽明所持之觀點,他說:

> 先師有曰:惻隱之心,氣質之性也。正與孟子形色天性同旨。其謂浩然之氣塞天地,配道義;氣質與天性一滾出來,如何說得論性不論氣?(同上)

東廓之意,已將心、性、氣三者關係連綴而指認其意義上之相同處,故由性而說氣,亦即由心而說氣,則心之為氣在陽明應是成立,而此說也絕對為王門後學所接受,因此後學中除少數再次指認此一問題外,其他人已是據此而發展各自學說。雖心學派與氣本論學者間有學術觀念上之不同,然而心學派終究不討論宇宙本體論的問題,固僅就心屬於氣之最基本宇宙論基礎上之觀念認可即止,不深入探求其意。此固然是學說路徑不同而不得不如此,然而此一觀念之潛伏於思想中,終究有其內在發展的意義。此一觀念至明末清初時期,王學學者著眼於其所處社會的問題,而能將此一觀念提升至思想表層重新審視,即發展出劉宗周與黃宗羲等對氣論的思考。

氣本論之形成,對學者之間的觀念影響甚鉅。由於氣之與性與理不為二分,則氣之形上意義即告完成。因而就氣而論性、論欲、論才,則皆可一一疏通。若就以氣論性而言,氣既是形上本體,則氣不可以言惡,氣不惡則性不為惡而為善,即是簡易明白;若以氣論欲,則同樣欲也不可以不以善言之。欲之不為惡而為善,乃是戴震倫理思想中極重要之觀念,而若就此觀念之發展而言,可以往上溯自明代中期,而其發展正與前述氣本論學者之觀念相互契合。

第四節 人性論與氣論的相互影響

就戴震倫理思想中對人性善惡問題的辨析而言,戴氏「性善論」的主張固然與孟子所主張同調,然而在主張背後立論的依據,卻有明顯相異之處。戴氏性論思想的思考模式,仍承襲自宋明理學家,即從宇宙論的理氣之辨歸溯至人性論的理欲之辨的問題上,思考人性善惡的價值根源。但是在討論倫

理問題時，戴氏又常會以其學術背景的研究態度從先秦儒者觀念中的人性問題加以思考，並得出與其相似的立論內容，因而戴氏在人性論上的主張仍得力於孟子較深。〔註18〕人性善惡的問題，在孟子的思想中，也僅就人心、人性的關係做單純鋪衍，即人性爲本善，而人之有不善，乃是人心受制於外物牽引蒙蔽所致，因此孟子教人要養心，要求放心，要盡心而知性。就孟子的觀念而言，孟子是承認人心的知覺能力是有限的，所以孟子說：「心之官則思，思則得之，不思則不得也。」（《孟子‧告子上》）人心固有思辨的能力，但不必然每個人都能發揮心知的功能，因此，當外物與人之主體接觸而相互作用時，便由此見出人之行爲的善惡。所以人之爲惡，本就與人性無關，而是和人心知的認識、判斷力有關。

但是人行爲的善惡，並不全然決定於個人心知的主觀認識，而應該是由社會客觀的道德標準做爲衡量。然而，每個社會的道德標準並不盡然相同，但依然由其社會組織的成員共同形成其標準，這即可以 William Graham Sumner 的「社會自動變遷說」的道德觀加以說明，亦即社會道德標準的形成，乃是各個社會的「民俗」（Folkways）轉化成「民德」（Mores）之社會共同的價值判斷標準。〔註19〕至於人的心知，只是透過學習而逐漸認識此一社會客觀的道德標準。因而，人依照這個標準產生的行爲，即可以衡量其行爲結果的善惡。

以人之行爲結果爲善或惡的論述，見於《禮記‧樂記》一文。〈樂記〉中說道：

> 人生而靜，天之性也，感於物而動，性之欲也。物至知知，然後好惡形焉。好惡無節於內，知誘於外，不能反躬，天理滅矣。夫物之感人無窮，而人之好惡無節，則是物至而人化物也。人化物也者，滅天理而窮人欲者也。

「物之感人」即說明人心對外在事物有主動認識的本能，依照個人人心所認識的事物而進一步去求取，此一行爲即產生善惡問題。人在求取事物的行爲過程中，是否根據社會道德標準的規範節制而行事，即是判斷行爲或善或惡

〔註18〕如戴氏在《疏證》卷中說道：「孟子言『人無有不善』，以人之心知異於禽獸，能不惑乎所行之爲善。」戴氏不僅於《疏證》中屢屢提及孟子對人性論的意見，甚至早在《原善》、《緒言》中已對此一問題詳加討論。而戴氏早在《原善》前即有一篇〈讀孟子論性〉，雖內容爲稍後《原善》所收錄，但由此可見戴氏對孟子性論的問題早已留心。

〔註19〕關於 W.G. Sumner 的道德理論，參見陳秉璋《道德社會學》（臺北，1988年）第二篇第六章。

的重要準則。因此，「無節」即意謂違背道德標準的規範，而產生「惡行為」。
此一「惡行為」即〈樂記〉所說「滅天理而窮人欲者」。戴震在申論〈樂記〉
此節時曾說：

> 口之於味也，目之於色也，耳之於聲也，鼻之於臭也，四肢之於安
> 佚也」，此後儒視為人欲之私者，而孟子曰「性也」，繼之曰「有命
> 焉」。命者，限制之名，如命之東則不得而西，言性之欲之不可無節
> 也。節而不過，則依乎天理，非以天理為正，人欲為邪也。天理者，
> 節其欲而不窮人欲也。是故欲不可窮，非不可有，有而節之，使無
> 過情，無不及情，可謂之非天理乎？（《疏證》上）

戴氏固然主張天理、人欲不二分，但其條件是在人欲有適當的節制下才可成立。
因此，戴氏理欲觀特別重視人欲的節制，事實上即是回歸孟子和〈樂記〉的說
法。而節制人欲不僅是滿足普遍社會道德的要求，且也是達成天理的必要條件。
而所謂「天理」，若就社會道德層面而言，不過是社會公眾普遍認同的道德標準，
所以孟子說：「心之所同然者，謂理也，義也。」（《孟子‧告子》上）若以此而
言，飲食男女乃是人之所欲，若眾人之心皆懷有此一欲望，且視之為不可缺，
則人欲也合乎「心之所同然者」這一命題，人欲也可視之為理、為義。

　　然而，對於人性論問題的處理，從孟子之後即為學者普遍關切的問題而
加以討論。此一問題在宋儒思想中更形成一重要思想體系。張載於《正蒙》
中首先發明天地之性與氣質之性，由天地之性而歸結出性善論。〔註 20〕程頤
則根據張載此說而合以孟子論性，他說：

> 性無不善，而有不善者，才也。性即是理，理則自堯舜至於塗人，
> 一也。才稟於氣，氣有清濁。稟其清者為賢，稟其濁者為愚。」（《遺
> 書》卷十八）

〔註20〕 張載說：「形而有氣質之生。善反之，則天地之性存焉。故氣質之性，君子有
　　　　弗性焉。」（《正蒙‧誠明》）又說：「由太虛有天之名，由氣化有道之名，合
　　　　虛與氣有性之名，合性與知覺有心之名。」（《正蒙‧太和》）「太虛無形氣之
　　　　本體，其聚其散，變化之客形爾。至靜無感，性之淵源；有識有知，物文之
　　　　客感爾。」（同上）承前節所述，張載論氣既以為宇宙之本體，而此本體又具
　　　　有生成之作用，故能聚能散，而性即是就氣之聚而生人生物於其中顯理氣之
　　　　存在。因此，氣聚而有形之後，即有其性，而此性亦應是氣之性，然而性既
　　　　由一氣而形成，一氣又何以形成二性？此乃是張載為申說孟子說性善而不得
　　　　不二分其性。張載如此論性而產生之矛盾，後來學者即有據此加以反駁者，
　　　　詳見下說。

故就伊川所言，人之有不善，乃歸結於氣的問題。此一不善，不僅是氣的問題，同時也是人欲的問題，因「人欲者，梏於形，雜於氣，狃於習，亂於情而後有者也。」（同上卷十四）形氣習情無一不是根於氣而來，因而伊川要以此滅人欲以明天理。朱子對性氣問題的見解，大致和程子相似，朱子也認為，「此理卻只是善，既是此理，如何得惡？所謂惡者，卻是氣也。」（《朱子語類》卷四）故由此氣衍生出之人欲，朱子也同於程子主張窮理滅欲。

　　在人性論問題的討論上，持氣本論者根據氣理關係而發展出較具經驗的人性論。就湛若水曾批評宋儒理氣對言之缺失，而主張氣兼形上形下，〔註21〕由此再推至氣性問題而說：

> 天地間只是一個性，氣即性也，性即理也，更無三者相對。（卷八〈新泉問辨錄〉）
> 天理渾然在宇宙內，又渾然在性分內，無聖無愚，無古無今，都是這個充塞流行。（卷廿〈韶州明經館講章〉）
> 心也、性也、天也，一體而無二者也。（卷廿〈天泉書堂講章〉）

湛氏以心、性、氣、理合一而論，最主要仍在強調其心學中心即理的觀點，故湛氏認為人心之本體即是天理，而天理往往為氣習所蔽，所以需要「學問思辨篤行諸訓，所以破其愚，去其蔽，警發其退知退能者」（《甘泉文集》卷七），湛氏以心善而可推及性善，故就其所論，性之為惡乃是氣習所蔽而造成。至於羅欽順則針對張載和程朱一性二分之說而提出其「理一分殊」的看法建立人性論的觀點，〔註22〕基本上羅氏認為性即是指氣質之性而言，此氣質之性在程朱思想中即是人欲即是惡，然就羅氏而言，氣質即是天命，不可以惡言之。然不以人欲為惡之觀念，首先亦須建立氣不為惡之觀念。此一論點，如前節所述，則自明代中期學者才加以理論上的闡釋。氣化生人生物，人之性也稟於氣，因而氣不為惡，則人性亦可以為善。然人性之中有欲，若性為善，何以欲必為惡？羅欽順指出：

> 夫人之有欲，固同於天，蓋有必然而不容己，且有當然而不可易者。……惟其恣情縱欲而不知返，斯為惡爾。先儒以去人欲、過人欲為言，蓋所以防其流者不得不嚴，但語意似乎偏重，夫欲與喜怒哀樂皆性之所有者，喜怒哀樂又何去乎？（《困知記》卷下）

〔註21〕見《甘泉文集》卷二〈新論〉一語。
〔註22〕此部分詳見羅氏《困知記》卷上及附錄〈答林正郎貞孚〉第十四章。

固然羅氏不以爲人欲爲絕對惡，因而說：

> 故〈樂記〉獨以性之欲爲言，欲未可謂之惡，其爲惡爲善，繫於有
> 節無節爾。（同上卷上）

以欲之需有節制以防其爲惡之主張，上推〈樂記〉及朱子，下推至戴震，無
不以此說爲是。此外，王廷相既以氣爲宇宙本體，而性生於氣，因此不能離
氣而論性，循此王氏亦反對宋儒一性二分之說。王氏指出：

> 人有二性，此宋儒之大惑也。夫性，生之理也。……余以爲人物之
> 性無非氣質所爲者，離氣言性，則性無處所，與虛同歸，離性言氣，
> 則氣非生動，與死同途；是性與氣相資，而有不得相離者也。但主
> 於氣質，則性必有惡，而孟子性善之說不通矣。故又強出本然之性
> 之論，超乎形氣之外而不雜，以傅會於性善之旨。……氣有清濁粹
> 駁，則性安獨無善惡之雜？（〈答薛君采論性書〉）

王氏此論最大特點，即不僅反對宋儒性論，也反對孟子性善之說，王氏曾說：

> 物理不見不聞，雖聖哲亦不能索而知之，使嬰兒孩提之時，即閉之
> 幽室，不接物焉，長而出之，則日用之物不能辨矣，而況天地之高
> 遠，鬼神之幽冥，天下古今事變，杳無端倪，可得而知之乎！（《雅
> 述》上）

孟子曾以「孩提之童不知愛其親也，及其長也無不知敬其兄也」（〈盡心〉上）
論證性善屬於先天之本然，此一觀念影響所及，至戴震亦不稍懷疑，然王廷
相亦使用孩提之童爲例爲假設推論，卻可能得出人性並非先天爲善的結論，
〔註23〕故王氏進一步指出：

> 自世之人觀之，善者常一二，不善者常千百；行弗合道常一二，
> 不合道者常千百。……故謂人心皆善者，非聖人太觀眞實之論，而
> 宋儒極力論贊以號召乎天下，惑矣！（《雅述》上）

人性亦不全爲善，則對於人之有惡，王氏即主張以教化變其氣質而爲善，王
氏說：

> 程子以性爲理，余思之累年，不相契入。……嘗試擬議，言性不得
> 離氣，言善惡不得離道，故曰性與道合則爲善，性與道乖則爲惡，

〔註23〕 王氏此一假設雖未以實驗證明，但就今日精神心理學之認識而論，王氏此說
並不一定是錯的。諸如這類的問題，亦是今日倫理學中對人性善惡問題意見
紛歧的主要原因。

性出乎氣而主乎氣，道出乎性而日乎性，此余自以爲的然之理也。
或曰：人既爲惡矣，反之而羞愧之心生焉，是人性本善而無惡也。
嗟呼！此聖人修道立教之功所致也。凡人之性成於習，聖人教以率
之，法以治之，天下古今之風以善爲歸，以惡爲禁，久矣。……「天
命之謂性」，然緣教而修，亦可變其氣質而爲善，苟習於惡，方與善
日遠矣。今日天命之性有善而無惡，不知命在何所？若不離乎氣質
之中，安得言有善而無惡？（〈答薛君采論性書〉）

吳廷翰在性氣問題上一如湛氏、王氏所論，主張氣性合一，吳氏說：

蓋性即是氣，性之名生於人之有生。人之未生，性不可名。即名爲
性，即已是氣，又焉有「氣質」之名乎？既無「氣質之性」，又焉有
「天地之性」乎？……性一而已，而有二乎？……故凡言性也者，
即是「氣質」。若說有「氣質之」。則性有不是「氣質」者乎？（《吉
齋漫錄》卷上）

吳氏此說也同時批評一性二說的矛盾。既然性即是氣，而人之氣本有清濁美
惡，則人之性也不可能全然爲善：

凡言性，則已屬之人物，即是氣質。蓋性字從心從生，乃人物之心
之所得以爲生者。人生而有心，是氣之靈覺，其靈覺而有條理處是
性。仁義，皆氣之善名，故謂仁氣、義氣。氣有清濁美惡，即仁義
之多寡厚薄。其仁義之多而厚，即性之善；其薄而少有欠處者，亦
未免有不善。故孟子性善之說，不若夫子之備焉。（《吉齋漫錄》卷
上）

吳氏雖立此說，但又不否認人之可以爲善，故又說：

性善者，探其本原，則易「繼之者善也」；指其發見，則「乃若其情
則可以爲善也」，此孟子言性之本旨也。然性之本雖善，而氣之所爲
則亦有不善者，其發雖善，而流之所弊則亦有不善者。

吳氏據此而論人欲，則說：

耳目口鼻四肢之與仁義禮知之同爲一性者，何也？曰：性一也。仁
義禮知，舉其目之大者耳，其實人之一身皆性也。父子、君臣、賓
主、賢哲，舉其屬之大者耳，其實耳目之類皆性也。天下無性外之
物，而況一身之間乎？故曰「民生有欲」。不可以欲爲非性，但流則
有以害性耳。如仁義之於父子君臣，自有本性，其仁與義亦不可過，

過則亦為性之害。如以人欲之害性為非性，則過於仁義者亦反害於仁義，而以仁義非性可乎？故曰：「性一也。」而以為有氣質、天地之性者，是反疑於孟子之說者也。曰：性無內外，何謂也？曰：道無內外，故性亦無內外。言性者專內而遺外，皆不達一本者也。今夫陽之必有陰也，晝之必有夜也，暑之必有寒也，中國必有夷狄也，君子必有小人也，則天理必有人欲也，善之必有惡也，亦明矣。以性本天理而無人欲，是性為有外，何也？以為人欲交於物而生於外也。然而內本無欲，物安從而交，又安從而生乎？故陽與暑必處於春夏用事之時，陰與寒必居於秋冬退藏之地，而中國常尊，夷狄常卑，君子常勝，小人常負，此聖人之所以設教以法天，與遏人欲而存天理，其道一而已。弱以人欲為外而非性，則性為有外，充其說，必去人欲而後可以有生乎？是異教之類也。（同上）

吳氏以人欲為性，則人欲不可以為惡。故吳氏論天理人欲，即說明天理與人欲無不同，皆不可去，吳氏說：

義利亦只是天理，人欲不在天理外也。飲食男女，人之大欲存焉。日用飲食，男女居士，苟得其道，莫非天理之自然。若尋天理於人欲之外，則是異端之說，離人倫出世而後可。然豈有此理乎！（《吉齋漫錄》卷上）

劉宗周雖也是持氣本論學者，但中年轉向心學後，對人性論則有更深刻之討論，全祖望即說：「蕺山之學，專言心性。」（《鮚埼亭集卷十一〈梨洲先生神道碑文〉》）劉氏雖然同氣本論學者主張「凡言性者，皆指氣質而言」（《劉子全書》卷十〈學言〉），但又以為「形而下者謂之氣，形而上者謂之性，故曰性即氣，氣即性」（《明儒學案》卷六十二《蕺山學案·證學雜解》），又認為「形而下者謂之心」（同上卷十），則是心、氣與性屬不同範疇，但劉氏又強調「離心無性，離氣無理」（同上卷十九），則可見劉氏仍著重強調形下之心之重要性。而就劉氏所處之現實社會，固然有強調人心之善之重要推力，劉氏曾說道：

劉宗周慨然嘆曰：「天地晦冥，人心滅息，吾輩惟有講學明倫，庶幾留民彝於一線乎？」遂於同年五月朔（初一）會講於蕺山解吟軒，「痛言世道之禍，釀於人心，而人心之惡，以不學而進，今日理會此事，正欲明人心本然之善，他日不至於凶於爾國，害於爾家」，「座中皆

有省」。自此每月一會，至歲終而輟講。「每會令學者守斂身心，使
根柢凝定，爲入道之基」。（同上卷四十《先君子戴山先生年譜》）
可見劉氏之心性論乃是有其社會倫理之實踐目的，故劉氏因而強調心知之重
要，他說：

> 無形之名，從有形而起。如曰性，曰仁、義、禮、智、信，皆無形
> 之名也。然必有心而後有性之名，有父子而後有仁之名，有君臣而
> 後有義之名，推之禮、智、信皆然。（《劉子全書》卷十三〈會錄〉）

就劉氏此言而論，似乎與王廷相在人性非天生善之意見上有近似處，因強調
心知之關係，則所謂性之名乃是由心知而加以認定，故如有「父子而後有仁
之名」，雖說人之性需由心知而加以顯現，然父子之關係亦屬於社會倫理之一
環，父子間未必存在慈孝之關係，若更就心理學精神分析之戀母情結而言，
兒童幼年期因「閹割恐懼」（fear of castration）往往將父親視爲敵人，此一心
理狀態要持續至後來自我之社會化完成，即對父親的敵意轉爲妥協而模仿父
親行爲，並經內化而作爲自己人格之一部分之「認同作用」（identification）歷
程完成後，而形成對父親加以敬愛之較成熟人格，此時父子間之正常關係方
告完成。然而此一歷程有如此之行爲目標，仍取決於人類文化中社會道德規
範之限制而必須有此正常關係（即仁、孝）之發展。由此可見，父子間之所
謂見父自然知孝，乃是出於行爲現象觀察不深切而導致謬誤所致，父子之親
實應出於後天之學習，而非天生而然。至於君臣之義，大抵與父子之親理論
相似，並非天生之必然性。故就劉氏所言，由心之認知而逐漸從社會關係中
歸納出人性之善惡，方才有性之名。因此劉氏更進而論道：

> 人生而有習矣。……有習境，因有習聞；有習聞，因有習見；有習
> 見，因有習心；有習心，因有習性。……習於善則善，習於惡則惡，
> 猶生長於齊、楚不能不齊、楚也。習可不慎乎！（同上卷八〈習說〉）

劉氏明白人性善惡乃源於後天之社會環境之影響，故而極重視能否成善之學
習力。劉氏人性論既有此特點，但在理論上仍無法超脫前人論性所關注之問
題，如對於一性二分說之批評，〔註24〕與氣本論學者無異。至於理欲問題之
討論，劉氏亦如氣本論學者之意見，不主張人欲即是惡。劉氏說：

〔註24〕劉氏說：「要而論之，氣質之性即義理之性，義理之性即天命之性，善則俱善。」
（同上卷十卷〈答王右仲州刺（嗣奭）〉），又說：「須知性只是氣質之性，而
義理者氣質之本然，乃所以爲性也。」（同上卷八〈中庸首章說〉）兩言反對
張載、程朱之論性主張極其明顯。

> 人欲本無定名，在公私之間而已。
>
> 欲與天理只是一個，從凝處看是欲，從化處看是理。(《劉子全書》
> 卷十〈學言〉上)

劉氏此說含義較爲模糊，然劉氏曾指出「欲」的定義說：

> 生機之自然而不容己者，欲也，欲而縱，過也；甚焉，惡也。而其
> 無過者，理也。(《劉子全書》卷六〈原心〉)

此一說法則較明白，劉氏認爲欲對人而言是自然而不可去，雖欲有可能是惡，
卻是人自己放縱所致，故人若就其心自我約束，使欲之需求能無過或不及，
則欲也可以是理。此說雖不否定理欲可以爲一，但需要條件之限制，卻也是
此限制不得不然。劉氏弟子陳確的人性論亦是主張性氣合一，他說：「今夫心
之有思、耳目之有視聽者，氣也，由性之充周而言謂之氣。」然而氣雖有清
濁，卻不影響其性。陳氏指出：

> 善惡之分，習使然也，於性何有哉！故無論氣清氣濁，習於善則善，
> 習於惡則惡矣。(《氣稟清濁說》)

性之善惡由習所決定，此即是認定人後天行爲之習乃是人性善惡的關鍵，則
性善之說亦不得即歸於天生之自然，因陳氏說：

> 物成然後性正，人成然後性全。物之成以氣，人之成以學。……是
> 故資始、流行之時，性非不眞也，而必於各正、葆合見生物之性全。
> 孩提少長之時，性非不良也，而必於仁至義見人性之大全。繼善成
> 性，又何疑乎？(《性解》)

人性能全能善，乃是透過學習，故孩提時，其性雖無不良，但亦非不惡，只
不可以善惡言，固其性未全，而性之能全，仁義亦是學來的，非其性所本有，
可見性善屬後天亦極明顯。至於陳氏之理欲觀，亦襲於師說，直認欲即是理。
陳氏說：「蓋天理皆從人欲中見，人欲正當處，即是理。無欲又何理乎？」(《與
劉伯繩書》) 又說：「飲食男女皆義理所從出，功名富貴即道德之攸歸。」(《無
欲作聖辨》) 陳氏極重人欲，又過其老師，但卻是有存在條件之影響所致，陳
氏曾說：

> 君子小人別辨太嚴，使小人無站腳處，而國家之禍始烈矣，自東漢
> 諸君子始也。天理人欲分別太嚴，使人欲無躲閃處，而身心之害百
> 出矣，自有宋諸儒始也。(《近言集》)

陳氏這段社會性論述與戴氏所曾言及的論述相參，則此爲社會之共相，其原

皆由於無欲所致。宋儒過分強調天理人欲之辨，造成許多人受到指責壓迫，此一現象應非泛論，陳氏恐就當時之社會狀況而直言。王船山論性，與前述諸人觀念上又有不同，則在性氣關係上之看法別見特色。船山論理氣既以二者之分際嚴明，而循此又論道器之關係，也強調道器不相離亦不可相混，二者分別既明，又以器為相對之重要，即「無其器則無其道，人鮮能言之，而固其誠然者也」（《周易外傳》卷五〈繫辭上傳〉）。器之重要亦可顯出氣之重要，固由氣而分化之人物，其本性之良善乃就其形器而方能顯現，正是船山所說：

> 形日以養，氣日以滋，理日以成。方生而受之，一日生而一日受之。……故天日命於人而人日受命於天，故曰，性者，生也，日生而日成之也。（《船山全集‧尚書引義》卷三）

是故性之質乃是於日生之中而漸次顯現，顯然非出自先天即自存者，故船山說：

> 天命之謂性，命是受則性日生矣。目日生視，耳日生聽，心日生思，形變以為器，氣受以為充，理受以為德，取之多用之宏而壯，取之純用之粹而善，取之駁用而雜而惡，不知其所自生而生。是以君子自強不息，日乾夕惕而擇之守之，以養性也，於是，有生以後，日生之性益善，而無有惡焉。若夫二氣之施不齊，五行之滯於器，不善用之則成乎疵者，人日與媮嫚苟合，據之以為不釋之欲，則與之浸淫披靡，以與性相成，而性亦成乎不義矣。（同上）

性雖是自生自成，但卻要在成之一刻方才為性，而此日生日成之過程，固不保證性終歸於善或惡，乃是一因二氣五行運行變化之先天有失，二因人之行為不當而造成性為不善，反之則性可為善。因此性之善不善亦非由天命或人為之特定一方所決定，其形成因素頗為複雜。而船山論理欲，則不以人欲可外天理而加以否定。船山說：

> 陽合於陰而有仁，禮雖為純陽而寓於陰。是禮雖純為天理之節文，而必寓於人欲以見；雖居靜而為感通之則，然因乎變合以章其用。唯然，故終不離人而別有天，終不離欲而別有理也。（《讀四書大全說》卷八）

就船山之重器而言，器可以言乎用，與道之為體相對言，則人欲亦是用，而用之發揮則顯見出體，是以人欲之得以發揚才可見天理之節文，若不見人欲，

理又何在？此即船山「無其器則無其道」轉語人性論而有相同之理論歸向。

　　戴震之人性論，若就前述學者思想觀念間之發展關係而論，戴氏似乎也同樣具備此一思想模式。故戴氏論性，也和氣本論學者同樣主張性氣不二分。戴氏說：「古人言性，但以氣稟言，未嘗明言理義為性，蓋不待言而可知也。」（《疏證》卷中〈性〉）陰陽二氣交感變化而生人生物，人因而具有血氣心知，此即是性，因而氣乃是性之本，血氣心知中即有氣。而此氣之分化既有人有物，人與物之性有區別而不同，這是因為：

> 分於道者，分於陰陽五行也。一言乎分，則其限之於始，有偏全、
> 厚薄、清濁、昏明之不齊，各隨所分而形於一，各成其性也。（同上
> 卷中）

氣之有不齊，乃氣之本質，而既已形成人，則人與人之性即無大差別。然人性卻有失之於不善，此戴氏極強調孟子性善論而先天即認定人性為善，至於所以有不善，戴氏說：「分別性與習，然後有不善，而不可以不善歸性。凡得養失養及陷溺桔亡，咸屬於習。」（同上）此處戴氏雖以習為人性不善之重要關鍵，但習或應指為「習心」，故所謂得養失養，即孟子之所謂養心與否。然而習心亦是性，性既是善，何以習心反而有惡？戴氏並未說明，卻又主觀期望：

> 人無有不善，即能知其限而不踰之為善，即能知其而不踰之為善，
> 即血氣心知能底於無失之為善（同上）。

心既可能習於惡，卻又期望此心能無失，豈不責人以難？又戴氏以經驗觀察論孟子之性善說：

> 幼者見其長，知就斂飭也，非其素習於儀者也；鄙野之人或不當義，
> 可詰之使語塞也。示之而知美惡之情，告之而然否辨；心苟欲通，
> 久必豁然也。觀於此，可以知人之性矣，此孟子之所謂性善也。（《原
> 善》卷中）

戴氏此言似又不辨心善與性善，固然心源於性，然二者究有別。此處戴氏經驗之觀察或惑於人之表象行為所致。是動者之見長，何以不知幼者行為之善乃後天學習所致？鄙野之人受詰而語塞，卻又正習於示之美惡、告之然而表現善之行為，此又豈非後天之學習？何以即據此而判其性為本善？戴氏性論所以有此偏失，如參照前述王廷相之論性，兩相對比，則不難見出原因。

　　戴震倫理思想既以強調「性善論」為其思想最重要觀念，但是戴氏「性善」觀念在倫理學上的意義仍然有許多待深入一步討論的問題。首先，就戴氏所體認「善」意義的究竟，予以分析。

就倫理學史而言,「善」概念的定義問題一直是倫理學者爭辯不休的主題。戴氏對於「善」概念的定義曾有以下敘述:

> 善,以言乎天下之大共也;性,言乎成於人人之舉凡自爲。性,其本也。所謂善,無他焉,天地之化,性之事能,可以知善矣。(《原善》上)

> 善,曰仁,曰禮,曰義,斯三者,天下之大衡也。……善,言乎知常、體信、達順也。(同上)

> 能知其限而不踰之爲善,即血氣心知能底於無失之爲善;所謂仁義禮智,即以名其血氣心知。(《疏證》中)

> 孟子言「人無有不善」,以人之心知異於禽獸,能不惑乎所行之爲善。(《疏證》中)

> 善者,稱其純粹中正之名;性者,指其實體實事之名。一事之善,則一事合於天。……善,其必然也;性,其自然也。(《疏證》下)

> 曰「善」,曰「理」,示稱夫純美精好之名也。……善者,稱其美好之名。(《緒言》上)

就前述引《原善》文中善的意義而言,戴氏只有解釋了善具有規範性的意義,即「大共」、「大衡」等,但這僅就善的目的而言,善的本質意義並未充分解釋。戴氏將「順」、「信」、「常」等皆視爲善,則是「將『善』當作一種存有之屬性或狀態看,然後逐說於此三者有所成就皆是『善』。」(勞思光:1981年,頁832)據勞氏之見,存有的善並沒有知常、體信、達順的成就意義,如「知常」,善本身應不具「知」的能力,亦即「描述知者之詞語,不能同時又描述被知者」。因而勞氏提出批評說:

> 戴氏前後兩次說「善」,理論已是混亂;蓋戴氏固不善於作理論思考,
> 故只一時發揮自己某種想法,而全不能顧及理論之嚴格性。(同上)

勞氏的看法固然見出戴氏理論上的缺失,然而戴氏所謂「知常」即可謂「善」,乃是就認知行爲可以達到善的結果而言,可以顯見「知常」乃是一種善行爲,也可以說是所謂的「工具善」(good as means)。就 G.E. Moore 對「工具善」一詞的解釋說道:

> 要判斷一件行爲一般是工具的善,乃是不僅要判斷該行爲一般會產生某種程度的善,而且要判斷,在環境許可下,該行爲一般會產生最大的善。(Moore: 1978, p.32)

就「常」的意義而言，即是「循之而得其分理」，因而就人的行為而言，必有某種準則為依循的依據，且循此準則而能得理，則是行為必然可以達到有效的善結果。但是這些行為的產生，乃是要在「知」的前提下才得以產生。所以「知常」即是要能了解人行為依循的準則為何？順此準則而表現出的行為，即可產生某種程度的善。而「知」是一判斷性語詞，是需要能對行為所以產生的環境是否許可而下判斷的。因此，就「善」而言，「知」則是達到善結果的重要依據。因而，對於「體信」、「達順」而言，同樣可以上述推論而得出這兩者的行為的「工具善」的意義。

此外，和「知常」、「體信」、「達順」等具有同樣意義的「工具善」，則是「仁」、「禮」、「義」等概念。對這三者的意義，戴氏曾解釋說：

> 仁者，生生之德也；「民之質矣，日用飲食」，無非人道所以生生者。一人遂其生，推之而與天下共遂其生，仁也。言仁可以賅義，使親愛長養不協於正大之情，則義有未盡，亦即為仁有未至。言仁可以賅禮，使無親疏上下之辨，則禮失而仁亦未為得。(《疏證》下)

就此而言，「遂生」、「親愛長養」、「親疏之辨」等行為，即是戴氏所認為人之能產生「仁」、「義」、「禮」善結果的條件。但是「遂生」等行為卻又分別有其自身的規範和限制，才能達到最大的善結果。亦即就「遂」而言，日用飲食即是所謂的生，也是戴氏強調所謂的欲，這樣的生乃是人生存發展最根本的物質條件，即「人道所以生生者」，故本身應有基本存在的善，而此一條件能充分獲得發揮即是能達到遂生的目的。但是個人強調生、欲的發揮並不能表現出道德意義，甚至可能妨礙道德的發展，即戴氏所說「遂己之好惡，忘人之好惡，往往賦人以逞欲」，如此的生、欲即不可能是善的，必須要能「推之而與天下共遂其生」，才是「仁」，才可能產生最大的善。

再者，戴氏又指出：

> 自人道溯之天道，自人之德溯之天德，則氣化流行，生生不息，仁也。由其生生，有自然之條理，觀於條理之秩然有序，可以知禮矣；觀於條理之截然不可亂，可以知義矣。(《疏證》下)

就「仁」而言，戴氏強調「氣化流行，生生不息」即可稱之為「仁」。生生不息乃是人道，氣化流行則是天道，而這一生生流行的狀態純屬於一種自然狀態，雖然是自然的狀態卻又不單單只是自然而然；就戴氏的生成論而言，氣化流行而生育萬物，在生育過程中不僅有自然現象，也同時存在必然的規範

律則，因而使萬物之間的屬性不相紊亂，這種規律即表示了氣化流行仍有其限制性，而生人生物也在此限制性下各自發展不息。就前屬的自然狀態而言，此一狀態本身即有內存的善，使得此一狀態有存在的價值；然而這種狀態又必須有其限制性，使得狀態的發展具有條理性，因而生育的結果能各適其性而具有更大的善結果。但若就戴氏前述善的定義而言，善即是仁，仁即是善，則顯然對於工具善與本然善（good in itself）兩者之間並不加以區別，亦即工具價值（value as means）和內在價值（intrinsic value）相互混淆。照 Moore 的解釋：

> 倫理學的目標乃在於舉出所有「真的普遍判斷」──斷言某某事物是善的，不論該事物何時出現，……這類判斷既可以斷言這個獨特的性質總是歸屬於有關的事物之上，也可以斷言有關的事物乃是其他事物之存在的原因或必要條件這兩種普遍倫理判斷的基本性質是極端相異的；而且絕大部分的困難──在從事日常的倫理思索時所遭遇到的困難──都由於未能清楚的區別這兩種普遍的倫理判斷。
> （Moore: 1978, p.30）

但儘管這兩種普遍倫理判斷的基本性質是相異的，但是在一般的倫理行為上總免不了將兩種價值混而為一，尤其中國倫理思想中對於人的倫理行為較倫理觀念更加重視，如孟子人心四端之說，並不是在觀念上的認同即止，而是要能將之擴充於實際行為。但在行為過程中這兩種價值便混淆了。如孟子說惻隱之心，不忍人之心：

> 所謂人皆有不忍人之心者，今人乍見孺子將入於井，皆有怵惕惻隱之心。非所以內交於孺子之父母也，非所以要譽於鄉黨朋友也，非惡其聲而然也。（《孟子・公孫丑上》）

而孟子所強調的，乃是能將此不忍人之心，施行於政治事務上，即「行不忍人之政」，而所舉之例，只在證明人心本有此善端；因人心有此善端，所以人的行為也不免趨善避惡。但就人的行為，惻隱之心固然是善，且是有內存價值的善，但以此心施用於行為上，即如政治事務，也只是達成善的必要條件，尤其是人雖有此惻隱之心，但將此心表現為具體行為，卻不能證明無論在什麼環境下，這種行為將會產生一確定的善結果。因此，孟子所說「惻隱之心，仁之端也」，也僅就端緒而言，不能包含整個仁的概念。因此，諸如「行不忍人之政」等所謂的仁，只是作為工具而存在，亦即是因為結果的緣故而存在，

卻不是像不忍人之心乃是因本身即具有善性質而存在。然而仁義禮既都是工具善，究竟有無目的善（good as end）？就 Moore 對目的善的解釋定義為「判斷該事物本身即具有某種（善）性質」，因此，戴氏與孟子觀念中所主張的性善，即人性中固有的善性質，此一善性質乃是依附於性本身，因而「性」即是所謂的目的善。戴氏對於「性」的意義有以下幾項：

1. 人之血氣心知本乎陰陽五行者，性也。（《疏證》上）
2. 性者，飛潛動植之通名。（《疏證》中）
3. 氣化生人生物，……據其為人物之本始而言謂之性。（《疏證》下）
4. 性者，指其實體實事之名。（同上）
5. 善，其必然也；性，其自然也。（同上）
6. 性，言乎本天地之化，分而為品物者也。（《原善》上）
7. 存乎材質所自為，謂之性。（同上）
8. 人有天德之知，有耳目百體之欲，皆生而見乎才者也，天也，是故謂之性。（《原善》中）

就第一項所說的性，乃是戴氏性論最基本的論點。戴氏曾以其氣論言性，因而性即是氣稟。而戴氏氣論既不同於程朱，不以氣為惡，雖氣有「偏全、厚薄、輕濁、昏明之不齊」，但這乃是氣的本質，這些本質並不為惡，也因氣有不齊，氣化流行時才有萬物產生。因此，氣不為惡推至性，性也不為惡而屬之善。然而血氣心知在戴氏義理的解釋當中屬於「欲」，因而性和欲又有同質關係。由此又推導出戴氏對人欲本質的肯定，即人欲也是善的。再就第八項說，所謂的「才」，戴氏曾說明之為「才者，人與百物各如其性以為形質」（《疏證》下），可知才即是形質，就人而言即是人之體質。而人於氣化衍生之後，血氣心知和百體之欲，都藉由才而顯現，這個現象完全是由天所自然形成，也就是性，因而如第五項所說，性即是天道的自然表現。至於其他的材質、品物、實體實事，飛潛動植，也是就人或物的具體可見的形質而說的，而最重要的仍是在於人的「性」。人性既如前述為具有善性質，而人性又是天道的自然表現，天道既是天地間氣化流行，生生不息之道，因此人性的本質也就依照天道所賦予的性質而具有恆存性，故而人性中內存的善性質，也就具備恆存性。而 Moore 所指稱善事物本身所具有的內存價值的判斷，在任何環境之下，其意義應是具有普遍性的，（Moore: 1978, pp.38～39）亦即是說內存價值具有在任何環境下都有其恆存性。因此，就戴氏所說的性，其善本質

既是內存於性之中，又因為具備恆存性，因此戴氏的「性」即具有「目的善」的意義。

　　戴氏強調對善事物的內容及定義，這個觀念和 Moore 有基本上相符之處。不過如本節所揭示的善的定義項而言，戴氏並沒有區別各種不同善事物之間的不同，而完全歸之於「善」一字，因此「善」的意義雖然擴大，卻也因而混淆，不如戴氏對性對理等概念釐清分判來得清楚，這樣的善，事實上已是所有德目的總名，凡與道德有關的事物，均是屬於善的，這個現象說明了戴氏對於「善」的重視，其實是為了建立人性為善的基礎而來的。

　　戴氏性善論的「性善」概念之所以能絕對恆久存在，除前述氣論的開展影響其性論之外，戴氏在性與善之間建立了一項推論規則也促使此一論題更形穩固。戴氏說：

　　　善，其必然也；性，其自然也；歸於必然，適完其自然，此之謂自
　　　然之極致，天地人物之道於是乎盡。（《疏證》下）

這一項推論規則即是「自然」與「必然」。戴氏又曾說：

　　　自然之與必然，非二事也。就其自然，明之盡而無幾微之失焉，是
　　　其必然也。如是而後無憾，如是而後安，是乃自然之極則。若任其
　　　自然而流於失，轉喪其自然，而非自然也；故歸於必然，適完其自
　　　然。（《疏證》下）

　　　夫人之異於禽獸者，人能明於必然，禽獸各順其自然也。孔、孟之
　　　異於老聃、莊周、告子、釋氏者，自「志學」以至「從心所欲不踰
　　　矩」，皆見乎天地、人物、事為有不易之則之為必然，而博文約禮以
　　　漸致其功。（《緒言》下）

　　　自然者，散之普為日用事為；必然者，秉之以協於中，達於天下。
　　　知其自然，斯通乎天地之化；知其必然，斯通乎天地之德。（《原善》
　　　下）

就戴氏所說自然的意義，即「實體實事，罔非自然」（《疏證》上）戴氏又解釋詩經「有物有則」說「物者，指其實體實事之名」（同上），又解釋易傳「成之者性」說「性者，指其實體實事之名」（《疏證》下），可見得性、物都是屬於自然。而善既是必然，因而將自然之性發揮極至則必然可以達於善。

第四章　自我意識的覺醒——倫理、自由與政治責任的衝突

　　近代學者對於戴震思想的批評，常著重在他倫理思想的意義上。其中有一明顯的現象即是針對戴震反理學的思想特質而反映出對天理、人欲這一對概念的區別。戴震倫理思想之所以具有很明顯的社會性特質，也就是根源自他對理欲觀念的討論。

　　基本上我們可以將儒家思想視爲是一種「人本主義」，因爲就儒家的知識分子在討論關於如何重現世界大同的理想狀態時，有一個共同的信念，即認爲人類本身有能力恢復這種狀態，不需要求助於宗教的力量。而這種大同的理想基本上仍是一種社會和政治和諧的狀態，至於這一種狀態的產生，在先秦儒家最根本的觀念乃是認爲應該建立在個人和家庭的最基本的社會單位。因而維繫個人及家庭關係和諧的因素，即在於個人人格的道德制約。而儒家思想最強調修養工夫，也就在於發揚人性倫理，這種思想傾向也更進一步顯現出儒家思想的人本倫理的特質。

　　人本主義的立場既然是認爲沒有任何事物比人的存在更高、更尊嚴，因此人本倫理也就是以人類爲中心，人類的價值判斷是像其他一切的判斷甚至一切知覺作用一樣，都是以其存在的特性爲根源。這和極權主義思想家的倫理觀有著重要的分別。極權主義思想家已輕易地假定人性的存在，他們相信人性是固定不變的。同時以這種假定證明他們的倫理體系和社會制度是必要而且不可變的，並以既定的人性爲基礎。但他們所認爲的人性就是他們的規範，以及利益的反映，而不是客觀探討的結果。〔註1〕基於這一觀點而對理學

〔註1〕Erich Fromm, *Man for Himself*, 1947, pp.11～17.

的倫理思想加以檢證，我們可以了解，宋明理學家所主張的倫理主觀主義雖然並不具有極權特性，但是對於人性問題的主張卻極其容易受到極權主義者的利用。由於主觀倫理強調絕對倫理的觀念，即容易陷入極權式的道德規範。就戴震本身對這一問題的批評所指出，他認為宋明理學對天理、人欲的道德涵義，具有太過於受到極權政治倫理規範的約制，對於宋明儒的批評，或許只是轉移注意的手段之一。因為我們可以肯定地指出，戴震倫理思想中對於王學末流並沒有直接批評的言論，而他所以反對宋儒，特別是程子和朱子，直指其說為受到釋氏影響而加以反對。問題是程、朱之學儘管曾受到釋氏學說或多或少的影響，畢竟程、朱反佛學的決心是一致的。戴震雖也反佛學，終究他並不像程、朱在儒學傳統中受到佛學的挑戰，也即是說戴震在自己思想建構過程中，並沒有受到佛學的壓力。如此看來，反佛學似乎又只是另一個轉移人們注意的手段。這前後兩個手段事實上透顯出戴震真正的目的，在於針對提倡宋明理學的官方政治倫理所產生社會不公平的現象提出批判。因為程、朱之學在討論理欲觀的時候，在觀念上是和佛家相互一致的。他們對於人欲的追求，是持反對並且加以遏止的態度。

　　因此我們在檢視戴震倫理思想的時候，常可以看見戴震批評宋儒思想，總是圍繞在這個主題上。當然，就朱子而言，朱子對於理欲觀的意見，並沒有將天理和人欲的關係對立起來。儘管天理、人欲在朱子思想中時常有嚴格對立和相互包容的不一致性，但是朱子所認為的「窮天理，滅人欲」的說法，畢竟仍著意於抑制不當的欲望，而非絕對排斥人欲。朱子即曾說明：

> 夫外物之誘人，莫甚於飲食男女之欲。然推其本則固亦莫非人之所當有而不能無者也。但於其間自有天理人欲之辨而不可以毫釐差爾。(《大學或問》第五章，頁 21 下，近世漢籍叢刊本)

飲食男女的欲望原即是人性最根本的需求，朱子也給予肯定，只是這種基本需求的欲望和天理人欲的「人欲」是有分別。這一分別，朱子曾指出：「飲食，天理也。要求美味，人欲也。」(《語類》卷十三，第二十二條) 又說：「人欲不必聲色貨利之娛，宮室觀游之侈也。但存諸心者小失其道，便是人欲。」(《文集》卷三十一，〈與劉共父書〉之二) 飲食之欲，是天理自然所應當的，而人欲則是踰越了正當的標準而別有要求。即使不是極盡奢侈，但只要心裡存著一點要求的企圖，就很容易偏離天理而失去正當標準的「道」。就朱子這一意見來看，朱子事實上並不排斥人欲，只是希望透過約束的標準來規範人欲。

而朱子這個意見和戴震倫理思想中對於人欲的肯定和制約的意見並沒有太大的歧異。只是朱子終究無法依據現實的客觀環境尋求人欲的正當標準，因而造成所謂的「正當標準」即容易受制於人主觀的態度而顯得漫無標準。因爲不論是出自於極權政府的誤用，或是知識分子的誤解，對於人欲的正當標準而言，都易導致對人欲的否定。

　　既然朱子在倫理觀和戴震的主張並非完全沒有交集，而戴震也不可能不了解朱子倫理觀上的主張，因而戴震極力批評宋儒的倫理觀應該是別有用心。這一用心是不難從他所針對批判的幾個理論上歸結出來。這些批判，如前章所述，在理欲觀、人性論、氣論上，戴震都提出新的論點。明顯地，戴震有意藉著反程、朱之學而進一步反對滿清政府御用的理學。他的目的只在反對這種政治化了的理學，程、朱只不過是做爲他反對的一個藉口。而這種反理學的心態，卻又極其複雜。如果我們進一步分析這一心態，可以先得到一個大略的情形，即戴震在人本倫理與政治倫理之間的關係上存在著衝突和矛盾。這些衝突和矛盾事實上是源自於更深的倫理自我意識的覺醒。戴震儘管沒有明白關於自由的理論闡釋，但是戴震對於倫理觀的見解，卻有著深刻的自由思想的傾向。Torbjom Loden 曾指出：

> 在戴震對理學的批判中，隱含著兩個命題，涉及這一派儒家哲學所起的社會作用。第一個命題是：理學起了壓迫工具的作用。就理學作爲明清的官方哲學，確實經常起著使壓迫合法化的作用這一點而言，這一命題是有根據的。但是戴震尚未深入論述的是，理學所起的作用，不只是在意識形態上使上層社會的壓迫統治合法化，而且還常常能爲批判上層統治階級代表人物的腐朽、奢侈習慣和其他形式的不道德行爲，提供知識的和道德的基礎。戴震的第二個命題是：理學的壓迫作用，是由其基本哲學觀念，特別是對理的主觀主義解釋造成的。這一命題更成問題，然而也更有趣。經常有人把戴震批判理學的論點目爲異端邪說，與此同時，有一種作法無論是在中國還是在其他地方，我們過去和現在都經常能見到，即以一種過於簡單的方式，從政治舞臺上的演員們自己聲稱自己所服膺的基本哲學觀念中，推導他們在政治舞臺上的行爲。〔註2〕

〔註2〕Torbjom Loden，〈戴震與儒家思想的社會作用〉，《中華文史論叢》，1989 年第1 期，頁 117～118。

就 Torbjom Loden 所陳述的第一個命題而言，認爲戴震並未深入論述理學成爲統治階級將不道德行爲導入合乎道德的基礎，但事實上 Torbjom Loden 並未考慮到戴震曾受到文字獄牽連所帶給他可能的壓制影響，尤其是身在乾隆時期，大部分的人是應該考慮文字獄的壓迫而儘量表現謹言愼行。但這也並不表示戴震沒有將這種不滿的情緒隱含在文字當中。重理輕欲，固然是統治階級藉以遂行壓迫統治的觀念，但是對於統治階級所重的「理」，究竟是否就能符合知識分子所認同的概念意義？這才是應該關注的重點。而戴震極力反對統治階級對「理」的意義的誤解，並提出糾正，甚至成爲他著作《孟子字義疏證》的最重要動機，這都不難理解戴震對這個問題重視的程度。戴震指出：

> 不寤意見多偏之不可以理名，而持之必堅；意見所非，則謂其人自
> 絕於理；此理欲之辨，適成忍而殘殺之具，爲禍又如是也。」（《疏
> 證》卷下，〈權〉五）

正因爲原本客觀的「理」往往淪爲主觀的「意見」，這種概念意義的混淆和誤解，成統治階級可以隨意以意見當理，因而更無是非善惡的標準可言。戴震於是提出嚴厲的控訴：

> 尊者責卑，長者以理責幼，貴者以理責賤，雖失，謂之順；卑者、
> 幼者、賤者以理爭之，雖得，謂之逆。於是天下之人不能以天下之
> 同情、天下之同欲達之於上；上以理責其下，而在下之罪，人人不
> 勝指數。人死於法，猶有憐之者；死於理，其誰憐之！（《疏證》卷
> 上，〈理〉十）

在戴震的控訴中，尊者、長者、貴者和卑者、幼者、賤者之間存在的對立，即是因爲對於「理」的認知不同而造成，而這其中上、下的關係，似乎意味著上者所認爲的「理」永遠是對的，下者所認爲的「理」永遠是錯的。對於這種荒謬的「理」的認知，正如戴震所指出：

> 人莫患乎蔽而自智，任其意見，執之爲理義。吾懼求理義者以意見
> 當之，孰知民受其禍之所終極也哉！（《疏證》卷上，〈理〉四）

一般人難免在智識上有蔽，而即使是「嚴氣正性，疾惡如讎」的君子，也因爲主觀上「是其所是，非其所非」的態度，難免也產生智識上的障蔽而誤將意見視作「理義」。這種認知，儘管對一般民眾有著極其負面的影響，也往往產生極惡的後果。因此戴震似乎更有意將上、下對立的關係從一個傳統的且世俗化的倫理規範中透顯出來，並且予以嚴厲地批評。而這種世俗化的倫理

規範正是統治階級用以維護社會安定的控制工具以及維持其政權穩定的策略。戴震此一企圖又和 Torbjom Loden 陳述戴震的第二個命題之間有不盡相同之處。Torbjom Loden 認爲就戴震所體認到的，理學之所以具有壓迫作用，是因爲對「理」的主觀主義解釋所造成的這一命題，並不恰當。Torbjom Loden 同時也指出：

> 正如戴震一樣，王陽明及其激進的門徒李贄、何心隱等人，也都認爲正統的理學具有壓迫性。但是王陽明認爲，造成壓迫作用的並不是理學中的主觀主義。恰恰相反，王陽明認爲，由於正統理學強調要在外在世界中，特別是在經籍中，而不在人本身中求理，這才對人們形成了桎梏和約束。〔註3〕

因此 Torbjom Loden 認爲從王陽明的思想中，以及王陽明和他的追隨者在中國思想史上所產生的作用，都可以看到，對理和人性等儒教核心概念所作的主觀主義解釋，確實曾經被用來批判明清統治者的壓迫。因而如果要說戴震的第二個命題，即理學的壓迫作用是由它的基本哲學觀念所造成的命題，比起他的第一個命題，即理學能夠被明清上層統治者用來使壓迫統治合法化的命題，似乎就不太能令人首肯。當然，就戴震批評王陽明而言，和他批評朱子是具有同一種的心態。一方面對於宋明理學借階於佛學理論的態度，表達了爲使儒學純粹化的努力而對理學有所不滿；另一方面則是直接針對理學在清代淪爲統治工具所表達的不滿。而後者，才是戴震批評理學最主要的目的。當然，王陽明及其後學，甚至朱子本人，都是不排斥人欲的追求的。特別是陽明後學更是如此。這一點，戴震不應當不知。而這些理學家基於本身主觀主義的解釋，雖然在倫理觀上和戴震所持的觀念上是可以相互容通，但戴震堅持的，仍是必須循本溯源地對理學中的哲學概念尋找出客觀的歷史發展基礎，也就是藉著對考證學的認識上來建立這些基礎。戴震也深深體會到唯有藉由這種方式，「理」的意義才能免除再落入主觀主義的危機之中。也唯有如此，才能將「理」的意義建立在一些共同的標準之下。有了這些準則，理學才能進一步擺脫其淪爲統治工具的命運。

　　戴震對於理學觀念的重建，成爲他反傳統倫理思想的最大特色。這種反傳統的心態，與其說是對傳統儒家倫理思想的挑戰，不如說是戴震對傳統儒家倫理思想在統治階級的刻意扭曲之下，而逐漸產生庸俗化的情狀表現他的不滿。

〔註3〕同上引文，頁118。

因此，戴震急欲跳脫出這種庸俗化倫理思想的桎梏，追尋他所認爲合理的，足以顯揚人性的倫理思想。也正是戴震這種擺脫束縛，尋求人性的終極的善的心態，我們才能進一步理解戴震事實上也是以一種自由主義的精神來尋找人性的善的準則。借用 William T. de Bary 的話來看，de Bary 認爲孔子的地位不僅是一保守主義者，同時也可以是一自由主義者。de Bary 解釋這裡所謂的「自由主義者」可以是「改革者」的意思——敢於與現實存在否定人有實現其合理需求與欲望之機會的不公正政府相抗衡的「改革者」。〔註4〕de Bary 甚至借用 Murray 的話指出，自由主義不僅是一種近代的政治態度，也是一種貫通古今的人道傳統。〔註5〕正因爲自由主義所代表的是這一種追求人類「理性」欲望的人道傳統，因此，自由主義思想才能普遍存在個體良知之中，而成爲倫理思想的基礎之一。我們也可以認爲，戴震在面對倫理現實的困境的時候，的確是希望透過倫理思想的改革，來緩和這個困境。這麼說來，戴震以一種「理性欲望」的「改革者」身分，確立他在倫理思想上的貢獻，也就成爲他的思想價值所在。甚至於我們對明代中期之後許多理學家極端個人主義的傾向，也都認爲是當時政治上的黑暗阻礙了知識分子在政治上的責任感，而轉向追求個人內在的解放來緩和追求改革的情緒。因此，追求個人自由，尤其是追求個人的欲望得以實現，便成爲當時知識分子普遍的心態。〔註6〕基本欲望的追求滿足，代表著消極的自由。而戴震之所以批評這些理學家，最主要的並不是在於否定欲望的追求，而是批評理學家所追求的欲望並不是他所期望的「理性欲望」。但是，我們仍能肯定戴震思想中的自由精神。這種精神如果進一步分析，會發現戴震思想中的深層部分仍然很明顯受到朱子思想的影響。

當章學誠批評戴震時說到：

> 戴君學術，實自朱子道問學而得之，古戒人以鑿空言理，其說深探本原，不可易矣。顧以訓詁名義，偶有出於朱子所不及者，因而醜貶朱子，至斥以悖謬，詆以妄作，且云：自戴氏出，而朱子徼倖爲世所宗已五百年，其運亦當漸替。此則謬妄甚矣。（《文史通義》內篇二，〈書朱陸篇後〉）

〔註4〕 W. T. de Bary, "Introduction", *The Liberal Tradition in China*, （New York: Columbia University Press, 1964）, p.7.

〔註5〕 Ibid., p. 65.

〔註6〕 Shih-wei Chao （趙世瑋）, "Yen Fu and the Liberal Thought in Early Modern China", 1995, p.45.

章學誠這樣的批評無疑的是深入的，他指出戴震的思想事實上是從朱子思想中學得的，雖然章學誠對戴震的學術行為並不一定贊同，而這種批評也難免落於門戶之見，但是戴震的思想和朱子之間的關係應是極密切的。這種密切的關係也展現在彼此間的思想模式當中。對於個人與道統之間的關係，一直是二程和朱子的著述及語錄中思辨的一個中心主題。de Bary 也指出：

> 他們所同樣強調的有二：一是從經史之中求道；二是與經史中所展現的聖人心靈與個人的涵融與互動。兩者缺一不可。〔註7〕

而這種藉由知識的獲得來加深知識與道德之間的關係，不僅是代表程、朱之學本身在新儒學中自我意識的提昇，也顯示他們對於漢唐「古典」學的傳統儒學反應出懷疑的態度。尤其是程頤、張載和朱子都主張讀經的重要方法在於要能先有懷疑。〔註8〕這個精神若反應在戴震身上似乎更加貼切，尤其是和惠棟「六經尊服鄭，百行法程朱」的觀念比較，戴震實事求是的觀念應該是較具有思想的自主性。當然，戴震認同知識和道德之間的關係是相當密切，特別是戴震對於「聖人之道在六經」的觀念非常深固，因而對知識分子是否能「有志聞道」的問題尤其重視。因為「聖人之道」在戴震的觀念中不只是代表知識的含義，它同時也代表在知識獲取背後的道德基礎。這個道德是和人倫日用的「理性欲望」相關的。〔註9〕透過經書以尋求聖人之道，也就成為戴震思想中一個極重要的觀念。這個觀念的實踐，則需要透過教育的方式來實踐。

就戴震這個觀點而論，他常指出人欲的本身並不是惡的，而人欲所以會流於惡，主要是人本身在心上產生私、蔽。戴震認為：

> 人之患，有私有蔽；私出於情欲，蔽出於心知。無私，仁也；不蔽，智也；非絕情欲以為仁，去心知以為智也。是故聖賢之道，無私而非無欲。（《疏證》卷下，〈權〉一）

去除私、蔽的方法，唯有從教育上著手。戴震即說：

> 惟學可以增益其不足而進於智，益之不已，至乎其極，如日月有明，容光必照，則聖人矣。（《疏證》卷上，〈理〉六）

〔註7〕 W. T. de Bary, *The Liberal Tradition in China*, p. 57.

〔註8〕 Ibid., p. 58.

〔註9〕 戴震對「聖人之道」的定義甚多，其中有一個較具代表意義的解釋見於〈與某書〉中，說道：「聖人之道，使天下無不達之情，求遂其欲而天下治。」

又說：

> 學以牗吾心知，猶飲食以養吾血氣，雖愚必明，雖柔必強。可知學
> 不足以益吾之智勇，非自得之學也，猶飲食不足以增長吾血氣，食
> 而不化者也。(〈與某書〉)

戴震這裡指出了一個重要的觀念，即是「自得之學」。一方面，「自得之學」不僅是去除私、蔽的方法，另一方面，也是追求「聖人之道」的道德方法。而「自得之學」在一定的程度上是一種學問求取的自由態度。我們甚至可以認為，宋明儒學最大的特色即在於擺脫傳統學術的束縛而追求這種「自得之學」的學問自主。甚至於「自得之學」的態度更可遠承自孟子而來。孟子曾說：

> 君子深造之以道，欲其自得之也。自得之，則居之安；居之安則資
> 之深；資之深，則左右逢源，故君子欲其自得也。(《孟子·離婁》
> 下)

朱子在注《孟子》的「自得」時將它解釋為內心的默識及貫徹，以便在自己心中自然地尋到道。他也引用了程顥的話，認為「學，不言而得者，乃自得也；有安排佈置者，皆非自得也。」〔註10〕不僅程子、朱子如此認為，王陽明本人也有此一體認。而陽明後學則又充分發揮這種精神。日人島田虔次即認為泰州學派的王艮之學乃是「自得之學」。〔註11〕這種「自得之學」的特色在於強調人莫不有道德的本性，即天賦之性，這本性是善的，是可以成全的。同時又主張學以為己，自己去發現道，並同時有責任與其他人共享這個道。王艮的弟子當中，如顏鈞、何心隱及羅汝芳，也和王艮一樣，認為王陽明的「致良知」代表的是「自得」及「為己」之學的極致。

　　這種「自得之學」的態度雖然在一定的程度上可以從知識分子對於學術自由的要求而加以理解，但是戴震的「自得之學」和宋明儒者的「自得之學」之間卻有極大的分別，亦即戴震強調「自得之學」的對象是在經書文字的訓詁上，而宋明儒者則是留意在經書哲學意義的詮釋上。然而這兩種區別並不因此而造成對立的問題，因為任何哲學意義的詮釋仍是要建立在語言文字的基礎上。而戴震之所以認為會有分別，是因為宋明儒對古代的經典文獻採取一種非訓詁式的主觀解釋態度。因為對經書主觀的詮釋要比客觀的分析，事

〔註10〕參見朱熹《四書集註》之《孟子·離婁》下，及程顥《遺書》卷十一之四上。
〔註11〕島田虔次，《中國近代思維之挫折》，東京，1970 年，頁 97。

實上更具有創造性的意義，同時也更符合藉著這種體會經文的方式來「得道」。於是個人對於傳承的文獻與經典傳統獲致更大自由的基礎就奠立起來了。就像朱子自由地重編《大學》，打破經典舊有牢不破的神聖地位，以便適應他自己的思想，而他的學生又接受這種創新的文字意義。這種創造性的態度在戴震看來，不僅不是得道的正途，甚至可能破壞了原有經書中的意義。就戴氏的理解，創造性的解釋態度對於經文的意義，將因失去客觀的標準而顯得人言言殊。因而對於經文解釋之客觀標準的要求，即顯現戴震在經書詮釋的「態度取向」上和宋明儒者的不同。而這一不同，反應在倫理問題上，就更加明白。

　　戴震堅持的欲望，正是經過客觀標準化之後所產生的「理性欲望」。這種欲望相較於程頤和朱子而言，即呈現主觀與客觀的對立認知。因為在程、朱思想中，主觀的人欲是需要客觀天理的指導和規範的。而戴震和明末王學在倫理觀念上的差異卻是比較少的，不過這當中仍有需要詳細分析之處。就陽明後學，特別是泰州學派對人欲的肯定態度來看，反應出的問題是社會階層在經濟問題的反省以及從經驗上對傳統倫理觀念所做的思想批判。若就這層意義來看，陽明後學對倫理觀念的批判，只存在於社會層次上。而戴震的倫理觀則更往上探及政治層面。

　　戴震曾不只一次指出，倫理規範的誤用所造成對一般人民的傷害。他說：

> 古人之學在行事，在通民之欲，體民之情，故學成而民賴以生；後儒冥心求理，其繩以理嚴於商韓之法，故學成而民情不知。天下自此多迂儒，及其責民也，民莫能辯，彼方自以為得理，而天下受其害者眾也！（〈與某書〉）

迂儒治民，雖然為禍可謂不小，但戴震更痛惡的是嚴正君子之流的極端主觀的倫理觀念。他說：

> 蓋言之謬，非終於言也，將轉移人心；心受其蔽，必害於事，害於政。目之曰小人之害天下後世也，顯而共見；目之曰賢智君子之害天下後世也，相率趨之以為美言，其入人心深，禍斯民也大，而終莫之或寤。（《疏證》序）

又說：

> 即其人廉潔自持，心無私慝，而至於處斷一事，責詰一人，憑在己之意見，是其所是而非其所非，方自信嚴氣正性，嫉惡如讎，而不

> 知事情之難得，是非之易失於偏，往往人受其禍，已且終身不寤，
> 或事後乃明，悔已無及。嗚呼，其孰謂以此制事，以此治人之非理
> 哉！（《疏證》卷上，〈理〉五）

就政治層面而論，戴震所指出的問題在於一般官吏在執行法律斷訟時所持的
態度和觀念，過於主觀，也過於受傳統庸俗化的道德觀的影響，甚至是出於
本身的自信。當然，戴震所指的賢智君子，並不一定都指的是學成而民賴之
的基層官員，也可能是具有裁判社會道德及風俗民情的士紳階層。這些士紳
雖然沒有實際執行法律的權力，但卻扮演著法官的角色，準備在做道德判斷
的時候，從事裁定無罪或有罪的工作。Eric Fromm 曾評論這類人的心理狀態，
說到：

> 他們往往充分表現出虐待狂與破壞性的態度。可能任何現象皆不至
> 於像「道德的憤恨」一樣具有如此大的破壞感，它在美德的偽裝下
> 表現出妒忌或憎恨的行為。「憤恨」的人之得到一時的滿足，在於歧
> 視他人和待他人為「劣等」生物，並且自覺優越與正直。〔註12〕

我們雖不能斷言這是知識分子的普遍心態，但是在當時這種現象卻是存在
的。知識分子視自己為社會的秀異分子，不僅應負擔政治責任，同時也要負
擔道德責任。而這種以無尚道德感自任的現象，在中國古代社會傳統道德歷
經政治刻意改造而逐漸趨於庸俗化，特別容易在知識分子的觀念中出現。即
使像程子如此在儒家道統中居於重要地位的儒者，也擺脫不了這種庸俗的道
德觀的影響，而主張「餓死事小，失節事大」的觀念。

　　或許這種觀念的產生，正是反應出知識分子何以主張對於「人欲」不得
過分要求或宣揚。因為庸俗化的道德觀經過政治改造，並進而灌輸給知識分
子一種觀念，即人欲的要求是直接造成社會內亂的主因。因此，知識分子基
於本身的政治責任，不得不對人欲加以壓制。這種現象不斷在中國歷史上產
生，也顯示出儒家倫理思想保守性的本質。

　　然而，這種保守的倫理思想在社會型態不斷的變化之下，逐漸受到懷疑。
從前文對治生論的討論中我們可以了解，經濟因素的變化，對知識分子本身
道德觀所產生的衝擊，而逐漸顯現出知識分子渴望追求經濟上和倫理思想上
的自由。因為追求人欲並不一定表示人欲即會有氾濫或使得人們的行為產生
腐化的危機。相反的，道德行為的善是應該由修養工夫而加以完成的。因此，

〔註12〕 Erich Fromm, *Man for Himself*, 1947, p.215.

朱子、陽明對治生的態度仍肯定修養工夫才是完成個人道德的重要根據。只是這種修養工夫究竟是可以由人的內心或本性自發？或是需要藉助知識的力量？則成為兩派新儒家爭論不斷的問題。但是就戴震而言，則明顯有融通朱子、陽明工夫論而併用。所以戴震一方面重「學」，另一方面則援引孟子的觀念強調：

> 然人之心知，於人倫日用，隨在而知惻隱，知羞惡，知恭敬辭讓，
> 知是非，端緒可舉，此之謂性善。（《疏證》卷中，〈性〉二）

這個觀念不僅強調人心有自主的能力，同時也強調自主性的人心是可以完成人性的善端。而正是這一自主性人心的觀念才是建立新儒家個人自由的思想基礎。de Bary 曾說明：

> 新儒家學者的文化行為中表現出一種個人主義，並且我們也可以觀
> 察到與自主的心的學說有關的一些價值——諸如自知、批判的意
> 識，創造的思想及獨立的努力和判斷等等，終於在後來學校的教材
> 中出現。〔註13〕

新儒家的確將個人主義的觀念引進學校教育之中，並且藉由個人主義的傳播而宣揚學術和思想的自由，同時也追求個體良知的自由運作與公眾福祉的提昇。〔註14〕新儒家中如朱子和王陽明在文化行為這一方所反應出的自由思想，對於戴震的影響是非常深切。

　　戴震在理欲觀的認知上固然是依循宋明儒者而來，特別是強調人欲是善，並且是可以追求的，這的確是像新儒家學者強調的追求個體良知的自由運作，而這樣的運作所造成的結果是否有助於公眾福祉的提昇？就戴震的解釋，則是依據社會現實的觀察而做出消極的反應。雖然這種良知的自由運作並不一定有助於公眾福祉的提昇，但是在一定的程度上卻是可以遏阻對公眾福祉的破壞。尤其是從統治階層的極權制度中建立出的「絕對性倫理」，〔註15〕取代了原有的社會規範，這種改變就可能對公眾福祉產生負面的影響。〔註16〕

　　本來社會中所存在的倫理制度，其功能都在於維持該社會的秩序。不過這種社會觀的倫理，也可以符合個人的利益。因為這一個個人無法改變的社

〔註13〕W. T. de Bary, 1964, p.65.
〔註14〕Ibid., p.65.
〔註15〕Fromm 解釋說：「使用『絕對性』倫理一語的第一項意義，是倫理的原則不容置疑而永遠正確，也不容許修正。」（Fromm, 1947, p.217）
〔註16〕這即是戴震一直強調的後儒「以理殺人」的社會現實一面。

會結構，使個人本身利益與該社會的利益結爲一體。不過社會的結構中，適應其生存所需要的規範，可能與人們的倫理概念發生衝突。尤其是在受特權階級支配與利用的社會，這種情形特別容易發生。但是當一個社會保持一種有違大眾利益的結構，而有需要改變的理由存在，並且要促使這一社會狀態的趨勢能加以改進，重要的條件即在於使該社會的群眾認清它的規範。而這些改變的企圖，將被原有社會規範的代表人稱爲不合道德。要求自我幸福的人將被稱爲「自私」，要求維持特權的人將被稱爲「有責任感」。〔註 17〕

誠然，在社會中是存在每一個成員都必須接受道德命令的要求，但並不是對所有的主體都存在這樣的一致性。當人們回到這些主體時，社會學通常不能說明哪些道德將滿足社會需要。或許同樣的社會組織可以適應不同的道德觀念，而有些道德觀念有利於人們所生活的社會的穩定性，那麼這種穩定性就成爲道德判斷的最高標準。這種可能性所存在的理由有二：一方面，同一種社會類型可以兼容好幾種道德解決方法和多種政治制度；另一方面，試圖通過自己作出判斷的人並沒有被迫堅持認爲現存的社會類型是人類命運的最終結果，因爲可能存在另外一種適合於我們所生存的社會的道德。〔註 18〕在 Durkheim 的觀念裡，認爲道德理想就是一種社會理想，社會賦予道德一種價值，而作爲社會成員的個體必須嚴格地遵守這種價值。另外，他認爲加強社會規範的權威性不僅允許個體自由地獲得自身的發展，而且能使每個人運用其判斷，肯定其獨立性。Durkheim 把社會的穩定性看作價值判斷的標準，而社會穩定的原則就是對個人及個人獨立充分發展的肯定。〔註 19〕

如果說 Durkheim 的這項論述合理的話，那麼當社會規範成爲一種壓迫性工具，其目的在於爲了防止人們對欲望的過多要求而產生破壞社會秩序的爭奪動亂局面，這種規範是否就能允許個體自由發展，或個人得以充分獲得獨立？這是值得探討的。基本上，戴震就反對加強社會規範的權威性，尤其是統治階層及士紳階層對道德權威性的掌控。甚至我們可以了解到，清朝政府對於明代滅亡的事實，有大部分因素是因爲農民起事，而感到警惕，並且對於清初一直持續不斷的經濟問題，更應讓統治階級意識到如何教育人民，貫輸他們節制欲望的道德觀。同時，對於民生問題的重視，也成爲清朝統治階

〔註 17〕 Erich Fromm, 1947, pp. 221～22。
〔註 18〕 見高宣揚《涂爾幹社會學引論》，臺北遠流，頁 128～129。
〔註 19〕 同上註釋，頁 134。

級相當關切的政策。〔註 20〕這種作法的目的，無非是藉由重視民生問題，以取信於民，並避免民變的產生，但它更重要的目的是意圖消除人民對社會規範不合理的反抗。這正是 Durkheim 所說的，社會的穩定即成爲道德價值的標準。

但是戴震卻是極其反對這種意圖，因爲戴震所堅持的，是一個社會必須要有合理而客觀的道德規範，這種規範之所以重要，並不在於社會穩定與否的問題，而是在於人性是否得以獨立和自由發展的問題。事實上，戴震也的確感受到倫理現實對於個人自由所產生的壓迫。〔註 21〕因爲即使是像雅各賓式（Jacobin）的「壓制性寬容」（repressive tolerance）也能夠很有效地摧毀個人自由，一如專制政治，不論多麼寬容，也能摧毀積極的自由，並貶抑人民的人格。人們在承受一種體系的缺點時，往往忘記另一種體系的缺點。在不同的歷史環境下，某些政權會比其他的政權，變得更具壓迫性。當此時刻，起而反抗，遠比默默承受更勇敢，也更明智。〔註 22〕因此，戴震強調，「樸生平最大論述者爲《孟子疏義疏證》一書，此正人心之要。今人無論正邪，盡以意見誤名之曰『理』，而禍斯民，故疏證不得不作。」（〈與段若膺書〉丁酉四月二十四日）「不得不作」一語，正是表明了戴震的道德使命感和他對社會道德的責任。而這一社會責任和政治責任之間的取捨，戴震毫無疑問的選擇了後者。然而這也不一定表示社會責任和政治責任之間毫無關係。若就政治長遠發展來看，維持社會安定固然是穩定政治基礎的重要方式，但是如果限於統治階級主觀上對政治穩定的偏見，認爲爲了政治穩定而可以犧牲任何階級的利益的話，那麼這勢必將導致社會問題的發生。戴震正因爲洞悉了這個社會現象，因而觸發他的道德使命感。而這種使命感使得他脫離不了儒家傳

〔註 20〕清朝政府對民生問題的重視，莫過於其中的米糧問題，可參見全漢昇〈乾隆十三年的米貴問題〉，（《中央研究院歷史語言研究所集刊》第二十八本，臺北，1957 年，頁 517～550）及熊秉眞〈清政府對江西的經營〉（《中央研究院歷史語言研究所集刊》第十八期，臺北，1989 年，頁 56～74）。

〔註 21〕這種壓迫的涵意，Isaiah Berlin 曾加以說明，「我的社會自由和政治自由的程度，不僅取決於我的實際選擇不受阻礙的程度，而且也取決於我的可能選擇，即取決於如果我選擇如此做的話，我在從事這一行爲時，不受阻礙的程度。同樣地，缺乏這種自由的原因，是由於某種可以變動的人爲措施、或人爲機構，有意無意地將諸如此類的途徑關閉，或是不將這途徑開放的緣故；當然這種行爲卻只有在故意而爲的情形下，或意識到這種行爲可能會阻礙門路的情形下，才可以稱之爲壓迫（oppression）。（Isaiah Berlin, 1970, p.41）

〔註 22〕Ibid., p.64.

統知識分子對於社會救贖及改造社會的責任感。這一種道德上的自我意識的覺醒，固然來自社會現象及社會觀念的扭曲而產生的刺激，但重要的是它也來自於從朱子、陽明等新儒家內在觀念上的繼承。

各種道德理念和目標往往互相矛盾衝突，乃是極明顯的事實。這種衝突出現於一個人本身的不同需求之間，出現於不同的人相互之間，也出現於因種族、地域、政治社會因素所形成的不同人群與團體之間。而戴震倫理思想的特色，究竟是要消除這些衝突？還是要增加這些衝突的對立性？這或許是進一步了解戴震思想的社會作用時所更應該深思的一個問題。

第五章　戴震倫理思想在近現代思想史的影響

　　在戴震去世之後，學者之間關於戴震思想的價值和意義的討論和批評，可謂褒貶不一。如姚鼐評爲「欲言義理以奪洛閩之席，可謂愚妄不自量之甚矣」（《惜抱軒尺牘》卷六）；方東樹譏其「名爲治經，實則亂經；名爲衛道，實則畔道」（《漢學商兌》）。而王昶則認爲：「東原之學，包羅旁蒐於漢、魏、唐、宋諸家，靡不統宗會元，而歸於自得；名物象數，靡不窮源知變，而歸於理道。」（〈戴東原先生墓誌銘〉）凡此或出於門戶之見的情緒性攻訐，或尊之太過，實不能見出戴震思想的眞貌。戴震弟子當中，除段玉裁曾於重刻《戴東原集》時作〈序〉文評論戴震的義理問題，〔註1〕洪榜算是較爲了解戴震思想的弟子之一。他曾指出：

　　　戴氏之學，其有功於六經孔孟之言甚大。使後之學者，無馳心於高
　　　妙，而明察於人倫事物之間，必自戴氏始也。〔註2〕

其中「無馳心於高妙，而明察於人倫事物之間」兩句，可以說明戴震後學的思想走向。

〔註 1〕段玉裁指出，「蓋由考覈以通乎性與天道。既通乎性與天道矣，而考覈益精，文益益盛，則用施政利民，舍則垂世立教而無弊。淺者乃求先生於一名一物一字一句之間，惑矣。」這是對戴震思想的極高評價。此外，段玉裁又常和當時學者通信，也不時提及戴震義理上的成就。有關戴段二人之間情誼，可參見鮑師國順先生〈戴震與段玉裁的師弟情誼與學術關係〉一文。（中山人文學報第一期，1993 年）

〔註 2〕洪榜，〈與朱筍河書〉，載江藩，《國朝漢學師承記》卷六。

　　從戴震一生專事經書義理的考證工作來說，最引爲後人注目的，是戴震提出「故訓明則古經明，古經明則賢人聖人之理義明」一語，可以說戴震一生的志業，都是依著這個方向而走。近世學者也常根據此話而推論戴震對乾嘉考據之學勃興所具的深遠影響。

　　然而戴震對於賢人聖人之「理義」的解釋，卻突顯出他義理思想中的一大問題。戴震反程朱理學，已成戴震和學者共同之定論。然而戴氏義理之中卻常可見承自宋明理學家的觀念。尤其是「理義」一詞的解釋，戴氏說：「理義在事，而接於我之心知。」又說：「理義在事情之條分縷析，接於我之心知，能辨之而悅之。」「故理義非他，所照所察者之不謬也。何以不謬？心之神明也。」「舉理義之好歸之心，皆內也，非外也，比而合之以解天下之惑，俾曉然無疑於理義之爲性。」「理義非他，可否之而當，是謂理義。」（上引皆《疏證》卷上〈理〉）戴氏以理義在事上，又以人心爲辨理義之好之可否，更明白說理義之爲性，此說似反轉朱子「性即理」說，事實上是戴氏將朱子、陽明「性即理」、「心即理」之說融貫爲一。朱子之性論有言：

　　　性即理也，在心喚做性，在事喚做理。性只是此理。性是合當的，
　　　性則純是善底，性是天生成許多道理散在處爲性。（《語類》卷五）
朱子認爲性即是理，但依此言，朱子也認爲心即是理。〔註3〕戴震義理思想中特別重視人的心知，以心能擇理，而理又不外乎性，雖輾轉分說，究竟受朱子影響極大。且戴氏在當時學術環境中德性、問學之爭，曾倡言「然舍夫道問學，則惡可命之尊德性乎？」所爭雖爲當時之考證學，卻不免令人懷疑戴氏於朱陸之爭中爲朱子之學辯白。

　　焦循曾經在〈申戴〉一文中記載震臨終所說「生平讀書，絕不復記，到此方知義理之學可以養心」一語，焦氏解釋戴震「所謂義理之學可以養心者，即東原自得之義理，非講學家〈西銘〉、〈太極〉之義理也。」（《雕菰樓集》卷七）焦循此番解釋極爲勉強。設若戴震所說義理之學即是他自得的義理，此義理不是源自他「生平讀書」中所尋繹出的義理？何以這個義理於平時卻不足以養心，而到臨終前才有所體悟？

　　同樣的，戴震弟子段玉裁於〈博陵尹師所賜朱子小學恭跋〉云：

─────────────

〔註3〕朱子未嘗外心言性，亦未嘗外心言理，其文集語類中，言心者極多，如「心與理，不是理在前面爲一物，理便在心之中」、「仁者心便是理，看有甚事來，便有道理應他」。

> 余年十三，先君子授以小學。……師之學，宗朱子，尤重朱子小
> 學。……顧玉裁不自振作，少壯之時，好習辭章，坐耗歲月。三十
> 六乃出爲縣令。……人事紛糅，所讀之書，又喜言訓詁考據，尋其
> 枝葉，略其根本。老大無成，追悔已晚。……或以爲所言有非童蒙
> 所得與者，……或又謂漢人之言小學，謂六書耳，非朱子所云也，
> 此言又悖。夫言各有當，漢人之小學，一藝也；朱子之小學，蒙養
> 之全功也。……此編之教童蒙者，本末兼賅，未嘗異孔子教弟子之
> 法也。……年垂老髦，敬謹繙閱，繹其指趣，以省平生之過，以求
> 晚節末路之昌全。(《經韻樓集》卷八)

依段氏之意，朱子小學是修身之本，漢人小學只是一藝之末。學者讀書，不
可偏於一端，必須本末兼賅。在乾嘉經師當中，特別提出朱子小學的，僅有
段氏一人。段氏又爲戴震親炙弟子，雖然於此跋文中可見段氏對朱子之學的
肯定，影響之源或來自於其師尹元孚，但段玉裁受戴震影響，也可見出段氏
晚年反省朱子之學，其心境和戴震晚年是相似的。做爲一可以養心的義理，
其意義可以說道德修養的涵意要遠大於知識的涵意。朱子思想中有兩層工
夫，爲源自伊川「涵養須用敬，進學在致知」之說，所謂「主敬窮理，敬義
夾持」。戴震一生學問，可以說都遵循著朱子格物窮理之途，只是格物的對象
有所不同。戴震曾說：

> 凡《經》之難明，又若干事，儒者不宜忽置不講。僕欲先究其本始，
> 爲之又十年，漸於《經》有所會通，然後知聖人之道，如縣繩樹槷，
> 毫釐不可有差。(〈與是仲明論學書〉)

陽明也格物，卻不見得有如此耐心。戴震所以肯窮畢生精力於此，無非是他
認爲「德性資於學問」的觀念所致，這個觀念豈不是深受朱子影響？不同的
是朱子於問學之外，仍有一層涵養心性工夫，而戴震則純將問學做爲道德涵
養的工夫。然而「德性資於學問」這一命題最終的效用如何？前述戴震臨終
一語應可謂是他對於人生道德最深刻的體驗。

　　戴震後學是明白「德性資於學問」的困境的。如戴震自承經之難明須窮
究數十年之力才可能知「聖人之道」，其爲大儒尚且如此，那麼對一般人而言
豈不是永遠無法有了解「聖人之道」的可能！倘若不能了解「聖人之道」，是
否就無法引導人的道德歸之於善？戴氏後學一方面了解心知和道德間有極大
距離，因而大都放棄由問學通往德性之途，轉由戴震「以情絜情」的方法下

手，提出重新處理倫理和社會秩序的思想理論；另一方面則是由乾嘉轉入道咸時期，社會及學術風氣有所轉變，經世之學又漸爲學者所注意，並且期望從學術中建立社會倫理的規範。

凌廷堪曾指出戴震：「著書專斥洛閩，開卷仍先辨『理』字，又借體用二字以論小學，猶若明若昧，陷於阱獲而不能出也。」（《校禮堂文集》卷十六，〈好惡說〉下）又認爲：

> 夫實事在前，吾所謂是者，人不能強辭而非之；吾所謂非者，人不能強辭而是之也。如六書九數及典章制度之學也。虛理在前，吾所謂是者，人既可以持一說以爲非；吾所非者，人亦可別持一說以爲是也。如義理之學是也。……而義理固先生晚年極精之詣，非造其境者，亦無由知其是非也。（《校禮堂文集》卷三五，〈戴東原先生事略狀〉）

凌氏前後兩言，正說明了戴震將考證之實事與義理之虛理兩者相混所產生的問題，亦即德性與問學的目的因含混不清。因爲義理之學本就不同於考證之學有一客觀的是非標準，因此如果將考證工夫的標準運用在義理思考上，難免會產生客觀標準無法建立的困境。不過戴震卻致力於建立這種道德客觀標準的理論，其理論雖有所得，自然也有所失。凌氏於是放棄戴震道德理論上的缺失一面，轉而發揮戴震重視情欲的思想，且另外又吸取戴氏同鄉學友程瑤田「性不可見，於情見之」﹝註4﹞的理論，根據程氏「好惡之出於不容己者，情也；好惡之情動於中而欲有所作爲者，意也」（《論學小說》二十，〈誠意義述〉）的情意好惡發於性之說，純從好惡二端以視人性，謂：「性者，好惡兩端而已。」（〈好惡說〉上）好惡須有節，節性莫便於禮，因而說：「其中節也，非自能中節，必有禮以節之。」（《校禮堂文集》卷四，〈復禮〉上）於是凌氏由此而發展出其著名的「以禮代理」說，通過禮義與人性人情之間的內在聯繫，使得道德的根源和規範能出自較爲簡易可行的社會個人層面。

焦循則是極力爲戴震思想做合理解釋的後學之一。焦氏爲解釋戴震以能知爲性善的說法，提出「以善爲靈」說。他說：「善之言靈也。性善，猶言性靈。唯靈則能通，通則變。能變，則習相遠。」（《雕菰集》卷九，〈性善解四〉）又說：「唯人心最靈，乃知嗜味好色。知嗜味好色，而能知孝悌忠信，禮義廉

﹝註4﹞ 程瑤田說：「性不可見，於情見之。情於何見？見於心之起念耳。人只有一心，亦只有一念。善念轉於惡念，惡念轉於善念，只此一念耳。」（《論學小記》三八，〈述性〉二）

恥。故禮義之悅心，猶芻豢之悅口。悅心悅口，皆性之善。」（同上，〈性善解〉五）唯靈則能變能通，因而可以引之爲善，也可引之爲惡。故焦循又說：「禽獸之性不能善，亦不能惡。人之性可引而善，亦可引而惡。唯其可引，故性善也。」（同上，〈性善解〉一）基於這個說法，焦循又進一步解釋性善說：「以己之心通乎人之心，則仁也；知其不宜，變而之乎宜，則義也。仁義由於能變通。人能變通，故性善；物不能變通，故性不善。」（《孟子正義》卷二二，〈性猶杞柳〉）能靈能引，固然可說是人性可貴的本質；而能變能通，則多少要透過心知之明的知識憑藉。焦氏這個說法，正是爲解釋戴震以心知之明做爲性善論的合理性，因而將戴震倫理思想中知識與道德之間的矛盾關係予以融通。但是，焦氏這個說法和戴震倫理思想面臨著同樣的一大問題，即性既是靈又可引，仁義又是可變可通，因而「變而之乎宜」的原則是什麼？「宜」的標準又是什麼？戴震將這些標準原則置放在「理」之上，焦循則取用了凌廷堪的「以禮代理」之說，將這些標準置於「聖人定之」的「禮」之上，強調「理足以啓爭，禮足以止爭」（《雕菰集》卷十，〈理說〉）。主張用禮維持社會倫理秩序，而不應該在社會上鼓勵「足以啓爭」的論理思辨。

阮元綜合戴震、凌廷堪、焦循的學說，且偏向於重實踐貴秩序的社會哲學。他一方面繼承戴震以聲色臭味安佚爲性的情欲觀，另一方面則接受凌廷堪以禮代理的說法，主張節性於禮，「理必附乎禮以行」（《揅經室續集》卷三，〈書學蔀通辨後〉）。阮元更將宋儒「仁者渾然與物同體」的「仁」，藉由經籍訓詁解釋爲「以此一人與彼一人相人耦」、「必有二人而仁乃見」帶有濃厚社會人倫關係的道德含義。

戴震之後，凌廷堪、焦循、阮元等都取「以情絜情」的路徑，跳過「心知之明」與「不易之則」的關係等問題不多討論，而提倡「以禮節性」的社會道德與社會秩序，直接發揚義理之必然，將哲學從個人內在生命的思考帶入社會生命的思考，從思辨形式導入經驗形式。（周昌龍：1994 年，頁 55）這種放棄理智知識而直接訴諸道德實踐的作法，背後有一個重要目的，即如何在民間發展自然的倫理道德與合理的社會秩序的問題。焦循曾談論到教民純用理智的後果，認爲：

> 夫上古之民，苦於不知，其害在愚；中古以來，民不患不知，而其害轉在智。……禮之終也，明明德矣，又必新民知止，而歸其要於絜矩。（《雕菰集》卷十六，〈群經補疏自序‧禮記鄭氏注〉）

焦氏思想中所帶有反智的特質，又再次說明道德與知識之間存在的實踐問題。如果要將道德思想落實於社會群眾之中，反智的傾向似乎成為一必要的條件。這種情境，恰好也在王陽明及其後學為普遍建立社會群眾之個人道德修養的內在工夫，於是捨棄由知識途徑入手，直接以簡易的「現成良知」的體證來完成，而具有如此高度反智傾向的現象，是可以獲得理解。

　　戴震後學中的確可以看出有意發展社會倫理的傾向。阮元為證明戴氏所謂「訓詁明而後義理明」的理論，於是用訓詁的方法，求證《論語》中的「習」與「一貫」，以及《大學》中的「格物」三者的義理，認為這三者都具有「行事」或「實踐」的意思。〔註5〕他堅認「聖賢之道，無非實踐」，將一切訓詁與義理中所討論的問題，歸結到「實踐」二字，雖然和戴震重知輕行的主張已有差別，不過可能和當時的社會風氣影響有關。

　　沈垚說：「垚居都下六年，求一不愛財之人而未之遇。」(《落帆樓集》卷八，〈與張淵甫〉) 又說：

> 大概近日所謂士，約有數端：或略窺語錄，便自命為第一流人，而經史概未寓目，此欺人之一術也。或略窺近時考證家言，東鈔西撮，自謂淹雅，而竟無一章一句之貫通，此又欺人之一術也。最下者，文理不通，虛字不順；而秦權漢瓦，晉甓唐碑，撮拾瑣屑，自謂考據金石，心極貪鄙，行如盜竊，斯又欺人之一術也。(同上卷八，〈與孫愈愚〉)

潘德輿也說：

> 七八十年來，學者崇漢唐之解經與百家之雜說，轉視二子為不足道，無怪其制行之日趨於功利邪僻而不自知矣。(《養一齋集》卷十八，〈任東澗先生集序〉)
>
> 今之士大夫，學愈博，愈薄程朱為迂疏空陋不足仿效，遂致一言一動，疾趨捷徑，攫取勢利。(同上，〈陸丞相集序〉)

嘉、道時期的社會風氣可見如此。這時期士大夫的行徑多偏於逐利而枉顧學術，不論士大夫這些行為是受到當時社會風氣的影響所致，或士大夫的這些行為將影響社會大眾的道德風氣，很可見當時的社會倫理秩序顯然已存在許多的問題。對於恢復社會倫理秩序，則成為戴震後學積極努力的目標。

〔註5〕阮元的解釋分見《揅經室集》一集卷二，〈論語解〉；〈論語一貫說〉；〈大學格物說〉。

　　龔定菴認爲，訓詁小學與仁孝之行是一事，他說：「小學者，子弟之學；學之以待父兄師保之側，以待父兄師保之顧問者也。……小學之事，與仁愛孝弟之行，一以貫之已矣。」(《龔自珍全集》，〈抱小篇〉)他舉例說，班固作《漢書藝文志》，《孝經》在《六藝略》，而《爾雅》等字書，隸屬《孝經》；是漢人未曾將小學書看作是一種專門學問。從漢魏到清，萬石君、顏之推、段玉裁、王引之等人，皆以小學名家，而無一人無孝行。龔氏雖未明言朱子小學與漢人小學，實際上已表示，爲訓詁小學者，首當以道德實踐爲第一要務。龔氏爲段玉裁的外孫，而龔氏對小學成德的見解，正和段氏晚年重評朱子小學的意見相契合。

　　至魏源於〈小學古經敍〉中提及：「小學大學，同表章於朱子。……至小學之書，則朱子敍大學，即謂曲禮少儀內則弟子職諸篇，皆小學之支流餘裔。」又認爲龔氏論小學：「此云天人性命之學從小學入手，小學者，實兼《禮經》十七篇曲禮少儀內則弟子職與六書九數而言，此儒者家法，本末體用備具，千古可息爭端矣。」(《古微堂外集》卷一)則魏氏與龔氏，已將小學做爲道德修養工夫的基礎。

　　魏源同時有學者羅澤南，專治義理，於太平天國之亂時，曾親率弟子轉戰於江西湖北兩地。羅氏於〈小學韻語序〉中說：

　　　　道光戊申，日與諸生講小學大學之方，諸生以朱子小學一編，爲人
　　　　生必讀之書，余因撮其大要，輯爲《韻語》，方欲鋟之木，而粵匪之
　　　　禍起矣。余以一介書生，倡提義旅，馳驅於吳楚之間，而其一時同
　　　　事者，及門之士居多。共患難，一死生，履險蹈危，絕茶顧惜，抑
　　　　何不以利害動其心耶？當天下無事之秋，有言及身心性命之學者，
　　　　人或以爲迂；一旦有變，昔之所謂迂者，奮欲起而匡之救之，是殆
　　　　所謂愚不可及者與！亦由其義理之說，素明於中故也。竊幸諸生克
　　　　自奮發，不負其平生之所習，尤願其益相策勵，日親當代崇實之儒，
　　　　拔本塞源，共正天下之學術，學術正，則禍難有不難削平者，匪徒
　　　　恃乎征戰而已。

羅氏平生極重朱子小學，能將其中極爲平實的義理，在死生緊要關頭，一一付諸實踐。其所言，則如朱子窮理涵養之學，而其所行，則似陽明良知應世之教。這已是晚清學者面對環境世變時，對道德義理予以普遍化所做的種種努力，不僅止於理論學說，更重要的是行爲的實踐。

到了晚清時期，學者對戴震思想的討論，則又因為政治、社會問題轉趨嚴重之衝擊，而欲重新提出戴氏思想來對抗清朝政體。章太炎曾有一段論述說：

> 叔世有大儒二人：一曰顏元，再曰戴震。……戴君道性善，為孟軻
> 之徒，持術雖異，悉推本於晚周大師，近校宋儒為得真。戴君生雍
> 正亂世，親見賊渠之遇士民，不循法律，而以洛、閩之言相稽。哀
> 矜庶戮之不辜，方告無辜於上，其言絕痛。桑陰未移，而為紀昀所
> 假，以其懲艾宋儒者，旋轉以泯華、戎之界。壽不中身，憤時以隕，
> 豈無故耶？……滿州於江南，其姦劫屠夷最甚，故士人恥立於朝。
> 康熙、乾隆之世，賊渠數南下以鎮撫之，猶不能擾。則以殿試甲第
> 誘致其能文章者，先後賜及第無算。既醉立祿，彭紹升之徒，為之
> 播揚，則嘉遯之風始息。〔註6〕

章氏對於戴震的推崇，一方面是看重他在義理上的成就，另一方面則是刻意將戴震提出的社會批評意見突顯出其在近代思想上的地位。對於清朝政治的良窳與否，晚清及民初知識分子大多給予負面的評價，其原因相當複雜，但對於晚清政府不滿而又引發出的幾個問題，包括對於專制政體的不滿而有民主的呼聲；對於社會問題的惡化而有改造社會的運動；以及對滿清遺害中國而再度強調華夷之辨的文化問題。這些問題固然已經是當時社會的實際狀況，但是知識分子仍希望透過歷史、文化，及社會、政治理論來建立批評的基礎，並進而完成改造的任務。由於上述幾項問題在歷史情境上和明末清初時期具有許多共同的或相似的特徵，因而明清之際思想家的思想理論又重新受到晚清知識分子的注意。其中顧炎武和黃宗羲更是知識分子所關切的焦點。至於對戴震思想的重視，不可諱言的，似乎是近代知識分子反傳統文化及反專制政治的心態合而為一所致。當然，近代知識分子以這種心態及觀念來解釋戴震的思想，雖然不免會產生對思想特質有取捨輕重的問題，但是這卻也顯現戴震思想的影響力，在某些方面仍是有歷史性的意義。

章太炎認為，戴震因為「自幼為賈販，轉運千里，復具知民生隱曲，而上無一言之惠，故發憤著《原善》、《孟子字義疏證》，專務平恕，為臣民愬上天。」（〈釋戴〉）章氏認為社會經驗對戴震思想的影響相當大，正因為社會上普遍存在不合理的道德規範，戴震因而強調「理性欲望」的重要，並企圖從

〔註6〕章太炎，《章太炎全集》四，《太炎文錄初編》文錄卷一，〈說林〉上，頁118。
（上海，1984年）

理論上重新建立這一新的道德規範。章太炎又闡述戴震的思想說：

> 明死於法可救，死於理即不可救。又謂衽席之間，米鹽之事，古先
> 王以是相民，而後人視之猥鄙。其中堅之言盡是也。震所言多自下
> 摩上，欲上帝守節而民無癉。……《記》曰：臣不重辭，則君不勞。
> 亦庶幾得震意哉！如震所言，施於有政，上不疪苛，下無怨讟，衣
> 食孳殖，可以致刑措。（同上）

若就章太炎這個論斷而言，戴震寫作的動機，是為了希望改變統治階級的想
法，那麼戴震思想的意義，即成為改造政治以實現社會更新的理想。但，戴
震是否真有這個目的？如果從戴震著作《疏證》的動機而言，似乎也能找到
符合章太炎這項論斷的根據。因為戴震所強調的倫理思想，正是針對統治階
級扭曲社會倫理規範所導致的社會問題，於是提出觀念上的批評。這種批評，
是建立在理性的基礎，也同時是一種觀念上的進步。不過無論如何，戴震並
沒有像黃宗羲或顧炎武提出具體的政治思想，來做為改造政治的思想依據，
所以章太炎對戴震思想的政治意義似乎是求之過深。〔註7〕

　　近代中國學者對戴震思想研究得出較具體的成果的，當首推胡適，胡適
曾於一九二五年完成《戴東原的哲學》一書，對戴震思想的科學精神寄予高
度重視。雖然胡適對於戴震以情欲和人倫日用問題為哲學主要內容的觀點也
曾予以極高的推崇，但是胡適仍強調戴震學問精華，全在一個智字，要人用
「心知之明」在事事物物上求「不易之則」。所謂「事物之理，必就事物剖析
至微，而後理得」，因此是「科學家求知求理的態度與方法」，是徹底的「理
智主義」。為了強調戴學是徹底的理智主義，胡適再度運用戴震以科學精神闡
釋程朱理學的方法，將解釋對象簡單地一分為二：一邊是科學的、近代的智
識主義精神和方法，一邊則是半宗教、半玄學的中古神學的遺留。對於構成
戴學重要關鍵的「以情絜情」之說，胡適則認為那是戴震學說裡的「因襲部
分」，是一種「套話」，只因戴震「自託於說經，故往往受經文的束縛，把他
自己的精義反蒙蔽了。」〔註8〕不但如此，「以情絜情」之說更是「心知之明」
說法的對立面，是戴學的根本破壞。〔註9〕胡適即說：

〔註7〕戴氏對主政者的政治措施所表現出不滿的情緒，只有片斷的意見，不構成理
　　　論系統。此可參見前章所述。
〔註8〕胡適，《戴東原的哲學》，頁46。
〔註9〕周昌龍，〈戴東原哲學與胡適的智識主義〉，1994年，《漢學研究》，第十二卷
　　　第一期，頁56。

> 我們讀戴氏的書，應該牢記他的「以情絜情」之說與他的基本主張
> 不很相容，若誤認「以情絜情」為他的根本主張，他的流弊必至於
> 看輕那「求其輕重，析及毫芒，無有誤謬」的求理方法，而別求「旁
> 通以情」的世故方法。〔註10〕

Jerome B. Grieder 在《胡適與中國文藝復興》一書中，曾經指出，胡適繼承了
十九世紀中國士大夫關懷、改革社會的精神與努力。他雖然針對傳統倫理人
格而宣揚個人主義，但終極目的還是要養成健全的個人來為社會服務，以完
成「社會的不朽」。〔註11〕Grieder 的論述，的確看到胡適和中國近代知識分子
回歸十九世紀經世思想，在清朝中晚期復興所致力的改革運動。但是胡適本
人所關切的問題，以科學來重建社會，似乎是要遠重於個人人格的修養。尤
其胡適提倡的民主科學運動，對近代中國的發展，影響至為深遠。而胡適所
提倡的「大膽假設，小心求證」的「科學精神」，在強調戴震思想的科學性時，
他所極力想指出的，其實不過是戴震思想中由知識求道德的傾向。這個傾向
既符合實驗主義企圖消解道德超自然的來源，並且又植根於中國「格物致知」
的哲學傳統，自然是胡適心目中最理想的建設中國科學時代新哲學的基礎。
特別是胡適晚年仍然惦念著「我們東方的人最好有一種科學技術的文明哲
學」，〔註12〕於是當他在研究戴震哲學時，在他心裡就難免會先存在一個戴學
能不能中興中國哲學的問題。他說：

> 我們研究這二百年的思想史，不能不下這樣一個傷心的結論：我們
> 生在這個時代，對於戴震應取什麼態度呢？戴學在今日能不能引起
> 我們中興哲學的興趣呢？戴學能不能供給我們一個建立中國未來的
> 哲學的基礎呢？〔註13〕

這個結論胡適雖然是以提問的方式提出，但他本身的答案事實上是很清楚
的。他不但確認戴學是清代哲學的新典範，而且希望能沿用此一典範，以建
立「科學的致知窮理的中國哲學」。他說：

> 我們關心中國思想前途的人，今日已到了歧路之上，不能不有一個
> 抉擇了。我們走哪條路呢？我們還是「好高而就易」，甘心用「內心

〔註10〕 胡適，《戴東原的哲學》，頁93。
〔註11〕 Jerome B. Grieder, *Hu Shih and the Chinese Renaissance: Liberalism in the Chinese Revolution, 1917~1937,*（Cambridge, 1970），Chapter 4.
〔註12〕 胡適，〈科學發展所需要的社會改革〉，《胡適作品集》，25，頁141。
〔註13〕 胡適，《戴東原的哲學》，頁138。

生活」、「精神文明」一類的揣度影響之談來自欺欺人呢？還是決心
不怕艱難，選擇那純粹理智態度的崎嶇山路，繼續九百年來致知窮
理的遺風，用科學的方法來修正考證學派的方法，用科學的知識來
修正顏元、戴震的結論，而努力改造一種科學的致知窮理的中國哲
學呢？我們決心走哪一條路呢？〔註14〕

事實上胡適的提問早已預設好了立場，他當然是選擇後面一條路，選擇用科學
的知識和方法來改造中國哲學。胡適這種方法的選擇，和戴震當初選擇考證學
方法來改造理學的心態，其實是一樣的。因此，胡適才格外重視戴震實事求是
的科學態度，而這種態度正是胡適所強調的戴震智識主義倫理學產生的根源。

　　胡適對戴震思想中智識主義傾向的批評，成為後來余英時解釋宋明及清
代思想史的重要觀點。余英時在〈清代思想史的一個新解釋〉一文中曾論及
戴震的思想，指出：

東原晚年雖同時攻擊程、朱和陸、王，但攻擊之中大有輕重之分。
他既不是籠統地排斥宋儒，也不是因為宋儒講「義理」之學才加以
排斥。一言以蔽之，東原的澈頭澈尾是主智的，這是儒家智識主義
發展到高峰以後才逼得出來的理論。以往的儒者縱使在個別的論點
上偶有和東原近似之處，但是從來沒有人想要建立一套以智為中心
的哲學系統。〔註15〕

按照余英時的理解，他認為戴震思想中的智識主義，只是儒家智識主義發展
階段中的一個例子。同時，余英時又認為從中國學術思想史的全程來觀察，
清代的儒學可以說比以往任何一個階段都更能正視知識的問題。而戴震正是
這個階段之中重要的代表。余英時之所以重視戴震的思想，事實上也和胡適
有著同樣的想法。他認為：

我們必須承認，儒學的現代課題主要是如何建立一種客觀認知的精
神，因為非如此便無法抵得住西方文化的衝擊。傳統儒學以道德為
第一義，認知精神始終被壓抑得不能自由暢發。更不幸的是現代所
謂道德已與政治力量合流，如果知識繼續以第二義以下的身分維持
其存在，則學術將永遠成為政治的婢女，而決無獨立的價值可言。

〔註16〕

〔註14〕同上，頁140。
〔註15〕余英時，《歷史與思想》，頁152～153。
〔註16〕同上，頁162。

余英時所關切的問題，在於以知識爲基礎的學術是否能獨立於現代社會，而這一獨立價值的追求，意謂著儒學在今日社會如何掙脫西方文化的衝擊，而能夠得到學術上的自由。余英時的見解，其實也標示出中國近代知識分子掙脫文化困境的矛盾心態。

和胡適同時，對戴震思想的科學精神也格外重視的梁啓超，則認爲：

> 東原在學術史上所以能占特別重要位置者，專在研究法之發明。他
> 所主張「去蔽」「求是」兩大主義，和近世科學精神一致。他自己和
> 他的門生各種著述中，處處給我們這種精神的指導。這種精神，過
> 去的學者雖然僅用在考證古典方面，依我們看，很可以應用到各種
> 專門科學的研究，而且現在已經有一部分應用頗著成績。所以東原
> 可以說是我們「科學界的先驅者」。〔註17〕

梁啓超對戴震思想的熱忱，實令人驚訝，但梁氏對戴震思想的過分稱許，似乎並沒有眞正和戴震思想相應。若就梁氏所看重戴震對學術的研究法而言，「去蔽」「求是」應只能歸屬於一種研究態度或研究精神，並不構成一套方法論。這種科學精神的意義和表現的研究態度，才是梁氏所欣賞之處。而梁氏所以欣賞戴震的科學精神，其動機和胡適是一致的。

此外，蔡元培在論述中國倫理學史的時候，對戴震倫理思想曾作以下的描述：

> 情欲之制限，王荊公、程明道，皆以善惡爲即情之中節與否，而於中
> 節之標準何在，未之言。至於欲，則自來言絕欲者，固近於厭世之義，
> 而非有生命者所能實行。即言寡欲者，亦不能質言其多寡之標準。至
> 東原而始以人之欲爲己之欲之界，以人之情爲己之情之界，與西洋功
> 利派之倫理學所謂人各自由而他人之自由爲界者同。〔註18〕

蔡元培重視戴震倫理思想中的自由意義，其實是有他自身對這個觀念取用的主張，他認爲中國學術自先秦以來，歷史悠久，但相較於西洋科學的發展，卻沒有得到應有的進步，其原因不外是（一）中國沒有自然科學的基礎，（二）中國沒有論理學做爲思想言論的規則，（三）中國政治和宗教、學問相互結合，（四）中國沒有異國學說相互比較。但蔡元培同時又指出：

> 然如梨洲、東原理初諸家，則已漸脫有宋以來理學之羈絆，是殆爲

〔註17〕 梁啓超，〈戴東原生日二百年紀念會緣起〉，1979 年，頁 72。
〔註18〕 蔡元培，《中國倫理學史》，頁 146。

自由思想之先聲。邇者名數質力之學，習者漸多，思想自由，言論
自由，業爲朝野所公認，而西洋學說，亦以漸輸入。然則吾國之倫
理學界，其將由是而發展其新思想也，蓋無疑也。〔註19〕

正因爲戴震思想中的自由意義將成爲近代知識分子尋求思想及言論自由的憑
藉，而逐漸地促使中國學術得以進步。這種觀念可以說是較爲折衷的。一方
面他肯定西方知識的價值，但也能對中國學術的價值給予認同。然而最大的
意義在於蔡元培重視戴震倫理思想中的自由意義，其實是他自己觀念上的投
射。這和前述胡適、余英時等人的觀念是相互一致的，他們對戴震思想中的
特質之重視，都出於一種時代意義的欣慕。這種情結，仍是回歸到儒家文化
如何在近代甚至當代中國得到新的發展所產生的。尤其儒家文化生命在西方
科學的衝擊下，如何能重新給予肯定，這實在是一個極富挑戰的難題。而這
正是當代新儒家所以崛起的重要原因。

對於戴震倫理思想中的問題，在近代逐漸延伸到現代社會，面臨了一種
新的挑戰，即中國現代化的問題。從十九世紀以來，儒家思想在中國現代化
及中國尋求繁榮富強進程中，究竟能否產生作用？這個作用究竟有多大？一
直是當代中國知識分子所關心的主要問題。我們可以說，反對儒家思想的人，
主要是著眼於「儒家實踐」的問題。他們傾向於將儒家思想看作是晚清時代
毫無生機的教育制度、壓抑個性的家庭結構、婦女所受到的壓迫等。另一方
面，主張應該將儒家思想作爲中國文化精髓加以保留的人，則著眼於「儒家
理論」。但是贊成保留儒家思想的人更有一個爭辯的問題，即是對西方的科學
文明究竟應該以什麼樣的態度去接受。然而無論是反對或是贊成儒家思想的
人，他們本身永遠擺脫不了中國傳統文化對他們的觀念意識以及心理所造成
的不自覺的影響。〔註20〕這種影響，使得知識分子面對中國現代化的問題時，
究竟應該在中學和西學間做一個什麼樣的平衡取捨，更顯得困難重重。

當然，現代化的問題並不僅僅是經濟問題，然而經濟問題卻是極重要而
待解決的。我們可以說，對於「人欲」問題的重視，恰好是對現代化關切的

〔註19〕同上，頁 151。
〔註20〕中國傳統文化對於中國近代思想及政治的影響力，早已成爲一不爭的事實。
即使在共產主義強調制度的絕對權威性原則，一旦進入中國之後，難免不屈
全於中國人治的威權政治之下。此一文化現象之分析，可參考 Lucian W. Pye
所著 *The Spirit of Chinese Politics, a psychocultural study of the authority crisis
in political development* 一書。

知識分子，在思想史的發展歷程上，繼承了前人在此一觀念上的辯難而加深對這個觀念的反省，並予以價值觀上的認同。從戴震之後，對人欲問題的檢討常和中國社會經濟的迅速發展有著內在聯繫的關係。由於經濟的進步，使得知識分子勢必要在人欲觀上採取更為開放的接納態度。反對傳統思想的人，主要也就是針對儒家思想中所謂的正統思想對人欲觀過於保守的態度，影響了社會和經濟的進一步發展。因此，為了消泯任何足以阻礙中國進步的因素，對於人欲的重視勢必無可避免。而追求人欲在近代中國，也和追求自由和解放的涵意是並行的。因為唯有個人擺脫傳統觀念的束縛，在精神和行為上得到完全的自由，人們才能進一步去追尋人欲上的解放。儘管這種潮流所造成道德問題的氾濫，在今日社會已經顯現出來，然而問題是道德問題永遠都將在人類社會中產生，無論是古代或是將來。思想家和政治家所應面對的，是如何將人們的道德觀儘量和現實社會相互協調，而非一昧出於限制。

如果說戴震倫理思想的價值所在究竟為何？似乎可以說，戴震所看到他當時社會存在的道德問題，而尋找出這些問題在觀念上的解決之道，正好使得近代以及現代中國知識分子在尋求現代化之際，能得到觀念上的啟發，甚而更進一步反省中國的學術思想對今後社會究竟存在什麼樣的貢獻。而這也是今日學者在面對戴震思想時，所應該抱持的一種更為開放的思想態度。

附錄一　戴震著作年代先後次序初議

　　本文擬對戴震倫理思想的相關著作提出一些簡略說明，這些說明旨在幫助我們了解戴震倫理思想演變的軌跡。在戴震所有著作中，與倫理思想相關的部份主要是《原善》、《緒言》、《孟子私淑錄》、《孟子字義疏證》等哲學性專著，另外《中庸補注》、〈法象論〉、〈讀易繫辭論性〉、〈讀孟子論性〉等著作及部份與當時人的書信、書序，和其它內涵較隱微的倫理思想的著作，都將是本文討論的重點。然而上述著作中，從戴氏較早年的作品〈法象論〉，至其成於晚年《孟子字義疏證》一書，中間歷經二十多年之久，對於戴氏本人而言，思想上已有所轉變，〔註1〕這些轉變的外在現象，可以很具體的從這些著作中分析而出，但是這樣的轉變成因與其影響，往往又較分析其著作更具意義。戴氏思想上的轉變雖說不全與其倫理思想有關，但其反應在倫理思想上卻有極重大的意義。由此衍生的另一問題目前已有多位學者探究與討論的問題，即是上述戴氏最主要的四本專著成書年代問題。這個問題之所以重要，如容肇祖先生所言：

> 凡是說一個人的思想，必先要知道他一生的著作的次第先後。從著
> 作的次第先後，有以見他的思想變遷，然後可以討論他的哲學。（容
> 肇祖：1989 年，頁 676）

而從段玉裁與當時人的書信年譜及近人的考證意見綜合而言，自《原善》約成於戴氏四十四歲至《孟子字義疏證》成書，大約十年的時間，戴氏先後完成《緒言》、《孟子私淑錄》、《孟子字義疏證》等書。這四本著作之間完成的

〔註 1〕 見錢穆先生著《中國近三百年學術史》，頁 312～324。錢先生認爲戴氏論學尊
　　　　漢抑宋，實受惠棟影響。然而戴氏對自己的學問取向，則有其出於惠棟以外
　　　　的目的，說詳下文。

先後次序究竟爲何？學者之間討論終未成定論。﹝註2﹞此外，據段玉裁年譜（以下凡簡稱段譜）於乾隆三十一年記：

> 是年玉裁入都會試，見先生云：「近日做得講理學一書。」謂《孟子字義疏證》也。玉裁未能遽請讀，先生歿後，孔戶部付刻，乃得見，近日始窺其閫奧。

段氏此處誤認「講理學」一書爲《孟子字義疏證》，錢先生已疑其說（錢穆：1937年，頁326～327），而誤認是《原善》三篇的擴大本；﹝註3﹞梁任公則認爲「講理學」一書是《緒言》（《飲冰室全集》四十冊）；張立文先生則主張爲《孟子私淑錄》一書，因而「講理學」一書究爲何指？說法紛歧。這樣的歧異也就延申至《緒言》與《孟子私淑錄》成書先後的問題。據段玉裁〈答程易田丈書〉言：「竊揣此書刱始於乙酉、丙戌，成於己丑朱方伯署中，是謂《緒言》。」而在段譜則言：「《孟子字義疏證》原稿名《緒言》，有壬辰菊月寫本。」但據程瑤田所言，則說：

﹝註2﹞ 近人討論此一問題，乃由錢穆先生於民國卅一年發其端。討論的重點則以成書年代較有疑問的《緒言》和《孟子私淑錄》爲主。錢先生因不得確知《私淑錄》寫成的時間，只能從《私淑錄》和《緒言》的內文互相比較，來斷定兩書完成的先後次序。錢先生之討論見於〈記鈔本戴東原孟子字義疏證〉一文（錢穆：1980年，頁206～212）。錢先生之後，陳榮傑先生則專文撰寫〈論戴震緒言與孟子私淑錄之先後〉一文，對錢先生的論點提出質疑（文見《大陸雜誌》第五十七卷第三期）。在大陸方面，北京中華書局於1961年出版《孟子字義疏證》，在〈點校說明〉部份提到：「《疏證》定稿前，他寫了《疏證》的初稿《緒言》和修訂稿《孟子私淑錄》。」這個說法可能襲自錢先生的意見。而上海古籍出版社於1980年出版《戴震集》，其編者也說：「《緒言》和《私淑錄》分別是《疏證》的初稿和修定稿。」說法不出上述。王茂則於1980年由安徽人民出版社出版《戴震哲學思想研究》一書，其中收有〈戴著年代考〉一文，持論與錢先生相反。另王氏復於1983年《江淮論壇》發表〈戴震私淑錄及緒言成書先後之比較研究〉一文，較前文論述更詳細。其後張立文先生在所著《戴震》書中，又以己意討論這個問題（張立文：1991年，頁31～36）結論亦與錢先生相反。最近討論此一問題者，爲冒懷辛先生於1992年成都出版《孟子字義疏證全譯・代序言》中言及（見書頁23～26）。冒氏論述較粗，大致仍本錢先生的說法。綜論陳、王、張三氏所主張《私淑錄》較《緒言》一書爲早出，而不贊成錢先生所論《私淑錄》當在《緒言》之後，《疏證》之前的說法。各家說法請參照原文所述，本文不再贅述。

﹝註3﹞ 錢先生這個說法後來爲余英時先生所引用，余氏說：「丙戌戴、段再晤，上距癸未僅三年，東原不應健忘至此，而欲以茂堂曾抄錄之《原善》舊稿相示也。則丙戌講理學之書，乃《原善》之改定本，可謂信而有徵矣。」（余英時：1980年，頁176）

丙申景抄時，戴本首葉有「壬辰菊月寫本」六字，自壬辰至丙申，
未嘗改竄。

錢先生即據程氏所言認定《緒言》應作自己丑年（乾隆三十四年），完成於壬
辰年菊月。此一說法至今未有任何異議，可暫爲定論。再者，《原善》一書成
書年代，段譜只言及段氏本人於癸未年抄謄《原善》三篇，至於《原善》三
篇擴大爲三卷本究成於何時？段氏未進一步說明。而錢先生則考證說：

今定《原善》三卷本成於丙戌東原四十四歲之年，則上推《原善》
三篇，其初成亦決距此不遠，至遲在癸未，至早在丁丑，先後不出
十年也。乙酉，東原過蘇州，題〈松崖授經圖〉。《原善》擴大成書，
即在其翌年。東原深推松崖，謂舍故訓無以明理義，《原善》三卷，
即本此精神而成書。

戴氏受惠棟影響頗深，固足以言，而《原善》一書似受其《易微言》而有所
啓發，亦可說，但因此而認爲「《原善》三卷即本此精神而成書」，或許只是
由彼而推想如此。戴氏既看重《原善》，甚至成一篇即覺吃飯別有甘味，可見
用力極勤，三篇成，恐怕更樂不可言，何以三篇作成需時十年，三卷本作成
只需一年？（雖由〈論性〉兩篇增擴，但篇幅畢竟有限）難道戴氏受惠棟影
響卻竟草草成章？這雖亦一推想，與錢先生同無證據可言，但畢竟令人置疑。
恐怕錢先生更注意段譜所言：

《原善》卷上、卷中、卷下，孔戶部所刊戴氏遺書，合爲一冊。始
先生作《原善》三篇，見於戶部所刊文集中者也。玉裁既於癸未抄
寫熟讀矣，至丙戌，見先生援據經言疏通證明之，仍以三章者分爲
建首、比類、合義，古聖賢之言理義，舉不外乎是。（戴震：1980
年，頁 481）

而認爲「《原善》擴大成書，即在其翌年（即丙戌年）」。然而段氏所言「三篇」
與「卷上、卷中、卷下」和「三章」是否有別？可爲疑問；而丙戌年段氏入
都見戴氏，戴氏即證之言，以明《原善》所言皆聖賢之意蘊。似乎此時《原
善》即早已成書，不過段氏雖熟讀，但於義理上仍有不明白，因此戴氏援例
以疏通其疑。且丙戌年戴氏於新安會館時曾致書段氏說：

來《水經注》九本已收，此實舊本，弟處校本，係江西劉內翰暨汪
明兄分借去未還，其《原善》、《原象》等，亦在汪公處。（《戴東原·
戴子高手札眞蹟》，1956 年）

這裡所說的《原善》，應是指《原善》三卷本，但推究戴氏語氣，《原善》似乎應早於丙戌年即已完成。如果錢先生考證《原善》成書時間無誤，那麼段氏所言「講理學」一書當即是《原善》三卷，可無疑議；但如果《原善》三卷即是段氏所抄所言的三篇，則「講理學」既非《原善》，亦非《緒言》，則當另有所指。但由於《原善》究成於何時？仍有疑點無法澄清，目前則只能依錢先生所言暫定如此。

儘管今人討論戴氏的思想，總不脫《孟子字義疏證》等四本專著，但以目前可見資料而言，戴氏只親自言及《原善》和《孟子字義疏證》兩書（見〈答彭進士允初書〉），至於《緒言》一書，段玉裁於〈年譜〉中說「《孟子字義疏證》原稿名《緒言》」，不知何據？可以想見，若不是段氏親眼見到，斷不可能知有《緒言》一書，只不過戴氏從未提及，或許是戴氏對《緒言》的內容並未感到滿意，除與戴氏極親近人，如程瑤田、段氏等，或能得見而抄錄，則戴氏並不輕易示人。這個情形，對戴氏最有疑問的著作《孟子私淑錄》而言，更應可以說明。因此錢先生說：

> 東原既成《疏證》，《緒言》、《私淑錄》皆其所棄，身後遂泯沒不顯。
> 《緒言》猶有程易疇影抄，並得刊於伍氏《粵雅堂叢書》中，後世
> 尚多知之，《私淑錄》則更無道者。（錢穆：1980 年，頁 211～212）

對《私淑錄》而言，戴氏是否更覺不滿意，因而從未示人？即使連戴氏子中立在整理遺著後復函段玉裁，亦只提及《原善》和《疏證》兩書，（《戴東原·戴子高手札真蹟》，1956 年）因而《私淑錄》終不得而知是戴氏何時的著作。但如果《緒言》和《私淑錄》都是《疏證》的草稿，至少對戴氏而言，主要的思想觀念應不至於有太大的歧異，可能只有對部份意見加以修改或增或刪，而經過刪汰後的定本《疏證》，則是較符合戴氏原先所構想的內容和期望。那麼《疏證》一書中的思想觀念，應是戴氏最主要並強調的。至於《緒言》和《私淑錄》，雖然戴氏也針對設問內容提出解答，而在解答之中發揮重要的觀念，但戴氏基於作書原意的考量而有所抉擇，更可見這兩本著作中的思想觀念應是較為次要的。

附錄二　論戴震詮釋孟子思想之意義 及相關思想史上之問題

　　近人對戴震義理思想之重視，可謂自章炳麟始。章氏曾書〈釋戴〉、〈說林〉諸篇，對戴氏之稱許，而謂之：「叔世有大儒二人，一曰顏元，再曰戴震。」〔註1〕並申釋戴氏所言之義理，所以異於程朱者，在於戴氏之思想「究極其義，及于性命之本，情欲之流，爲數萬言，夫言欲不可絕，欲當即爲理者，斯固逮政之言，非餙身之典矣。」〔註2〕而章氏復認爲戴氏之資於孟子，其說皆「與孫卿若合符。以孫卿言性惡，與震意拂，故解而赴原善。」〔註3〕章氏此論，實可約之以兩項重要之思想問題：其一，章氏以戴震論性論理之思想近於荀學而遠於孟學；〔註4〕其二，章氏闡釋戴震論理欲之思想，乃出於批評時政問

<hr>

〔註1〕語見章太炎，《太炎文錄初編》卷一〈說林上〉，上海書店影印章氏叢書，1992年。

〔註2〕同上引書，〈釋戴〉。太炎之尊戴氏，乃認爲戴氏能闢程朱，能反傳統，並以清末治程朱者率惡言革命，故太炎之尊戴氏，實欲借戴氏以倡言革命，而謂戴氏之思想乃出於逮政之言而非餙身之典。說詳錢賓四先生《中國近三百年學術史》第八章及《中國學術思想史論叢八‧太炎論學述》。

〔註3〕同上引書。另錢先生曾言：「戴學近荀卿，同時程易田已言之。……又焦里堂繼東原爲論語通釋，亦時引荀子語，錢大昕潛研堂集先已爲荀子辨証，當時學人本自致力於荀子，故不覺其言思之染涉者深也。」（《中國近三百年學術史》，頁358。）然戴氏講論義理之引用荀語，實有其思想辨證上之所不得不然，非特於當時習染荀學而不自知者。說詳下文。

〔註4〕章氏認爲荀子之理心情欲之論較完備之說，並引荀子〈正名〉之文闡發其意，皆詳見於《太炎文錄初編‧釋戴》一文。章氏此論影響晚近學者，如錢賓四、容肇祖皆同其說。另戴震思想之緣附荀子義理之詳論，可參考鮑師國順〈戴震與孟荀思想的關係探究〉一文（《第一屆清代學術研討會論文集》，高雄，

題，非關心性修養之論。〔註5〕若如章氏所言，則戴震思想之精要處，究竟與其詮釋孟子所特重之精神，是否亦不相違背，實有賴本文進一步之疏通。

　　戴震對孟子思想之闡釋，所著重之問題，迨以心、性之性質及其如何作用之詮解為主。此亦晚近學者於討論戴氏之孟子思想時所集中論述之問題。〔註6〕綜觀學者論述戴氏之孟子思想，最切要之爭論點在於戴氏對其義理思

國立中山大學中國文學系，民國78年）。

〔註5〕 章氏認為戴氏思想之具批判時政意含，似應不罪即清帝，然影響及胡適、梁啟超，乃擴而申述戴氏之批評時政之激烈言辭，有隱含批評當時清帝之謬亂理義，致至於「以理殺人」。雖然，章氏提出戴氏之批判時政思想，乃可牽引吾人討論戴氏引孟子之言所可能隱含面對歷史及社會之問題而提出批判觀點之一研究方向。胡、梁說法分見於其書《戴東原的哲學》，頁41，台北遠流出版公司，1988年三版；《戴東原》，頁26，臺灣中華書局，民國68年臺三版。梁氏此書成於民國13年。

〔註6〕 近日學者於討論戴氏孟子思想時，曾提出一新名詞，即「戴震孟子學」。此一名詞之提出，確切時間及提出之人為誰，本文尚未加以查證。今據已知之材料而言，岑溢成先生於1994年5月20至21日中央研究院中國文哲研究所主辦之「孟子學國際研討會」上宣讀之論文，標題為〈戴震孟子學的基礎〉。其後，黃俊傑先生於1997年出版之著作《孟學思想史論卷二》，目錄篇章亦有〈戴震的孟子學解釋及其涵義〉。期間，柯雅卿於1996年於國立成功大學中國文學研究所所撰之碩士論文，題目為《戴震孟子學研究》。關於戴震之孟子學，實存在兩項問題。其一：孟子學之內涵為何？單純指孟子思想？則孟子思想又不得僅限於孟子之性善論，雖孟子學說之大旨在性善論，且其所有論說皆以性善論為基礎；然孟子倡性善說，目的仍在為其政論之合理性辯護。通觀孟子全書，孟子論時政問題應是孟子心中最重要而急迫欲解決之事。故孟子學應不得專以討論心性哲學之問題為主。中研院文哲所定義之孟子學，其確切意義待考，然窺探其義，即將孟子之學「變經為子」，導向哲學研究之目的。其二：戴震之孟子學之問題，若以上述分辨孟子學之義理解戴震之孟子學，則頗見困難。一、戴氏徵引孟子之言，大抵以論性、論心、論理為主，而較少引論孟子之政論。二、戴氏因論述其義理而引用孟子之言，目的在解決自宋代以來學術史上之問題，其批評釋氏、道家及於宋明理學對經書有關心性問題之詮解所生之謬誤，為其作義理諸書之大要。故戴氏看待孟子，即如看待《詩》、《書》、《禮》諸經，乃以經學之角度視之，此一學術史之態度，影響焦循之撰《孟子正義》之態度及阮元作〈性命古訓〉，同引孟子與諸經為互訓。故戴氏並無變孟子之經為子之意圖。相對其看待荀子等諸子之文，雖有所取捨批評，而終不能以其論說為自己學說立論之根本，此亦戴氏雖在實事求是之態度外，對經學之重視，仍以其所言為不易之典，而相對看輕子學（如荀子、程朱）之言論。是故討論戴震之孟子思想，除對於自孟子以至於戴震之思想史上個別觀念之發展與詮釋時所關切之問題須與以區別外，尤應注意於哲學問題以外之可能影響戴震本身思想形成之特殊問題，此亦是本文之主要作意。

想之闡發，究竟是否合於孟子之思想？抑或遠於孟子而近於荀子？近儒章炳麟爲文已具論戴震思想近於荀子。〔註7〕按章氏曾引荀子〈正名〉爲例，謂以欲當爲理者，莫察乎孫卿。因之章氏認爲戴震之重欲，其言實與荀子不異，而所異者，在於戴氏主張性善，與荀子所主者相違，故作《原善》一書以發揚孟子之意。章氏之後，胡適與梁啓超於討論戴氏思想時，認爲戴氏義理思想別有淵源，〔註8〕梁氏更謂「宋儒口口聲聲推尊孟子，但把他們的話綜合起來，倒反和荀子得同一的結論。東原是主張性善說的人，所以不得不和他們爭辯。」〔註9〕其後，容肇祖撰文評論戴氏之思想，認爲「戴震的學說，多淵源於荀子。」〔註10〕容氏並引戴氏《孟子字義疏證》（以下簡稱《疏證》）及《緒言》中對荀子批評之言爲其佐證。錢賓四先生論戴氏之學，兼採章太炎與容肇祖之說，以戴氏之思想「亦多推本晚周，雖依孟子道性善，而其言時近荀卿。……自東原觀之，荀之與孟，未達一間耳。晚周諸子，善斥自然者莫過荀子，東原即以其意排老、釋，而復以孟子性善之論移加於荀子。」〔註11〕

　　近年來學者論戴震思想之淵源，大抵不出上述諸家意見。而對於戴震之思想發展，學者多偏於哲學意義之疏通，乃抽離戴氏義理中之若干概念一一分析，未能綜合戴氏思想之全貌，並就其思想之深義與其所面臨之社會理法之公義問題，予以比較詮釋，則戴氏論孟子思想所以摻雜荀學之究竟，轉而隱晦難解。

　　學者意指戴氏之言近荀子，迨以戴氏於《疏證》卷中〈性〉第五條下，荀子以可不可與能不能釋人之性所以爲惡爲理據。戴氏評之曰：「此於性善之說不惟不相悖，而且若相發明。……荀子之善言學如是。且所謂通於神明，參於天地者，又知禮義之極致，聖人與天地合其德在是，聖人復起，豈能易其言哉！」然戴氏所認可之性之自然，於荀子則視之爲順性之自然必生爭奪。

〔註7〕 章氏此論具見前註 4 引書。章氏以前，程瑤田已言戴學近於荀卿：此說轉引自錢先生《中國近三百年學術史》頁 377～378，而錢先生同文頁 358 所指之程易田，應爲程易疇，見前註3。

〔註8〕 胡適、梁啓超皆認爲戴震思想有一部份乃承襲自顏李學派，然思想之承襲與思想之淵源屬不同之目的性，亦涉及學術史繼承之問題。然近人研究戴震思想時，於此一問題並不能深辨，往往因襲胡、梁之說，此實爲研究戴震思想時所須注意者。

〔註9〕 見梁啓超《戴東原》，頁 31。

〔註10〕 見容肇祖〈戴震說的理及求理的方法〉，《國學季刊》，第二卷一號，民國 14 年。

〔註11〕 見錢先生《中國近三百年學術史》，頁 357～358。

是荀子之所謂性之自然，乃自然為惡不為善，而此自然又非為聖人之性之自然，而屬之於常人。故戴氏前引荀子之言如「塗之人可以為禹則然，塗之人能為禹，未必然也；雖不能為禹，無害可以為禹。」、「足可以遍行天下，然而未嘗有能遍行天下者也。」荀子此說「可不可」，在戴氏之解釋，實同於孟子所說「人人皆可以為堯舜」之「可不可」。而荀子又言「能不能」，在荀子之意，乃認為人之性之不受禮義節制，實為妨礙人之能為禹。〔註12〕荀子之所可與所能，實截然分內在與外在，故內在之性雖可以為禹，然終不能為禹，乃內在與外在之不相通。是荀子之言性，實非惟惡，可謂之有善有惡。是故聖人可專以善言，而常人則不可以言善。若常人可以言善，必待禮義之節與學而後可。然孟子避談性，其言「人無有不善」、「心之所同然者，謂理也、義也」、「仁義禮智根於心」等，皆不及「性」字。於是下啟宋儒強為解人，必言性善者乃為天地本然之性，性惡者乃氣質之性。而戴氏之不滿宋儒歧性為二，故特解孟子之「人無有不善」，而不言「性無有不善」，謂「性者，飛潛動植之通名；性善者，論人之性也。」〔註13〕又戴氏以「性者，血氣心知本乎陰陽五行，人物莫不區以別焉是也，而理義者，人之心知，有思輒通，能不惑乎所行也。」〔註14〕疏通心之質為性，且心有知，能擴充其心知即謂之思，能思則性可以通於理義，同時性也內存於理義之中。此乃戴氏釋孟荀思想之相異處。故戴氏進一步申說，「蓋孟子道性善，非言性於同也。人之性相近，胥善也。明理義之為性，所以正不知理義之為性者也，是故理義，性也。由孟子而後，求其說而不得，則舉性之名而曰理義也，是又不可。」〔註15〕此誠可謂戴氏性論之最精要處。依戴氏之意，說理義是性，則可；說性是理義，則不可。人之有理有義，乃出於人之本性。如以人之性是理是義，則限制人性之發展。此即是反對宋儒以「性即理」之說。誠可謂戴氏反轉宋

〔註12〕村瀨裕也曾解釋：「這種來源於荀子只注意於當時的廢絕學問、否定禮義的風潮，未達到孟子性善說的真旨，把禮義看作是專門趨向於爭奪的性的傾向的外在的抑制手段。」《戴震的哲學——唯物主義和道德價值》，頁158，王守華等譯，山東人民出版社，1996年。是荀子之立論，乃依據當時社會經驗之事實，故特強調學與禮義之重要，其面對之政治與社會困境實與孟子不同，故解決之道亦不得不有所變通。

〔註13〕《孟子字義疏證》卷中，引自《戴震全書》之卅一，頁190，張岱年主編，安徽黃山書社，1995年。

〔註14〕同上引書，頁183。

〔註15〕同上引書，〈讀孟子論性〉，頁350。

儒之說，以合於孟子之論性之要旨，亦切中宋儒之弊矣。故窺探戴氏之性理說，實可謂戴氏主張「理即性」而反對程朱之「性即理」。由「理即性」進一步說明「性」之本質爲血氣心知，則理亦必就人倫日用之層次而言，於是與宋儒劃分天地氣質之性、強隔天理人欲之說判然有別。

　　戴震以「理」言「性」之論，不惟戴氏義理思想之特識，且以之證於孟子思想，亦較宋儒爲切近。戴氏於《疏證》中對孟子所言之「心之所同然者，謂理也，義也」，乃以心具區分之能，故能明理，而以心憑所具之能，當能分別意見與理之不同。而戴氏以情釋理，謂情欲之不爽失，乃受命之所節限，故「命者，限制之名，如命之東則不得而西，言性之欲之不可無節也。節而不過，則依乎天理；非以天理爲正，人欲爲邪也。」〔註 16〕戴氏據此推演其理欲之辨，而細論其所辨之理欲問題，與天理人欲之關係，實不同於宋儒置於不盡相同之層次而言。戴氏以理釋情，如其言：「在己與人皆謂之情，無過情無不及情之謂理。」〔註 17〕而欲乃釋爲「性之欲」，爲「血氣之自然」，並分別以「理」爲「則」，以「欲」爲「物」。而「天理」爲自然之分理，則「血氣之自然」中，亦必有血氣之分理，如此「欲」中即含有「理」，亦是出於自然之有於內，非強自外加之。此當爲戴氏視「理」、「欲」不爲二本之辨證。「理」、「欲」於戴氏思想中既不歧爲二本，則孟子之性善義自然可通，而宋儒歧「性」之義外復有氣質之性而分別天理人欲，則謬矣。〔註 18〕

　　又戴震釋《疏證》中孟子言之「心之所同然者，謂理也，義也」，而謂：「言理義之爲性，非言性之爲理。性者，血氣心知本乎陰陽五行，人物莫不

〔註 16〕同上引書，頁 62。
〔註 17〕同上引書，頁 153。
〔註 18〕宋儒分言氣質之性者，始自張橫渠。而辨理欲問題最要者，乃二程與朱子。若就學術史之發展而言，程朱所面臨儒學之困境，迨爲自唐代韓愈以降，儒學義理之發揮自原有經世政治之功能轉向內在心性修養爲出發點，所遭遇佛學理論性與實踐性實較爲堅強之攻略，故儒學如何自原有先秦儒家思想，及自易學摻雜道家思想後，爲宋儒所接受並充實原始儒家心性修養實踐工夫之理論憑藉，以抗拒釋氏之學，乃程朱思想之繼承先秦儒家學術所作之最大努力，而成就其學術史上之重要貢獻。宋儒之困境，乃爲學術史之問題，此爲戴氏所不著意之處，故戴氏之批評宋儒，乃跳過宋儒面對學術困境之問題，亦跳過心性修養之問題，而直接藉由先秦儒學之根本觀念以批評宋儒，故戴氏之義理所重視者，爲當時經世之事務，而不就心性修養之問題議論。雖戴氏之義理乃在藉批判宋儒之思想而欲總結近代儒家思想之問題並回歸原始儒家義理，然戴氏義理立論之基礎，實與宋儒有明顯之不同。

區以別焉是也，而理義者，人之心知，有思輒通，能不惑乎所行也。」〔註19〕
戴氏以「性」同於氣稟，同於理義，理義亦通於人心之能。則戴氏將心、性、
理、欲等概念揉合爲一，此一即爲「道」。然人心與道心終有別，人心若就常
人而言，殊難有通明之時，而戴氏言「致其心之明，自能權度事情，無幾微
差失」，〔註20〕豈常人容易爲之？然戴氏堅信「就人言之，有血氣，則有心知；
有心知，雖自聖人以下，明昧各殊，皆可學以牖其昧而近於明。」〔註21〕戴
氏之重學，不僅常人之心能因而辨夫理義，心之能亦得區分理義，而不至於
偏流於意見；理義之能曉然於心，則情、欲亦得理義之至當處而能有命有節，
故欲能不流於偏失。戴氏因而續論之曰：「聖人順其血氣之欲，則爲相生養之
道。……常人之欲，縱之至於邪僻，至於爭奪作亂；聖人之欲，無非懿德。
欲同也，善不善之殊致若此。欲者，血氣之自然，其好是懿德也，心知之自
然，此孟子所以言性善。心知之自然，未有不悅理義者，未能盡得理合義耳。
由血氣之自然，而審察之以知其必然，是之謂理義；自然之與必然，非二事
也。」〔註22〕依戴氏之意，聖人之欲實與常人之欲同，然聖人之欲始終爲善，
乃其心能通乎理義以節之勿縱，常人之欲則易縱於邪僻。而常人之欲亦非本
然不善，要能發揮心知之自然與血氣之自然，同能歸於理義之必然之節制，
此必然即戴氏所言之命與學。戴氏此一推論於理論上看似簡易，然實踐性上
則殊難如此簡單具體。戴氏之信人心皆能藉學以明，人心之能拒受外在之影
響，乃因戴氏堅信孟子之性善義所致。此實戴震義理思想之於實踐工夫論
上，不及宋儒之處。故戴氏之性善論，終不能不援引荀子之重學與孟子之說
牽合，〔註23〕以詮釋人性善之必然。

　　戴震《孟子字義疏證》一書既以孟子爲名，其取義於孟子之目的究竟爲
何？今觀察《疏證》之序文，戴氏之意，似不在疏解孟子之思想，而序文首
言性與天道，爲戴氏所注意，乃孔子罕言於《論語》，而致後人私智穿鑿，以
己意曲解性道之義，故孟子不得不出言相辯。然孟子既辯，後於孟子之人，
仍不得性道之義，故後人習於老莊釋氏之言，於是戴氏不得已而作《疏證》，

〔註19〕見《戴震全書》之卅一，頁183。
〔註20〕《疏證》卷下〈權〉第二條，同上引書，頁214。
〔註21〕《疏證》卷上〈理〉第十五條，同上引書，頁170。
〔註22〕同上引書，頁171。
〔註23〕戴氏一方面以孟子之性善義爲其思想之根基，然而對於實踐工夫之問題則援
　　　　引荀子之重學之觀念以加強之，故戴氏雖堅信人心有其導引人欲於善之能
　　　　力，然而對現實之人欲往往流於爲惡，因而不得不計較於重學之工夫。

其目的在於「言之謬，非終於言也，將轉移人心；心受其蔽，必害於事，害於政。……目之曰賢智君子之害天下後世也，相率趨之以爲美言，其入人心深，禍斯民也大，而終莫之或寤。」

今觀察戴氏之「言」之意義，實指其所論之「理」，而非「性善」之說。孟子之學說大要，在於其性善之論，戴氏亦如是主張，〔註24〕然戴氏於《原善》篇首釋「善」、《緒言》首卷明「道」、《孟子私淑錄》首言性善之說，至《疏證》開宗乃釋「理」十五條，性善與道之論皆後之，而戴氏極看重《疏證》一書，其與段若膺書第十札曾言：

> 僕生平論述最大者，爲《孟子字義疏證》一書，此正人心之要。今人無論正邪，盡以意見誤名之曰「理」，而禍斯民，故《疏證》不得不作。

戴氏晚年之〈答彭進士允初書〉亦極重「理」義，其言：

> 僕於《孟子字義疏證》辯其視理也，與老釋之視心、視神識，雖指歸各異，而僅僅就彼之言轉之，猶失孔孟之所謂理，所謂義。

〈與某書〉更切言：

> 後儒不知情之至於纖微無憾是謂理，而其所謂理者，同於酷吏之所謂法。浸浸乎舍法而論理，死矣，更無可救矣！

而於〈讀孟子論性〉一文，亦強調孟子之「理」義於篇首，故引孟子之言「心之所同然者何也？謂理也，義也。聖人先得我心之所同然耳。」然戴氏又曾申述「六經、孔、孟之言以及傳記群籍，理字不多見。」〔註25〕《疏證》既爲戴氏晚年之定論，對「理」字之義，雖孟子少言，然戴氏所重孟子思想，正在於此一「理」字。此「理」不僅出自孟子，在戴氏之理解中，亦著意孟子以「理」以「義」通解其「性善」之論。〔註26〕此即前述戴氏反轉宋儒「性即理」之說，而似欲言「理即性」之理論根據。「理即性」之說亦可來自孟子之言，殆無疑也。

且戴氏《疏證》一書不以「性善」說爲其主要立論，乃因宋儒立說亦不

〔註24〕戴震《孟子私淑錄》卷上第一條問答言之：「孟子以開先聖之道爲己任，其要在言性善，使天下後世曉然於人無有不善，斯不爲異說所淆惑。」

〔註25〕語見《戴震全書》之卅一，頁154。

〔註26〕戴氏於《疏證》曾置問：「孟子專舉『理義』以明『性善』，何也？」語見上引書，頁157。又言：「比而合之以解天下之惑，俾曉然無疑於理義之爲性，害道之言庶幾可以息矣。」

廢孟子「性善」之論，則戴氏之駁宋儒，不能由此出發，而所駁者，端在「性」之一字。此亦戴氏非廓清「性」、「理」之辨不可，而援引孟子之說爲理據之本意。

　　雖然，戴氏思想之直接於孟子者，乃在藉孟子對性理之義之闡釋而形成戴氏之思想，故戴氏先後之義理著作雖多有引孟子之言，然歸納其所言，多在藉孟子思想以駁宋儒之非，其所非之處，一在宋儒之言性有二本之歧，一在宋儒據二本之性二分理欲之別，而以理是而欲非爲其道德實踐之工夫。此議論於哲學觀念上之辯解猶可說，然戴氏晚年之作，多有逾越於冷靜客觀思想辯論之外之言辭，試舉《疏證》之言以對，戴氏於〈序〉首言：

> 蓋言之謬，非終於言也，將轉移人心；心受其蔽，必害於事，害於政。彼目之曰小人之害天下後世也，顯而共見；目之曰賢智君子之害天下後世也，相率趨之以爲美言，其入人心深，禍斯民也大，而終莫之或寤。

《疏證》卷上〈理〉第三條言：

> 人莫患乎蔽而自智，任其意見，執之爲理義。吾懼求理義者以意見當之，孰知民受其禍之所終極也哉！

第四條言：

> 即其人廉潔自持，心無私慝，而至於處斷一事，則詰一人，憑在己之意見，是其所是而非其所非，方自信嚴氣正性，嫉惡如讎，而不知事情之難得，是非之易失於偏，往往人受其禍，己且終身不寤，或事後乃明，悔已無及……苟舍情求理，其所謂理，無非意見也。未有任其意見而不禍斯民者。

第九條言：

> 故今之治人者，視古賢聖體民之情，遂民之欲，多出於鄙細隱曲，不錯諸意，不足爲怪；而及其責以理也，不難舉曠世之高節，著於義而罪之。尊者以理責卑，長者以理責幼，貴者以理責賤，雖失，謂之順；卑者、幼者、賤者以理爭之，雖得，謂之逆。於是下之人不能以天下之同情、天下所同欲達之於上；上以理責其下，而在下之罪，人人不勝指數。人死於法，猶有憐之者；死於理，其誰憐之？

至《疏證》卷下〈權〉前言，又謂：

凡以爲「理宅於心」，「不出於欲則出於理」者，未有不以意見爲理
而禍天下者也。

第五條則再三言之曰：

不寤意見多偏之不可以理名，而持之必堅；意見所非，則謂其人自
絕於理；此理欲之辨，適成忍而殘殺之具，爲禍又如是也。

今之言理也，離人之情欲求之，使之忍而不顧之爲理。此理欲之辨，
適以窮天下之人盡轉移爲欺僞之人，爲禍何可勝言也哉！

〈與某書〉之言猶爲激切：

後儒不知情之至於纖微無憾是謂理，而其所謂理者，同於酷吏之所
謂法。浸浸乎舍法而論理，死矣，更無可救矣！〔註27〕

與段茂堂第九札有言：

夫仁義何以禍斯民？觀近儒之言理，吾不知斯民之受其禍之所終極
矣。……蓋昔人斥之爲意見，今人以不出於私即謂之理，由是以意
見殺人，咸自信爲理矣。聊舉一字言之，關乎德性、行事匪小。

第十札亦言：

今人無論正邪，盡以意見誤名之曰理，而禍斯民，故《疏證》不得
不作。

戴氏上述可謂激動用情之語，截然與其冷靜客觀之「實事求是」、據經書考據
義理之言論頗不相契。而此等言語竟不見之於《原善》、《緒言》及《孟子私
淑錄》，獨見於《疏證》及晚年持論者多矣。則戴氏此諸言論是否又爲晚年因
某事而發，限於資料不足，無以資憑證。但細觀察戴氏與段茂堂第九、第十、
第十一之最後三札，有言：

今夏纂修事似可畢，定於七八月間乞假南旋就醫，覓一書院糊口，
不復出矣。（第九札）

僕足疾已踰一載，不能出戶，定于秋初乞假南旋，實不復出也。（第
十札）

僕歸山之志早定，八月準南旋，前信已及之。吾友所爲不苟，加以
剛直，六年不補，固有由也。君子難進而易退，自立于無過之地，

〔註27〕見《戴震全書》之卅三，頁496。據《戴震全書》編者校注此篇爲戴氏晚年手
稿，以草書寫就，此句之後原有「人各項言理，視民如異類焉，聞其呼號之
慘而情不相通」二十二字，後被刪去。而所刪言辭之激烈，尤可見戴氏對所
批評對象之深惡。

　　　然求全之毀猶不能免。是以內剛外柔，謹慎謙遜，以與爲委蛇可耳。
　　（第十一札）

戴氏此兩言「不復出」，當指於四庫館纂修之事。雖當時戴氏罹疾已深，然其
應不自知此疾將喪其身，而戴氏之堅持「不復出」任館閣纂修之事，當有其
意，似乎與上之第十一札所言者有關。十一札所言戴氏之友，究指何人？不
得知曉，而其友候補官吏六年，竟不上遷，乃其友個性使然。觀其友而視戴
氏之性格，則戴氏剛毅之性不亦正如此？故所言「與爲委蛇」，豈戴氏性格所
能容忍？若可，則戴氏上述激切之言語皆可以免；若不可，則戴氏或迫於現
實之無奈，亦不得不有所隱忍。其「不復出」之意，實出於調和現實與其所
堅持之最終歸趨。

　　再者，戴氏本上述所言以意見爲理而禍斯民之見，故其據孟子斥楊、墨之
精神，盡斥後儒及當時之人以意見爲理之誤，此方爲戴氏作《疏證》一書之大
要，亦其援引孟子思想之眞義所在。在戴氏之意，其所引孟子思想，不僅在於
以文化觀點詮釋中國思想，故孟子時之楊、墨皆不得聖人之道，在戴氏之時，
雜揉道、釋之學之宋儒亦不得聖人之道。唯戴氏本人所言之聖人之道，其概念
則甚模糊。有關戴氏聖人之言之言，主要見於早年與人論學之書信，如〈與姚
孝廉姬傳書〉言：「志乎聞道」；〈答鄭丈用牧書〉言：「志乎聞道」；〈與方希原
書〉言：「聖人之道在六經」；〈古經解鉤沉序〉言：「志乎聞道」；〈沈學子文集
序〉言：「聖人之道在六經」。至《疏證》序則言：「故求觀聖人之道，必自孟子
始。」以戴氏早期對「聖人之道」之觀點而言，以其道在六經，故戴氏藉文字
訓詁以通其道，而此道或只在明「聖人之緒言」，則是戴氏於癸酉年始，至癸未
年歷十年始成〈原善〉三篇，而對茂堂言之：「作原善首篇成，樂不可言，喫飯
亦別有甘味。」於此漸尋出孔孟之學之要旨，而漸與宋儒之說相區以別之，然
此明與孟子思想之專偏於其當時政治之論顯然有別，故戴氏即使如晚年復言自
孟子求聖人之道，則其所謂之聖人之道，當不爲「政道」。環顧戴氏之所有著作，
亦未有如顧炎武、黃宗羲、王船山等人之政論典籍。則戴氏據孟子而所求之道，
亦以藉孟子之言性理之義，以正宋儒以來習於人心之以意見爲理之誤。孟子思
想之價值，於戴氏觀念中，乃止於此。

　　而回顧上述戴氏激切之言，可進一步假設戴氏乃藉由當時所可能面對之社
會問題而提出此一批判。故所謂「以理殺人」者，當爲前述所言之「其人廉潔
自持」、「今之治人」者，而此諸人，或即爲當時之地方官員。故章太炎以戴氏

之學爲「逮政之言」，所據亦當爲此。今依據瞿同祖先生之研究，認爲清代「在審理殺人案之時，地方官員缺乏法律訓練的問題特別嚴重。進行現場驗屍，要求有高度專業化的技術及豐富的實踐知識（這是那些僅受文字和經典訓練的學者完全不具備的）。從這一角度看，一個沒有豐富經驗的州縣官是無法指望其正確判定一個傷害的。」〔註28〕瞿先生又指出：「在任職期間，一個官員要獲得法律知識是困難的，因爲有如此繁多的工作任務壓在他肩上，以致於即使某一天讀了法律，三天以後也忘掉。」〔註29〕清代地方官員須審理之案件，除重要之刑事案件外，民事案件每月亦有六至九日專門受理訴訟，而除地方州縣官員須親審所有案件，重大之刑案或人民要求上訴之案件，亦須經上一級官員層層上報審理，最後由皇帝親自批示後論處。如此，官僚體系於處理刑案時，責任與負荷均極重。而清代對官員延誤判決、未於規定期限內捕獲罪嫌及錯判之懲罰，均相當嚴苛，無形更加重地方官員之負擔，而對新任之官員，此一負擔則難以言喻。於此情形下，地方官員在限期破案之壓力下，是否均能依照有限之法律知識進行判案，頗令人置疑。〔註30〕至於是否有如戴氏所言「以理殺人」之實情發生，或許亦不無可能。雖然此一假設，無能自戴氏文集中得出具體之實證，且有賴吾人日後參核相關之史料以求佐證，然據戴氏所言之義，亦可進此一步之推敲，當不至於求之過深。〔註31〕

〔註28〕引自《瞿同祖法學論著集》，〈清代地方司法〉，頁 449，北京中國法政大學出版社，1998 年。

〔註29〕同上引書，頁 461。

〔註30〕地方官員爲如期結案而又在法律知識及犯案證據難以掌握之情形下，往往可能任憑一己之見做爲斷案之依據，其結果乃造成大量之冤獄。《清史稿·王士棻傳》言「王士棻治獄，虛公周密，每有所平反。」、〈吳煥彩傳〉言「訊之皆誣，遂坐告變者。」、〈汪志伊傳〉亦載汪知州堅持平反一民之案。凡此或誣或冤之案，皆乾隆中期所有之事，亦戴震晚年之時。對此類案件，幸之或得循吏救之而能平反，所數誠屈指，不幸而含冤以終者，當不計其數矣。而對於如〈吳煥彩傳〉中之叛亂案件，清皇室尤視之如大惡。以乾隆三十三年發生之叫魂案爲例，其所呈現出地方官吏處理此類案件之輕率態度，尤可深信戴震於當時所見所聞之一切，當足以引發其批評吏治敗壞之激切言論。叫魂案之始末可參考 Philip A. Kuhn 所著之 *Soulstealers: The Chinese Sorcery Scare of 1768* 一書，上海三聯書店 1999 年中譯本。

〔註31〕戴震曾與同時之陸耀往返書信論《疏證》一書，陸耀曾爲文〈復戴東原言理欲書〉言：「來教舉近儒理欲之說，而謂其以有蔽之心，發爲意見，自以爲得理，而所執之理實謬，可謂切中俗儒之病。……則擇其言之切於今者，莫如顧崑山之『行之有恥』、田貫山『利之一字，蝕人最深』二語，爲廢疾膏肓之藥石，沉迷大寐之晨鐘，而不貴言性言命，存天理遏人欲之虛談，庶幾於風

　　準此，則戴氏批評當時政治之問題，當不及於最高層級之滿清皇帝，所不滿者，應止於最下層官員憑一己之意見爲判案之標準，於是自胡適以來學者所集矢於戴震思想之反對滿清皇帝專崇朱子學所造成尊「理」過勝，進藉口於「理」而盡出於一己意見之私之批判，則須有進一步商榷及重新探討之必要。對於反對清皇室之概念一則出自明末清初學者華夷之辨之眼光，繼之乃轉向對清皇室尊朱學之批評，然迨及戴氏之時，是否仍具反滿之思想，尤須詳辨之。縱觀戴氏之思想乃不因專反程朱之學而反滿，其所反對程朱之學者，亦不得與宋儒尊孟子之學相衝突，故以其大者而觀之，則戴氏與宋儒觀念上相左者，並非如冰炭之不相容，而僅就宋儒歧性爲二本處出發，歸納六經孔孟之言以釐清性理之義之本質，此亦是自學術發展過程中，董理宋儒以來對性理之學所面臨之困境，及其所面對之學術問題，於戴震手上尋出一新方向。此一精神，亦戴氏自認如孟子欲突破先秦儒家思想所面臨之困境而思突破之道，轉藉孟子之精神以性理意義之本質做爲批判時政之準據，此或乃戴震堅持深研義理思想之深意矣。

　　戴氏對孟子思想所詮釋之新方向與新精神，此下影響程瑤田、凌廷堪之義理思想。〔註32〕而影響最深者，當屬焦循之作《孟子正義》。焦里堂之作正義，多引用戴震《疏證》之義而予以正面之肯定。阮元著〈性命古訓〉亦多符戴氏論性之說與考據之材料，唯芸臺所用之方法，乃「以語言學之觀點解決思想史之問題」。〔註33〕而戴氏之詮釋孟子思想，雖所看重之問題或與孟子否同，然其所具之眼光及所用之方法，能出宋儒思想之外，並啓近代學者研究中國思想之觀念與方法，此當爲戴氏義理思想之價值所在。

俗之盛衰，吏治之得失，民生之疾苦，在在與民同好惡而不私。於閣下之教，得毋近之，而不止以其名乎？」（《清儒學案》卷七十八〈朗夫學〉，轉引自《戴震全書》附錄之三，頁138）陸氏之說雖不無批評戴氏之論理欲乃陷入宋儒空虛無必要之言談之爭論中，徒以爭名以有別於宋儒，然亦能同意戴氏之論實具有關切民生疾苦、風俗盛衰及吏治得失之現世實務問題。如是，戴震之辨理欲之分合，亦當爲其著眼於當時之吏治問題而特發之議論，以分別俗儒與正統儒家之不同，可謂言之有據。

〔註32〕相關之著述可參考最近張壽安所著〈戴震義理思想之基礎及其推展〉，《漢學研究》第十卷第一期；〈以禮代理——凌廷堪與清中葉儒學思想之轉變〉，《中央研究院近代史研究所專刊》第七十二號。

〔註33〕引自傅孟眞之〈性命古訓辨證〉，《傅斯年全集》第二冊，頁166，台北聯經出版事業公司。

附錄三：戴震研究資料彙編

〈戴東原校水經注書後〉

《古懽夕簡》卷二

范酉海　著　上海青年協會書局，1933 年

　　清乾隆間開四庫館，戴東原校上酈道元《水經注》於經文注文，舊本之混淆者，一一爲之訂正，一時歎爲奇作。東原之名，由是大震。其後趙誠夫《水經注釋》一書刊行，則凡經注釐正處，悉與戴同。而誠夫年輩，在東原之前，則東原之所爲，實竊取趙書而加以疏證耳。段茂堂者，東原大弟子也，獨回護師門，而以爲不然。其言曰：「趙書成於乾隆甲戌，戴書成於乙酉，相距十二年，趙先於戴，戴書出於甲午，趙書出於丙午，相距十三年，戴先於趙，其果閉門造車出而合轍歟？何以東原條舉義例，誠夫不著一字也？兩先生之齒，趙長於戴，其將謂戴取趙歟？則東原氏之德行，非盜竊人物，以欺主上及天下者也。僕從遊日久，未嘗言有所聞之也。且兩先生者，面未嘗相識也，足未嘗相過也，音問未嘗相通也。誠夫之書，祕藏高度，至其孫刊行，未嘗稍傳於外。此兩家子弟所知，不可誣者也。」云云。其言可謂辨矣。

　　雖然，東原剿襲誠夫，於《水經注》雖無可證，而誠夫之書，爲東原所剿襲者，又有其他一書之發現，即茂堂亦不能爲之掩矣，則《直隸河渠書》是也。是時方恪敏觀承爲直隸總督，聘東原於蓮華書院，撰成《直隸河渠志》，而不知此書乃取諸誠夫舊作，原名《直隸河渠水利書》。然茂堂猶不肯直認，其言曰：「余親聞吾師說撰此書之語，有吾師親筆。」又云：「若非東原大加

刪潤，斷不鈔其副本，自稱己書，蓋趙草創而戴刪改必矣。」又云：「水利二字，即吾師所刪，以河渠足以包之也。」云云。至是已不能再作兩先生未嘗相見，其書藏庋於家之語矣。夫攘竊人書，改頭換面，坊賈優爲之，曾東原之高才，而一經刪改，便爲己作耶？以《直隸河渠》推之《水經注》，其亦爲取自趙氏，又何疑焉？

且誠夫水經注釋，於經注混淆事，言之甚明。茂堂謂其不著一字，是竟未將趙書一讀，而徒聞汙衊其師，即憤然而作負氣之語也。趙書開卷，有參校諸本一篇。其於全氏祖望七校本下注云：「四明全謝山翰林，取諸本手校於簣巷，謂道元注中有注，本雙行夾寫，今混作大字，幾不可辨，蓋述其先世舊聞。斯言也，予深然之。河洛濟渭沔江諸篇，經注混淆，臥病忽悟其義，馳書三千里，至京師告予。予初聞之，通夜不寐，竟通其說，悉加改正。今秋下榻春草園之西樓，各出印證，宛然符契。舉酒大笑，因製序焉。」又於篇末大書云：「古老傳言，馮祭酒夢禎以經注混淆，間用朱墨分別勾乙，其本惜未之見。」云云。是趙書改定經注，發之於謝山，而謝山則於臥病中，紬繹先世舊聞而得。所謂先世舊聞者，或即古老相傳之馮夢禎本，則分別經注，起於明人，乃東原一切掠爲己有乎？而茂堂復從而護之，謬矣！

嗚呼！有清一代之漢學家，首推惠戴。東原負山斗之重望，爲學者宗，而猶如是，故其後每有效郭生之故智，取他人之著作，署以己名。如馬國翰輩，又何責乎？余少時學算術，於東原所作〈勾股割圜記〉，最不然之。以其即三角八線之西法，而易以新名，飾以古義，面目一變，徒使讀者迷蒙，無益於實習也。由今思之，此固東原之長技而已矣。至於茂堂晚年，尤爲賣老，恃其說文注之成功，動則陵人以氣，觀其與顧千里爭四郊小學書，讀之最令人不平。余別有說，此不著。

〈一跋〉

此余八年前所作，當時未見周壽昌《思益堂日札》所錄魏默深之遺文也。默深以五妄斥東原，可謂秦鏡當前，醜態畢露矣。末段又及戴爲江永門人，而所著書中，但稱同里老儒江愼修，而不稱師說云云。余按東原鄉舉獲雋，遂至京師，其時愼修甫歿，東原以所作江先生行狀，徧干諸公卿。行狀中僅普通稱先生，言及自己，但稱休甯戴震，並無師弟子之名號。其後，東原之名益震，故王昶根據行狀所爲墓誌銘，亦特微其辭。開端云：「余友休甯戴震東原，所謂通天地人之儒也。常自述其學，實本之江愼修先生。蓋東原通天

地人之儒者，愼修乃鄉僻一老書生耳，何足爲師？但江氏之書，已有爲人所見者，不可掩沒，故不過曰其學本之云耳。」嘻！亦甚矣。使此果爲東原之志，默深逢蒙齊豹之評，殆非過也。至於東原《孟子字義疏證》及《原善》，亦祇剿襲宋儒，而略變其說法，以與之爭名。又故爲艱深奧衍之辭以文之，使人迷惘而失其所據，與〈勾股割圜記〉同一用意。如東原之存心制行，何足與於道德性命之情，以及夫古君子躬行之學哉？默深比之毛西河，一西一東，眞是無獨有偶。即默深之摘奸發伏，亦無愧於謝山矣！十三年一月四日識。

〈再跋〉

魏默深斥東原五妄，其第四妄云：「戴氏肊改經注字句，輒稱永樂大典本，而大典現儲翰林院，源曾從友人親往翻校，即係明朱謀瑋等所見之本，不過多一酈序，其餘刪改字句，皆係戴之僞託於大典，大典實無其事。恃官閣祕書，海內無從窺見，可憑城市售其肊欺。」云云。按此事張石舟言之尤詳。薛刻《全校水經注附錄》，載石舟之辨誣云：「大典弆翰林院，獲見者少。穆於辛丑之秋，幸得親覽祕書，用明以來通行水經本，校出一部，勘驗戴書，始覺其詐。」又云：「今翰林院所弆大典，乃嘉靖中照原書重繕之本。水經在卷一萬一千一百二十七至一萬一千一百四十二之水字韻內，十六卷，今合爲八巨冊，其餘江河淮濟諸字韻，一一細檢，更無徵引水經之處。然則戴所據校之原本，即此八巨冊矣。乃云各案水名逐條參校，何也？（按此八字四庫提要文後，署纂修官戴震名，疑即戴所爲也。乾隆御製題水經注詩，其自序云：大典中，水經注雖多割裂，而案目稽覈，全文具存，尚可彙輯。云云。亦全與上言水字一韻內八巨冊，情事不合。永樂大典並無兩本，在乾隆原未親檢大典，此等序文，亦據當時所擬進如此耳。依舊禮教論，戴氏欺君罔上之罪，不可逭矣！）永樂時所據，自係宋元舊槧，而摹寫草率，譌文脫句，層見疊出，大典蓋較他刻本爲尤甚。今以通行舊本校之，大略不殊，間有一二字敻出舊本上，戴氏已大半據改，偶有改之不盡者，則以先橫各書於胸中，反謂大典爲誤，不足據也。又云至提要所云，脫簡有自數十字至百餘字者，此又八巨冊中絕無之事。戴氏恃大典祕書，學者無從窺見，遂敢造謠欺人，以掩其盜竊前人之迹，居心殆不可問。」云云。合魏、張二氏說觀之，眞贓實證，無可躲閃。設無魏、張二氏，今大典已燬，後世誰不受戴氏之誑者，而段茂堂乃云：「東原之德行，非盜竊人物以欺主上及天下者也。」然今已盜

竊人物，且肆爲欺妄，則東原氏之德行可知矣。至王益吾《合校水經注‧敘例》，中有云：「聖明在上，忠正盈庭，安有此事？」是又爲作賊人辨護，反打起官話來嚇退原告，可笑更可憐矣。十四日又書。

〈三跋〉

　　近宜都楊守敬作《水經注疏要刪》，其凡例中於戴趙之訟端，頗能洞其癥結。略云：「趙氏之襲戴者甚少，然亦間有一二，緣趙氏所訂，皆著所出，其不著所出者，保非戴本，當是梁氏伯仲所爲。盧抱經之言，應不誣也。唯經注混淆之故，戴氏條例分明，確鑿不易。趙氏所訂約略言之，終不瞭然。故段茂堂《經韻樓集》，力以校正經注之功，歸之戴氏。又見趙氏校訂字句，皆有所本，亦不能無疑，特以問諸梁伯子，惜余所得《清白士集》無蛻稿，未知其所答如何。或亦有難言之隱，竟不答之。」又云：「至於戴氏之襲趙，則昭然若揭。今觀王氏合校本，雖百喙不能爲之解者，若以趙氏所見之書，戴氏皆能讀之，冥符合契，情理宜然。余謂事同道一，容有一二，豈有盈千累百，如出一口？余今所訂，凡有趙氏所未檢出者，何止數百事，皆故書雅記，初非僻典，何以戴氏亦未能訂之耶？且有趙氏未檢原書以臆定而誤者，戴氏亦即貿然從之，此又何說？」又云：「戴氏所訂，但言近刻之訛，亦未嘗以其所訂者，一一稱爲大典本。而其進呈序文，則謂皆大典本，此則欺世之甚。觀孔繼涵所爲《戴氏遺書‧序》言，東原之治水經也，始於乾隆乙酉夏，越八年，壬辰，刊於浙東，未及四之一。而奉詔入京師，與修《四庫全書》，又得《永樂大典》內之本，而以平日所得，詳加訂正。」云云。則孔氏所刊，乃是戴氏重訂次序之本，即浙東所刊未全之底本。其時戴氏未見大典本，何以其所訂一一與官本相同？則知戴氏得見趙本，以其書未刻，略爲改訂，冒爲己作，而又盡刪趙氏識語，以泯其迹。厥後得見大典本，遂居爲奇貨，此其不可問者。以上皆楊氏語也。余按戴氏之校水經，其動機實由於先見趙本，趙氏分別經注，戴氏乃更推定其條例，如果當日不沒趙氏之名而掩爲己有，則其所訂條例之精密，何嘗不可出趙氏上？惟其居心卑劣，見趙書未刊，欲乘此以弋取功名利祿，遂不惜爲盜竊之行，又妄言大典本以欺人。大典，祕府之書，趙氏萬不能據以校勘，則將來趙書即出，人必謂趙之襲戴，而非戴之襲趙矣。戴氏之詭計陰謀，深曲如是。使魏默深、張石舟不親檢大典本以發其覆，則今大典已亡，又何從證其非？則世之竭力爲戴氏辯護者，決不止一及門弟子段若膺也，作僞心勞日拙，戴氏之巧，其即戴氏之拙耶？

〈四跋〉

程晉芳〈正學論〉云：「近代一二儒家，又以爲程朱之學即禪學也。人之爲人，情而已矣。聖人之教人也，順乎情而已。宋儒尊性而卑情，即二氏之術，其理愈高，其論愈嚴，而其不近人情愈甚，雖曰攻二氏，而實則身陷其中而不覺。嗟乎！爲斯說者，徒以便己之私，而不知其大禍仁義，又在釋老楊墨上矣。夫所謂情者何也？使喜怒哀樂，發皆中節，則依然情之本乎性者也。如吾情有不得已者，順之勿抑之，則嗜慾橫決，非始於情之不得已乎？匡張孔馬，迫於時勢而詭隨，馬融蔡邕，迫於威力而喪節，亦可以不得已諒之乎？今士大夫一語及講學，則譁然應之曰：人第以躬行爲尙耳。奚講之有？其言誠是。及退而察其所行，則無一事可質諸人者，此又何說耶？」按魚門此文，爲戴東原而發。戴氏掊擊宋儒而倡宥情之說，見於所著《原善》及《孟子字義疏證》，當時漢學家群相應和，在戴氏既以此便私而自宥，應和者亦借戴氏學說，作便私自宥之圖，盜書猶其小小者耳。玩魚門此文，蓋實有見於當日士大夫之揜著狀態，決非無的放矢也。則東原文奸之罪，不可恕矣。

〈五跋〉

魏默深輯《經世文編》，載戴祖啓〈答衍善論經學書〉云：「吾家東原，蓋痛悔之。晚嬰末病，自京師與余書曰：平生所記，都茫如隔世，惟義理可以養心耳。又云：吾向所著書，強半爲人竊取。」案東原晚年之悔，後之論東原者，都不之及，而徒效其壯年爭名趨利之所爲，殊爲可惜。又患其書爲人竊取，毋亦自恨其竊取東潛，乃有此悖入悖出之報耶？書此，爲之喟然！

〈國朝漢學派戴阮二家之哲學說〉

《王國維先生全集》初編　第五冊

王國維　著　台灣大通書局，1976 年

近世哲學之流，其膠淺枯涸，有甚於國朝三百年間者哉！國初承明之後，新安、姚江二派，尙相對壘，然各抱一先生之言，姝姝自悅，未有能發展明光大者也。雍乾以後，漢學大行，凡不手許愼、不口鄭玄者，不足以與於學問之事。于是昔之談程朱陸王者，屛息斂足，不敢出一語。至乾嘉之間，而國朝學術與東漢比隆矣。然其中之鉅子，亦悟其說之龐雜破碎，無當於學，遂出漢學固有之範圍外，而取宋學之途徑。於是孟子以來所提出之人性論，

復為爭論之問題。其中之最有價值者，如戴東原之《原善》、《孟子字義疏證》，阮文達之《性命古訓》等，皆由三代秦漢之說，以建設其心理學及倫理學。其說之幽玄高妙，自不及宋人遠甚；然一方復活先秦之古學，一方又加以新解釋，此我國最近哲學上唯一有興味之事，亦唯一可紀之事也。茲略述二氏之說如左。

戴氏之學說，詳於《原善》及《孟子字義疏證》。然其說之系統，具於《讀易繫辭論性》一篇，茲錄其全文於左。由此而讀二書，則思過半矣。

《易》曰：「一陰一陽之謂道，繼之者善也，成之者性也。」一陰一陽，蓋言天地之化不已也，道也。一陰一陽，其生生乎？其生生而條理乎？以是見天地之順，故曰「一陰一陽之謂道」。生生，仁也，未有生生而不條理者。條理之秩然，禮至著也；條理之截然，義至著也，以是見天地之常。三者咸得，天下之至善也，人物之常也，故曰「繼之者善也」。言乎人物之生，其善則與天地繼承不隔者也。有天地，然後有人物；有人物，於是有人物之性。人與物同有欲，欲也者，性之事也。人與物同有覺，覺也者，性之能也。事能無有失，則協於天地之德；協於天地之德，理至正也。理也者，性之德也。言乎自然之謂順，言乎必然之謂常，言乎本然之謂德。天下之道盡於順，天下之教一於常，天下之性同之於德。性之事配陰陽五行，性之能配鬼神，性之德配天地之德。所謂血氣心知之性，發於事能者是也。所謂天之性者，事能之無有失是也；為夫不知德者別言之也。人與物同有欲，而得之以生也各殊。人與物同有覺，而喻大者大、喻小者小也各殊。人與物之中正同協於天地之德，而存乎其得之以生，存乎喻大喻小之明昧也各殊。此之謂陰陽五行以成性，故曰『成之者性也』。善以言乎天下之大共也，性言乎成於人人之舉凡自為。性其本也；所謂善，無他焉，天地之化，性之事能，可以知善矣。君子之教也，以天下之大共正人之所自為，性之事能，合之則中正，違之則邪僻，以天地之常，俾人咸知由其常也。明乎天地之順者，可與語道；察乎天地之常者，可與語善；通乎天地之德者，可與語性。（《戴東原集》卷八）

宋儒之言性也，以性為即理。又雖分別理義之性與氣質之性，然以欲為出於氣質之性，而其所謂性，概指義理之性言之（朱子《論語》「性相近也」章注引程子曰：「此言氣質之性，非性之本也。若言其本，則性即是理，理無不善，孟子之言性善是也，何相近之有哉？」又《孟子》「生之謂性」章注：「告子不知性之為理，而以所為氣者當之。」）。故由宋儒之說，欲者，性以

外之物；又義理者，欲以外之物也。戴氏則以欲在性中，而義理即在欲中，曰：「欲也者，性之事也。」「事無有失，則協於天地之德。協於天地之德，理至正也。理也者，性之德也。」（見上）又曰：「欲不流於私則仁，不溺而爲慝則義，情發而中節則和，如是之謂天理。情欲未動，湛然無失，是爲天性。非天性自天性，情欲自情欲，天理自天理也。」（《答彭進士書》）又曰：「理也者，情之不爽失也。」（《孟子字義疏證》卷上）又曰：「無過情、無不及情之謂性。」（同上）此所謂情兼欲而言之。茲將其論情及欲二條對照之可知：

> 問：古人之言天理，何謂也？曰：理也者，情之不爽失也，未有情不得而理得者也。凡有所施於人，反躬而靜思之：人以此施於我，能受之乎？凡有所責於人，反躬而靜思之：人以此責於我，能盡之乎？以我絜之人，則理明。天理云者，言乎自然之分理也。自然之分理，以我之情絜人之情，而無不得其平是也。《樂記》曰：「人生而靜，天之性也。感於物而動，性之欲也。物至知知，然後好惡形焉。好惡無節於內，知誘於外，不能反躬，天理滅矣。」「夫物之感人無窮，而人之好惡無節，則是物至而人化物也。人化物也者，滅天理而窮人欲者也。於是有悖逆詐偽之心，有淫佚作亂之事。是故強者脅弱，眾者暴寡，知者詐愚，勇者苦怯，疾病不養，老幼孤獨不得其所。此大亂之道也。」誠以弱、寡、愚、怯與夫疾病、老幼、孤獨，反躬而思其情，人豈異於我？蓋方其靜也，未感與物，其血氣心知，湛然無有失，故曰「天之性」。及其感而動，則欲出於性，一人之欲，天下人之所同欲也，故曰「性之欲」。好惡既形，遂己之好惡，忘人之好惡，往往賊人以逞欲，天下人之所同欲也，故曰「性之欲」。好惡既形，遂己之好惡，忘人之好惡，往往賊人以逞欲。反躬者，以人逞其欲，思身受之之情也。情得其平，是爲好惡之節，是爲依乎天理。古人所謂天理，未有如後儒所謂天理者矣。（《孟子字義疏證》卷上）

又曰：

> 問：《樂記》言「滅天理而窮人欲」，其言有似以理欲爲正邪之別，何也？曰：性，譬則水也；欲，譬則水之流也。節而不過，則爲依乎「天理」，爲相生相養之道，譬則水由地中行也；「窮人欲」而至

於「有悖逆詐偽之心，有淫佚作亂之事」，譬則洪水橫流，汎濫於中國也。聖人教之反躬，以己之加於人，設人如是加於己，而思躬受之之情，譬則禹之行水，行其所無事，非惡汎濫而塞其流也。惡汎濫而塞其流，其立說之工者直絕其源，是過欲無欲之喻也。「口之於味也，目之於色也，耳之於聲也，鼻之於臭也，四肢之於安佚也」，此後儒視為人欲之私者，而孟子曰「性也」，繼之曰「有命焉」。命者限制之名，如命之東則不得而西，言性之欲之不可無節也。節而不過，則依乎天理，非以天理為正、人欲為邪也。天理者，節其欲而不窮人欲也。是故欲不可窮，非不可有；有而節之，使無過情，可謂之非天理乎！（同上）

由此觀之，上之所謂情，即此之所謂欲也。其與彭進士（紹升）書所謂「情者，有親疏長幼尊卑，而發於自然」，又曰「欲患其過，而情患其不及」者，則狹義之情，而非此所謂情也。此所謂情者，欲而已矣。而欲之得其平、得其節者，即謂之理。又引《中庸》之「文理」、《樂記》之「倫理」、《孟子》之「條理」、《莊子》之「天理」（《養生主》）、《韓非子》之「腠理」之訓，以為理者，非具於物之先而存於物之中，物之條分縷晰者即是也。蓋生生者，天地之性，由是而有陰陽五行，由是而有山川原隰，由是而有飛潛動植，所謂「生生而條理」者也，此天地之理也。人之性感於物而動，於是乎有欲，天下之人，各得遂其欲而無所偏，此人之理也。而使吾人之欲，在在依乎天理，其道在行孔子之所謂「恕」，《大學》所謂「絜矩之道」。所謂「理」者，自客觀上言之，所謂「恕」與「絜矩之道」者，自主觀上言之；所謂「理」者，自其究竟言之，所謂「恕」與「絜矩之道」者，自其手段言之，其實則一而已矣。

然則使吾人節人欲而依乎天理者何歟？使吾人以己之情絜人之情，而無不得其平者何歟？夫戴氏之所謂性，固兼心知與血氣言之，則所以使吾人如此者，其為心知必矣。故曰：

凡血氣之屬，皆有精爽。其心之精爽，鉅細不同。如火光之照物，光小者其照也近，所照者不謬也，所不照者疑謬承之，不謬之謂得理；其光大者其照也遠，得理多而失理少。且不特遠近也，光之及又有明暗，故於物有察有不察；察者盡其實，不察斯疑謬承之，疑謬之謂失理。失理者，限於質之昧，所謂愚也。惟學可以增益其不足而進於智。益之不已，至乎其極，如日月有明，容光必照，則聖

人矣。（《孟子字義疏證》卷上）

然則如戴氏之說，則非理之行，存於知之失，而不存於欲之失，故駁周子無欲之說。又曰：

> 朱子亦屢言「人欲所蔽」，皆以爲無欲則無蔽，非《中庸》「雖愚必明」
> 之道也。有生而愚者，雖無欲亦愚也。凡出於欲，無非相生相養之事，
> 欲之失爲私不爲蔽……私生於欲之失，蔽生於知之失。（同上）

然由戴氏之說推之，則必欲之失根於知之失而後可，必私與蔽相因而後可。不然，則理者情欲之不爽失之謂，知之失，安得即謂之非理？今乃曰「欲之失爲私不爲蔽」，一若私與蔽全爲二物者，自其哲學之全體觀之，不可謂之非矛盾也。

厥後阮文達又推闡戴氏之說，而作《性命古訓》（《揅經室一集》卷十），復括其意，作《節性齋主人小像跋》一篇（《揅經室再續集》卷一），其文曰：

> 余講學不敢似學案立宗旨，惟知言性則溯始《召誥》之「節性」，迄於《孟子》之「性善」，不立空談、不生異說而已。性字之造，於周召之前，從心則包仁、義、禮、智等在內，從生則包味、臭、色、聲等在內。是故周召之時，解性字者樸實不亂。何也？字如此實造，事亦如此實講。周召知性中有欲，必須節之。節者，如有所節制，使不踰尺寸也。以節字制天下後世之性，此聖人萬世可行，得中庸之道也。《中庸》之「率性」（率同帥），猶《召誥》之「節性」也……至於各義，已詳余《性命古訓》篇。

> 《虞夏書》內無性字，性字始見於《書西伯戡黎》（天性）、《召誥》（節性）、《詩卷阿》（彌性）。古性字之義，包於命字之中，其字乃商周孳生之字，非倉頡所造。從心則包仁義等事（人非仁義，無以爲生），從生則包食色等事（人非食色，無以生生）。孟子曰：「動心忍性。」若性但須復，何必言忍？忍即節也。

故阮氏之說，全祖戴氏，其所增益者，不過引《書召誥》、《詩卷阿》之說，爲戴氏之未及，又分析性之字義而已。二氏之字，在申三代秦漢之古義，以攻擊唐宋以後雜於老、佛之新學。戴氏於《孟子字義疏證》外，其攻擊新學，尤詳於《答彭進士書》。其弟子段若膺氏謂此書「以六經、孔孟之旨還之六經、孔孟，以程朱之旨還之程朱，以陸王、佛氏之旨還之陸王、佛氏」，誠哉此言也！阮氏於《性命古訓》中，亦力攻李翱復性之說。又作《塔性說》（《揅經室續集》卷三），以爲翻譯者，但用典中「性」字，以當佛經無得而稱之物，

而唐人更以經中「性」字當之。其說與唐宋以來千餘年之說，其優劣如何，暫置勿論。要之，以宋儒之說還宋儒，以三代之說還三代，而使吾人得明認三代與唐宋以後之說之所以異，其功固不可沒也。

　　蓋吾中國之哲學，皆有實際的性質，而此性質於北方之學派中為尤著。古代北方之學派中，非無深邃統一之哲學，然皆以實用為宗旨。《易》之旨在於前民用，《洪範》之志在於敘彝倫，故生生主義者，北方哲學之唯一大宗旨也。苟無當於生生之事者，北方學者之所不道。故孔墨之徒，皆汲汲以用世為事，惟老莊之徒生於南方（莊子楚人，雖生於宋，而釣於濮水。陸德明《經典釋文》曰：「陳地水也。」此時陳已為楚滅，則亦楚地也。故楚王欲以為相），遯世而不悔，其所說雖不出實用之宗旨，然其言性與道，頗有出於北方學者之外者。蓋北方土地磽瘠，人民圖生事之不暇，奚暇談空理？其偏於實際，亦自然之勢也。至江、淮以南，富水利，多魚鹽，其為生也較易，故有思索之餘暇。《史記‧貨殖列傳》曰：

> 總之，吳越之地，地廣人稀，飯稻羹魚，或火耕而水耨，果隋蠃蛤，不待賈而足，地勢饒食，無饑饉之患，以故呰窳偷生，無積聚而多貧。是故江、淮以南，無凍餓之人，亦無千金之家。沂、泗水以北，宜五穀桑麻六畜，地小人眾，數被水旱之害。

理論哲學之起於南方，豈不以此也乎？此外古代幽深玄遠之哲學，所以起於印度、希臘者，其原因亦存於此。至魏晉以後，南方之哲學與印度哲學之一部代興於中國，然以不合於我國人實際之性質，故我國北方之學者亦自覺其理論之不如彼也。三者混合，而成宋元明三朝之學術。至國朝而三者之說俱微。自漢學盛行，而學者以其考證之眼，轉而攻究古代之性命、道德之說，於是古代北方之哲學復明，而有復活之態度。戴、阮二氏之說，實代表國朝漢學派一般之思想，亦代表吾國人一般之思想者也。此足以見理論哲學之不適於吾國人之性質，而我國人之性質，其徹頭徹尾實際的有如是也。至數者是非優劣之問題，則不具論於此。

〈戴東原汪容甫論大事〉

《南漘楛語》

蔣超伯　輯　新文化書社，1934 年

　　戴東原先生，十歲就傅。塾師授以《大學章句》，讀〈金石經〉一章，問

其師曰：「此何以知爲孔子之言而曾子述之？又何以知爲曾子之意而門人記之？」師曰：「此朱子云爾。」先生曰：「朱子何時人？」師曰：「南宋。」「曾子何時人？」師曰：「東周。」問：「周宋相去幾何時？」師曰：「將二千年矣。」先生曰：「然則朱子何以知其然？」師不能答。（《漢學師承記・戴震小傳》）汪中曰：「門人記孔子之言，必稱子曰、子言之、孔子曰、夫子之言曰以顯之。今《大學》不著何人之言，以爲孔子，終嫌無據也。」又曰：「周秦古書，凡一篇述數事，則必先詳其目而後備言之，凡《逸周書》、《管子》、《韓非》皆然。《戴記》祭統之十倫，孔子閒居之五至三無皆是也。今定爲經傳，以爲二人之詞而首末相應，實出一口，非所以解經也。總之《大學》一書，其文平正無疵，與〈坊記〉、〈表記〉、〈緇衣〉、〈伯仲〉，乃孔氏之支流餘裔，儒家之緒言，記禮者之通論爾。」（汪中《大學平義》）

〈洪初堂極稱戴東原《孟子字義疏證》〉

《歛事閒譚》卷九

許承堯　撰　合肥市：黃山書社，2001 年

戴東原著《孟子字義疏證》及《原善》，近人胡適極推尊之，謂爲戴氏哲學。然在當時，讀者每不能通其旨，獨洪初堂稱其有功於六經孔孟之言甚大，使後之學者，無馳心於高遠，而妙察於人倫庶物之間。撰《東原行狀》，載其《答彭尺木書》，即推論《疏證》者。朱筠見之，謂戴氏所傳要不在此，此可不錄。初堂力爭，謂戴氏此書，非難程朱，正陸王之失耳；非正陸王，辟老釋之說耳；非辟老釋，辟後之學者。陰老釋而陽儒書，授周孔之言，入老釋之教，以老釋之似，亂周孔之眞，而皆附于程朱之學耳。然則戴氏非故爲異同，非緣隙釀嘲，非欲奪彼與此，章章明矣。至今日，學者知不徒以聲音訓詁目東原，初堂之功也。江藩《漢學師承記》錄其原書極詳。

按：初堂先生名榜，字汝登，洪源人。年十五爲諸生，乾隆乙酉拔貢，與兄朴同應召試。兄授中書，而先生未遇。梁文定公國治，時督學安徽，賞異之。先生從文定游，至山西，旋舉乾隆戊子鄉試，丙申應天津召試，冠其伍，授內閣中書，律身以正，孝友著於鄉。少與戴震、金榜交，粹于經學。因鄭康成《易贊》，作《述贊》二卷。又著《明象》未成書。其解《周易》，詁訓本兩漢，行文類先秦。又撰《四聲韻和表》五卷，《示兒切語》一卷。先是，江永切字六百十有六，是書增補百三十九字。又以字母見溪等字，注於

廣韻之目每字之上，以定喉、吻、舌、齒、唇五音。蓋其書，宗江、戴之說而加詳焉。又著《周易古義錄》、《書經釋典》、《詩經古義錄》、《詩經釋典》、《儀禮十七篇書後》、《春秋公羊傳例》、《論語古義錄》、《初堂讀書記》、《初堂隨筆》、《許氏經義》、《新安大好紀麗》諸書。留心奇遁之術，以其術犯造物忌，病中舉所著火之。卒年僅三十五。弟梧，字桐生，乾隆庚子舉人，授中書。庚戌進士，選庶吉士，由編修官沂州知府。博通古今，工詞翰，兼邃經學，嘗任揚州梅花書院山長，教士宗漢學。上據《漢學師承記》、《先正事略》。初堂兄朴，亦積學有名，兄弟有「三鳳」之目。汪注：洪梧、洪朴勞志俱見，朴見《宦績》。

〈戴東原集〉

《越縵堂讀書記》

（清）李慈銘　著　北京市：商務印書館，1959 年

閱戴氏《東原集》。此金壇段氏所刻，共十二卷，後附《戴氏年譜》及《校刊札記》。戴氏音韻考據之學，固為卓絕，而不肯以此自居，謂窮極性命之理，其最切要在《孟子字義疏證》一書。又謂文最忌整，故所作務為拙古，以自比于周漢之儒。然義理固由考證而出，戴氏之學，訓詁名物地理三者為最。其信陰陽性命，則去董江都等尚隔數層。所作《原善》三篇，綴集經子之言，而又欲自明所得，支離漫衍，按之皆糟粕耳，其中略無真際，而徒貌為高古，以自附于垂世立教。其《法象篇‧書孟子言性後》等作皆是類也。嘗為陸稼書之《學辨》三篇，戴氏之《原善》三篇，一以闢陸王，一以正程朱，皆自謂功不在禹下，而適所以自發其覆。稼書于學本無所見，其逞肊罵人，自張其門戶可矣，此辨出而楬然盡露，不特學術之誠偽無所發明，并陽明之是非亦茫然莫辨，而但坐以亡國之罪。然則礦稅之使，閹孽之黨，以及崇禎時誤國之溫體仁陳演熊文燦丁啟睿，皆陽明之徒耶？將魯之亡，由洙泗之齗齗，是何異癡人之說夢也？戴氏于學，實有所得，而必高自位置以自欺而欺人，亦所謂好為其拙也。至文章之學，非有夙分而專精其業，亦不能工。戴氏譏司馬子長班孟堅皆藝而非道，而其所自為，僅僅通文句耳。藝固不工，道亦未至。若謂文必去整，尤是瞽言。經生之文，自有注疏家法，不計工拙可也，乃必自居于本末兼賅，而既欲明自漢以來未聞之道，又欲掃盡自漢以來一切之文，則志大而近于妄矣。其代冀寧道山陰徐飛山浩所譔《夏履橋義莊記》，

可以采入《山陰縣志》。

段氏年輩與戴相若，而先戴舉于鄉，入都後始相見，時戴尚爲諸生，段之學亦已卓然成就，而委摯師事，終身北面。戴歿後，寶其遺書，事必盡力，服習師說，沒齒不衰，猶有漢儒之風，可謂眞師弟也。並時若姚姬傳程魚門，亦嘗稱弟子于戴，而身後輒有違言，魚門至肆詈其無子，以爲攻宋儒之報。蓋二人實嗇于學，當日亦未深知戴之得失，徒以名盛而推附之，故致其師稱而卒亦不果，戴氏有辭姬傳稱師書，見文集。以視段氏之分量，相去固甚遠矣。

同治辛未（西元 1871 年）六月二十一日

午坐南窗負暄，點讀《戴東原文集》。東原之文，醇質簡古，不肯爲一偶句。其意欲追周秦而上之，而於西漢董江都、東漢鄭司農爲近。其《答彭允初書》，辯程朱陸王之學甚詳，與所著《原善》三篇，及《讀易繫辭》《論性》《讀孟子論性》《孟子字義疏證序》諸篇，互相證明，發揮性命理欲之恉，極爲透徹，然亦太辭費矣。余以爲此等皆汪容甫所謂宋以後愚誣之學，實不足辯者也。其《與是仲明論學書》，謂誦《堯典》數行，不知恆星七政所以運行，則掩卷不能卒業；誦《周南》自關雎而往，不知古音，則齟齬失讀；誦禮經先《士冠禮》，不知古者宮室衣服等制，則迷於其方，莫辨其用；不知古今地名沿革，則《禹貢》職方失其處所；不知少廣旁要，則《考工》之器，不能因文而推其制；此則令人讀之，隆冬沍寒，汗流浹背，學者所當人書一通，置座右者矣。

光緒戊寅（西元 1878 年）十二月初一日

〈論戴東原〉

《思益堂日札》

（清）周壽昌　撰；許逸民　點校　北京市：中華書局，1987 年

紀文達與余存吾先生書一條，論戴東原先生生平甚確，錄之。蓋東原研究古義，務求精核，于諸家無所偏主。其堅持成見者，則在不使外國之學勝中國，後人之學勝古人，故于等韻之學，以孫炎反切爲鼻祖，而排斥神珙反紐爲元和以後之說。夫神珙爲元和中人固無疑義，然《隋書經籍志》明載梵書以十四字貫一切音，漢明帝時與佛經同入中國，實在孫炎以前百餘年。且《志》爲唐人所撰，遠有端緒，非宋以後臆揣者比，安得以等韻之學歸諸神珙，反謂孫炎之末派旁枝哉？

〈戴東原集十二卷　光緒十年鎮海張氏重校刊本〉

《清人文集別錄》卷七

張舜徽　著　北京市：中華書局，1963

　　休寧戴震撰。震字東原，乾隆二十七年舉人，三十八年奉召充四庫全書館纂修官。翌年，特命與會試中式者同赴廷對，授翰林院庶吉士。四十二年卒于官，年五十五。震之治學，得力在一專字，故雖稟命不融，而精核鮮匹。其弟子段玉裁嘗曰：「東原師之學，不務博而務精，故博覽非所事。其識斷審定，蓋國朝學者未能或之過也。」（《經韵樓集》卷五〈與胡世琦書〉）又嘗稱引震之言曰：「知十而非眞知。不若知一之爲眞知也。」（《經韵樓集》卷八〈娛親雅言序〉）即此數語，可覘戴學成功之由。其學精邃縝密，世罕其匹，徒以好名之念太盛，凡所營爲，多不愜人意。即與趙氏水經注一案，致儒林譏詆不休，皆好名一念害之也。至其博學彊識，功力深厚，於一物一名之中，能言其大本大原。而究其所終極，淵識閎慮，何可誣也。沒後，段玉裁爲撰年譜，稱其嘗發願欲撰《七經小記》而未能成。所謂七經者，震所云《詩》、《書》、《易》、《禮》、《春秋》、《論語》、《孟子》也。其意以爲治經必分數大端以從事，各究洞原委。始於六書、九數，故有〈詁訓篇〉，有〈原象篇〉，繼以〈水地篇〉，約之於〈原善篇〉。聖人之學，畢於是矣。今觀是集卷四轉語二十章序，蓋即〈詁訓篇〉之發凡也。卷五〈原象〉、〈迎日推策記〉，卷七〈句股割圜記〉諸篇，蓋即〈原象〉篇之初稿也。卷二記冕服以下十三篇，蓋即〈學禮篇〉之底本也。曲阜孔氏所刊行之水地記一卷，蓋即〈水地篇之〉綱領也。惜乎天不假年，美志未遂。今所考見者，僅得窺其一斑耳。震平生論學之言有曰：誦堯典數行，至乃命羲和，不知恆星七政所以運行，則掩卷不能卒業。誦〈周南〉、〈召〉南，自〈關雎〉而往，不知古音，徒強以協韵，則齟齬失讀。誦古禮經，先〈士冠禮〉，不知古者宮室、衣服等制，則迷於其方，莫辨其用。不知古今地名沿革，則〈禹貢〉、〈職方〉失其處所。不知〈少廣〉、〈旁要〉，則考工之器，不能因文而推其制。不知鳥獸蟲魚草木之狀類名號，則比興之意乖。（是集卷九〈與是仲明論學書〉）此在當時自是推本之論。乾嘉經師所以汲汲研精天算輿地名物度數之學，不可謂非震倡導之力也。顧震之治學，又未嘗以此自畫，其意第欲以此植其基，乃進而闡明義理。是集卷八〈答彭進士允初書〉，辨程朱陸王之學甚詳。與所著《原善》三篇，及〈讀易繫辭

論性〉、〈讀孟子論性〉、〈《孟子字義疏證》序〉諸篇，互相表裡。闡述性命理欲之恉，極爲透闢。爾後錢大昕、汪中、焦循、段玉裁、阮元諸家言義理，皆上承震之緒論，引申發明者也。

〈戴東原先生軼事〉

戴清泉　著　上海《新聞報》　民國十三年二月二十四日至二十六日

　　族祖東原公，本考據學、算數學、製造學經世實用之旨，發爲哲學家言。其所論著，遠足以補漢宋儒者之偏弊，近足以導歐美文化之先河，是固海內學人所公認者也。公之生迄今二百年矣，人往風微，崇拜熱忱，久而彌摯。族人祖蔭將以獨力建築圖書館於公讀書故址，暫於搖碧樓先行開辦。學界諸君子，又爲開得紀會於京師，亦有倡設圖書館之議。惟英末學，於我公之學術，曾不能窺其奧要，有以發揮而光大之，僅得舉公之軼事，幼所聞諸先嚴，爲各家傳記所未及者而志之。雖無關宏旨，要亦不賢識小之意云爾！

　　吾族自南唐天斅中護公爲兵馬使，居歙之篁墩，因戍守婺居鳳亭里。子壽公官中書舍人。壽公子安公，歷官銀青光祿大夫，檢校國子祭酒，監察御史上柱國，諡忠恭，即隆阜所追之一世祖，實即遷隆阜自二世顏公始。子睿公，凡十一傳至若采公，乃分爲三門。其時隆阜支丁極繁，族中共分十三門，多建支祠。我家敬愛祠，即紫竹門樓門三門三支所合建。三門自若采公後十三傳至景良公，即公之曾祖。景良公傳寧仁公，寧仁公傳公父弁，商於南豐，輕財尚義，嘗修《三門支譜》，獨力建眾廳，以爲族黨宴敘之所。發亂屋毀，即今思樂園基址。現計三門支丁，不滿十餘，又多徙居外郡，祠中惟紫竹門樓門支丁稍眾，然鮮有留心公之學術大要與其遺聞軼事者，豈所謂君子之澤，五世而斬歟？（以上記公之支派與世次）

　　明末流寇之亂，徽地以僻處山中，獨獲完善，休養生息，至乾隆朝，故徽屬最稱殷富。維時族之人，多務商業，以豪侈相尚；雖未知爲學之道，而故家大戶，藏書頗富。公父爲族人經營布業於江西之南豐，家寒素，無力購置之本，多向族人假借。公記憶力極強，鉤稽參考，夜以繼日。年二十六，娶朱氏，嘗讀書至午夜，送粽糖以充飢。及畢，始知糖乃蘸墨而食，其專心致志，有若此者！（以上記公之家族與環境）

　　公幼而歧嶷，至十歲才能言。出就蒙師讀，授《三字經》：「人之初，性本善。」問師性善之所以然？師不能答。乃易師而授《四子書》，講解仍若俗

說，每不慊於懷。師授《大學》章句，至「右經一章」，叩師何以知爲孔子之言，而曾子述之？又何以知爲曾子之意，而門人記之？師曰：「朱文公之言也。」問文公何時人？曰：「宋人。」孔子曾子何時人？曰：「周人。」週末相去幾何時矣？曰：「幾二千年。」然則朱文公何以知其然？師無以應，曰：「此非常兒也廠因漸治訓詁考證之學，而經義以明。至於哲學、學說、原善三卷，殆即公入學時所急欲研究者歟？（以上記公之幼稚時代）

公於帖括之學，不甚講求。年二十九，族人慫恿應試，題爲「鄉人儺」三字，公文旁徵博引，考證詳明。宗師雖賞其文，而故實多不知其出處，甚且疑爲抄襲，發落日，面質公，公歷舉經典，如數家珍，宗師大激賞，以衣冠贈之曰：「勉之！汝將來成就，當勝我十倍也。」（以上記公入學軼聞）

公之爲學也，以爲求獲新知，須先貫通古義。凡古聖賢之至理名言，著於群經，以流傳至今者，欲明其道，必達其辭；欲達其辭，先識其字。故以訓詁之學，爲讀書明道之工具。而證之以制度名物實跡，故其學說貫穿群經，無漢儒拘泥師說之弊；實事求是，無宋人空談玄理之弊。（以上記公求學次序）

清乾隆十七年，休地大旱，斗米千錢，公家乏食，日以面果腹，閉戶著《屈原賦注》十二卷。又嘗以休地山鄉，吸水灌田，所需勞力多而無補於大旱，乃變通古法，制螺旋車與自轉車，以利農田。螺旋車者，外用木廓，中軸附以螺紋板，軸出廓外，斜置水濱，以水力或人力轉之，水循螺紋而上，用力少而呈功倍，與今之西式吸水機有相合者。惟彼時鮮良工，螺板與外廓，難以密合而圓轉，至今農家遂失其制。自轉車者，輪置河濱，資流水之力以運水，上升高可二三丈，絲毫不需人畜之勞，灌漑能日夜不息。其製法詳公著《螺旋車記》、《自轉車記》。今休地西北鄉，山河旁岸之田，多用自轉車，永無亢旱之患，各處仿其法者甚多。又嘗自製渾天儀，以爲研究天算之用，若使生於今日工業發達之時代，則其所發明以利國便民者，安有既極耶？（以上記公遺制）

公祖墓在距隆阜二里之茅山橋南，東對公宅，遙望山勢，如書架層疊，青鳥家謂爲「萬架書箱」主子孫著作等身，血食萬代。族豪某，意欲侵佔，以廣己之祖塋，公訟諸官，縣令利族豪賄，將文致公罪，公乃日行二百里，徒步走京師，一時名流爭相結納。大宗伯高郵王文肅公聞名景慕，延課其子念孫，得以成名，皆公之循循善誘也。（以上記公之避禍入京）

公自三十三歲避禍入京，應北闈試未第；然名重當世，一時學者，以得

交於公為榮幸。年四十舉南闈，屢會試未第，至五十一，以舉人特召充四庫館纂修官，校《水經注》、《九章算術》諸書。乾隆帝賜詩卷首，命以武英殿聚珍板刊行。五十三會試，仍不第，命一體殿試，授翰林院庶吉士。至丁酉年五十五，以足疾困罷，慨然有歸田之志，孰意竟以是年五月病沒京師。病亟時，猶撰《聲類表》，又點定《段氏六書》、《音韻表》，是真好學深思，誨人不倦者。卒後，京師同志輓聯云：「孟子之功不在禹下，明德之後必有達人。」嗚呼！以公之所學，斯當之無愧矣。（以上記公成名與病沒）

公沒，子中立早卒，乃以族侄中孚字美中者嗣。除書籍外，家無恆產，嗣子時賴公婿山東孔氏周給之。髮匪亂後，歿於兵，屋宇毀於火。孫一，在隆阜，無一椽蔽風雨，乃徙居洽陽堯山光角亭等處，藉小販謀生。二十年前嘗至吾家，先嚴猶相資助。因其有子十人，生計極困難，民國初年，有為琴泉處農場介紹傭工者，細詢之，即公十曾孫之一。叩以父母兄弟之狀況，則父母已沒，兄弟亦星散，多為人養子與贅婿矣。噫！（以上記公後嗣零落）

公所著書，除乾隆朝奉旨刊行。及山東孔氏微波榭段氏《經韻樓叢刊》外，尚有遺文雜著，及晚年未完稿本，公沒後，至道光中葉，門弟子及族人集資剞劂，版存公家廳樓，印行不多，即被兵燹。亂後殘餘版片，尚有被人鬻作薪材者，先嚴猶及見之。彼時以大亂之後，無力保存，嘗用疚心！嗟乎！一代儒宗，其遺者不獲廣傳於世，殆亦造物之所忌歟？（以上記公遺書版片）

《說林》〈悲先戴〉

章太炎 著 《民報》第九號，1906 年 11 月

當叔世而得大儒二人，一曰顏元，再曰戴震。

顏氏明三物，出於司徒之官，舉必循禮，與荀卿相似；戴君道性善，為孟軻之徒。持術雖異，悉推本於晚周大師。近校宋儒為得真，吾悲夫戴君之術，以理奪勢，而曰：「今之治人者，視古賢聖體民之情，遂民之欲，多出於鄙細隱曲，不措諸意？」「及其責以理也，不難舉曠世之高節，著於義而罪之。尊者以理責卑，長者以理責幼，貴者以理責賤，雖失謂之順。卑者幼者賤者以理爭之，雖得謂之逆，」「人死於法，猶有憐之者；死於理，其誰憐之！」

烏乎！戴君生雍正末，親見賊渠之遇士民，不循法律，而以洛、閩之言相稽。哀矜庶戮之不辜，方告無辜於上，其言絕痛。桑蔭未移，而為紀昀所假，以其懲艾宋儒者，旋轉以泯華戎之界。壽不中身，憤時以隕，豈無故耶！

〈論戴學根柢〉

章太炎　著　《菿漢三言‧菿漢昌言‧連語一》　瀋陽市：遼寧教育出版社，2000 年

　　戴東原之學，根柢不過二端，曰理麗於氣，性無理氣之殊；理以絜情，心無理欲之界，如是而已。其排斥末儒以理為如有一物者得之；乃自渭理在事物，則失之甚遠也。然要其歸，則主乎忠恕，故云：治己以不出於欲者為理，治人亦然，舉凡民之饑寒愁怨、飲食男女、常情隱曲之感，鹹視為人欲之甚輕者，用之治人，則禍其人。又云：君子不必無饑寒愁怨，飲食男女、常情隱曲之感也，理欲之辨使君子無完行，讒說誣辭，反得刻議君子而罪之，為禍如是也。老子云：「聖人無常心，以百姓心為心。」『常善救人，故無棄人；常善救物，故無棄物。」東原蓋深知此者，亦自不覺其冥合耳。使其宰世御物，則百姓得職，人材不遺矣。陽明，子房也；東原，蕭。曹也。其術相背，以用世則還相成也(羅整庵於氣見理，羅近溪得力於恕。東原辨理似整庵，歸趣似近溪)。

〈與李源澄論戴東原書〉

章太炎　著《章太炎學術史論集》　北京市：中國社會科學出版社，1997 年

　　得書評東原著書利病。東原本受業婺源江翁，江篤信考亭者，而世或言東原剿剝程、朱，若然，豈亦剿剝其師耶?咎在過疑王學，推而極之，於考亭亦不能護。如其言理在事物不在心，正與告子外義同見。蓋詆訶心學，其勢自不得不爾也：至言以理殺人，甚於以法殺人，此則目擊雍正，乾隆時事，有為言之。當是時，有言辭觸忤與自道失職而興怨望者，輒以大逆不道論罪。雍正朝尚只及官吏，乾隆朝遍及諸生齊民矣。其所誅者不盡正人，要之文致罪狀，擠之死地，則事事如此也。觀其定獄，往往不下刑部，而屬之九卿會議，以刑部尚持法律，九卿則可以軼出繩外、從上所欲爾。東原著書骨於不過在此，而身亦不敢質言，故托諸《孟子字義疏證》以文之：誠今昌言不諱者，但著論一首足矣，安用枝葉之辭為也!東原既歿，其弟子不驚師意，奮然以為陵駕宋、明諸儒，豈徒名實不應，夫亦豈東原之志乎？凡矯枉者言必過直，傳之稍遠，其言往往有弊。足下糾其弊是也，僕則以知人論世自任矣。書覆即問起居多福。章炳麟頓首。

《曾國藩日記》

（清）曾國藩　著：（清）王啓源　編　咸豐十一年七月十七日、十八日　啓智書局，1932 年

閱《書傳補商·呂刑篇》。余好讀《呂刑》，而苦不能盡通其讀。茲閱戴氏之說，有愜余心者，如「制百姓於刑之中」、「天齊於民，俾我一日」暨「非從惟從」等句，皆犁然有當於人心，欣賞無已。

讀《顧命》、《康王之誥》畢。戴氏治經，與余所見多同，惜其生前未與晤談。

《文芸閣（廷式）先生全集　純常子枝語》卷七

（清）文廷式　著　近代中國史料叢刊續輯　第 14 輯，趙鐵寒　編　文海出版社，1975 年

東原先生《孟子字義疏證》精警沈摯。余以爲講漢學者不必揚其波，講宋學者則當引爲洋友也共言曰：「今之治人者視古賢聖體民之情，遂民之欲，多出於鄙細隱曲，不措諸意，不足爲怪，而及其貴以理也，不難舉曠世之高節，著於義而罪之尊者以理責卑，長者以理責幼，貴者以理責賤，雖失，謂之順，卑者、幼者、賤者以理爭之，雖得謂之逆。於是天下之人不能以天下之同情、天下所同欲達之於上。上以理責其下而在下之罪，人人不勝指數。人死於法猶有憐之者，死於理，其誰憐之？」此一段沈著痛快，尤中宋學流弊之失。然余謂宋學所以行之數百年而舉世莫敢非者，正在此乎。蓋挾尊、長、貴者之勢以劫持卑幼貧弱，其事易行而有所藉也，於是五倫之道亦異於三代矣。

《宋恕集》

（清）宋恕　著，胡珠生　編　北京市：中華書局，1993 年

黃、顧、顏、王麟隱野，唐、包、馮、郭鶴鳴皋。……論史莫如章氏美，談經最是戴君高。（注：「東原先生深於性理，所著以《原善》《孟子字義疏證》爲大，被擯朱、阮，不能行世，行世者乃其小種。時賢未見其大，即加惡聲，此爲古今奇冤之一。恕癸巳年所著《先哲鳴冤錄》中曾力鳴之。」〈留別杭州求是書院諸生詩〉）

戴東原自言：「一生著述之大，爲《孟子字義疏證》，所以正人心也。」

後之號宗戴學者，乃外此書而尊其考據小品，東原有靈，能無痛恨！

東原《緒言》亦有特識。要之，東原乃立言之士，遠勝惠定宇輩，後人習稱「惠、戴」，，屈東原矣！（《六字課齋津談·九流百氏類第十一》）

昔者東原先生著《孟子字義疏證》，憤宋儒之以心爲理，以理殺人，嘗謂弟子段玉裁曰：「生平所著此爲第一，所以正人心也。」及阮元集刊《學海堂經解》，斥此書不錄，而但錄其碎末之著。阮號尊戴而陰易其宗旨，於是戴學一變而爲阮學，東原之大義危不絕矣！

恕私獨悲東原之不幸也，……東原著書於有八股毒之人群，仁齋著書於無八股毒之人群；東原道塞，仁齋道通，固其所也，命也夫？抑豈惟兩先生之命也？（〈讀仁齋《語孟字義》〉）

附錄四：台灣、中國、日本及美國地區戴震研究博士論文提要

（一）

《戴東原學記》

鮑國順　國立政治大學中國文學研究所博士論文，民國 67 年

戴東原嘗分古今學問之途有三：曰義理、曰考證、曰文章。

本書分上下兩篇。上篇述東原之生平、著作與治學，下篇分論東原之學術。

上篇第一章：東原之生平。以東原年譜為主，並述其家世。

第二章：東原之著作。東原治學之範圍甚廣，舉凡經、哲、小學，以及天文曆算、地理方志、機械物理等，無所不窺，故其著作，包羅宏富。失所憑依。本章搜集東原著作，自撰者四六種，纂校者二十種，並附東原遺墨一種，計六七種，視前人所集者為獨多。乃詳考各書之著作動機、經過、成書年代、以及版本。章末並附「東原著作互見表」、「東原著作繫年」二表，俾便檢覽。又本書中費篇幅最多者，厥為水經注一段，其書有關東原人格甚巨，故歷來正反兩面之辯論，極為激烈。

第三章：東原之治學。東原一生論學，可分為三階段。自其早歲持義理第一，考證第二，文章第三之觀點頗力。唯此所謂義理，乃指程朱之義理而言。

下篇第一章：東原之經學。

第二章：東原之哲學。東原論學之依歸，厥在義理——經過訓詁考證得之六經孔孟之義理，既已如前述，則義理固為東原學術之最具價值者可知，故近世治戴學者，大多用心於斯，皆能深知東原學術之大本者也。東原哲學著作，以「原善」與「孟子字義疏證」為最重要。其整個思想系統，即建立於「生生者化之原，生生而條理者化之流」之認識上。

第三章：東原之小學。其論文字、聲韻、訓詁三者未始相離，且尤以聲韻為之樞紐，建立清代小學之系統，而弟子相傳，更造成一代顯學。其論六書，一以許敘為主，謂其次第名目當為指事、象形、形聲、會意、轉注、假借。又謂指事、象形、形聲、會意四者，字之體也；轉注、假借二者，字之用也，所謂「聖人復起不易斯言」也，其論至今猶有從之者。蓋東原以互訓釋轉注，雖嫌於泛濫無歸，而以引申解假借，則正為許叔重「令長」之原意也。在古音學上，東原初分古韻為七類二十部，繼改為九類二十五部。其說有下列三特點，第一：二十五部全用喉音字標目。第二：入聲九部之獨立成部及其與平聲諸部之分配。第三：祭部獨立及脂微諸去入之分配。

第四章：東原之天文曆算表。天算學在東原治學系統中，亦為基礎學科之一。故欲通經明道，自不得不措意於此。

第五章：東原之地理方志學。東原之校水經注，乃生平大事業之一。

第六章：東原之文學。義理、考證、文章三者，在東原之心目中，文章始終未能超出於義理、考證之上，此乃東原一貫之論學態度。

第七章：其他。本章所述，包括東原之校讎學與物理學。東原在校讎學上之成績，大抵即表現於乾隆三十八癸巳入四庫館以後所校成之官書上。

此論東原學術始末，最有見地，而「歸於自得」四字，尤為不易之論。大抵言之，惠、戴之別，即在一求其古，一求其是，而「古」與「是」之間，高下遂分，戴學之優於惠學，二百年來，固早有定評矣。然則數乾嘉學者，端以東原為首，可謂確論也。

（二）

《戴東原思想析論》

劉錦賢　國立臺灣師範大學國文研究所博士論文，民國 77 年

宋明心性之學自滿清入關之後，雖呈多頭發展，但學者多把握不住孔孟原始之智慧方向，道德理想主義之精神步步下趨，卒有心性之學之大反動。

其中陳乾初及顏習齋、李恕谷之說實有影響於東原。

東原之所謂天道，惟是陰陽五行之氣化，所謂人道，惟是人倫日用之實事；而其所謂理，則是實然事物虛以會之於心之分理。東原所說之性，惟是血氣心知，故性、命、才、智皆有所不齊，由此以解釋人之異於禽獸及人之才質有等差之事實。東原之成德工夫要者為去私與解蔽，去私惟在絜情，解散有賴多學，務期使自然者歸於必然。然易傳所說之道惟是超越的、形而上的創生實體，孟子以迄宋明儒所言之理主要是形而上之實理。中庸所說之命乃理命，孟子所說之性是據本心所說之道德本性，其所說之才是吾人之良能，仁義禮智是由本心所發之道德律則。孟子成德之要在充養本心，循逆覺體證之道德進路前進，踐形盡性，端正吾人行之方向。凡此，悉見東原思想與正宗儒家大有距離。

東原視它莊與釋氏無異，皆絕人情欲，默想一空無之神識，遠離人生，悖道害教；視告子同於釋老，並以荀子之主性惡為非；視象山與陽明同於佛老，其餘宋明諸儒之形上思理亦與佛老無異。吾人則據各家本旨衡之，以見其批評之失當。東原之作疏證，主要是在駁倒程朱，以為程朱雜糅老釋與荀子，析理氣為二本，以意見為理。此係義理。此係義理分際混擾與誣枉之過。

東原之後一班考證學者之言義理，實皆不能逃於東原；彼此所重雖有若干差異，但基於經驗以言義理之立場則一。可見清代考證學者之言義理，皆賣實而不透脫，其所了解之孔孟已失孔孟之真。至於若干對中原人品及其思想有所批評之學者，雖多非從事漢學考證，但亦不能直就儒學之本質以提挈東原，而難免流於意氣之爭也。

（三）

《戴東原哲學析評》

高在旭　輔仁大學哲學研究所博士論文，民國 79 年

研究戴東原哲學的第一動機是為了解東原哲學的真相。或者說清朝沒有特別的哲學思想，因此，不願意講清代哲學。但這只是因他們個人意見而出來的問題，灯能說清朝沒有哲學。清朝的哲學思想便由明末的哲學思想和明末清初政治環境的影響，以造成一種畸形的色彩，不能走正當發展的途徑。然而，清朝哲學裡面，仍有承續朱學的學者，有隨陸王的學者，

還有朱王折的學者。尤其王夫之可以說是清朝理學的代表接著東原就反對宋朝理學而大興漢學的風氣。但是，東原在考據學家中，是能有哲學思想的學者，他的學術目標不在於考據訓詁，卻在於義理。他認爲經書的義理以訓詁爲根據，爲範圍。又他本身以爲自己晚年著作的《孟子字義疏證》就符合於孟子的眞意。

民國初，梁啓超以爲從中國哲學史上來自看，東原的哲學相當於歐州的文藝復興（註一），胡適以它爲新理學的建說或中國哲學的中興。（註二）反之，熊十力認爲：「戴震本不識程朱所謂理，而以私見橫議，吾於此不及深論。」（註三）然則，東原的哲學果然如何？這就是撰本論文的主目的和動機。

再者，吾人撰本文的目的還有另一個動機。雖然東原是清朝的思想家，和他的思想出現於朝鮮時代後期。所謂朝鮮後期實學就是它。它們之，有沒有互相交流關係？如果有關係的話，有什麼關係？其內容是什麼？這就是矼人關心事仄一，因此，先研究東原的哲學思想，如有能力再作其思想與朝鮮後期思想的比較，這是撰寫本文的另一個動機。

本文的研究方法採用從兩方面去進行。勿論這些方法分不開，常常同時進行。其一是從東原本人哲學方面的著作來分析他的哲學，其二是按照他自己引用的著作來分析批評的。他除了孔孟以外，批評荀子以下大部分的儒家以老莊釋的思想。但是基本結構上，他的哲學思想離不開儒家的思考模式。因此，分析東哲學就爲明白他的哲學理論的眞相。從而矼人先講東原的認識論，以作明白他的思考基準，由此敘述他的形一結構、人性論以及倫理道德論。由，此我們可以清楚地了解東原、孟子荀子以及程朱思想界線以及東原哲學的眞面目。

（四）

《惠棟、戴震與乾嘉學術研究》

黃順益　國立中山大學中國文學系博士論文，民國 87 年

惠棟、戴震同爲乾嘉時期學術的巨擘，先後主持一代學術風會，惠棟求古，戴震求是，二人論學有合，但卻也各著系統，了解惠棟、戴震學術，正可掌握乾嘉學術發展的脈動。又，乾嘉學術有廣狹二義，廣義的乾嘉學術泛指乾嘉時期的各種學術而言，它應包括浙西經學、浙東史學、桐城宋學以及常州公羊學，而狹義的乾嘉學術，則專指成爲當時學術主流的浙西學術而

言，或含義更窄的考據學。本文所謂「惠棟、戴震與乾嘉學術」，其「乾嘉學術」有廣狹二義，而一般人言及乾嘉學術，往往都僅就狹義的一面言，因此常常將它和考據學連在一起，或謂「夫無考據學則無清學也」，或謂乾嘉學術只是「研究法的運動」，而非「主義的運動」，其實，學術是人類心靈的創造物。它因時代環境的特殊刺激而產生，因大眾的需要與社會的共仰而延伸，任何一個時代都有所謂義理思想，惠棟不以經生自囿，其《易微言》「上卷言天道，下卷言人道」，戴震生平最得意之作為《孟子字義疏證》，這都說明即使以浙西學派而言，此派學者並非只言訓詁考據，而缺乏義理思想建構。本文之作，正欲澄清乾嘉學術沒有義理思想，以及乾嘉學術只有考據，這樣的誤解。

（五）

《戴震經學之研究》

林文華　國立政治大學中國文學研究所博士論文，民國 93 年

　　清代是中國經學集大成的時代，乾嘉時期又是清代經學極盛之時，戴震則是乾嘉時期經學的領袖人物，故了解戴震的經學，對於掌握乾嘉經學乃至整個清代學術之發展，實具有關鍵的地位。戴震的經學成就是多方面的，首先在科學性的考據工作上，建立了嚴密的解經方法；其次，其經學更能由考據進至義理哲學的建立方面，樹立清代義理學的典範；最後，戴震的經學不純粹是「考古」，亦關心現實的社會問題，具有「經世」的觀念，觀其「理欲一元」與「達情遂欲」的主張可證。因此，綜合戴震訓詁考據與義理哲學，才能了解其學術主張之全幅，進而掌握「清學」發展之脈絡。

（六）

《朱熹與戴震孟子學之比較研究 ——以西方詮釋學所展開的反思》

羅雅純　淡江大學中國文學系博士論文，民國 95 年

　　本論文研究目的：立足在孟學發展史上的歷史關鍵點，從宋／清孟學發展轉折切入，以朱熹／戴震做為研究對象，探究二家思想的關聯性，從《孟子》註釋文本或思想轉折性，朱熹／戴震孟學之比較，當是宋至清代孟學系譜中最具代表性例子！本文研究動機欲進一步了解這二家詮釋差異緣由為

何？針對分歧歷史背景追溯構成殊異之因，再從西方詮釋學新視野展開二家釋孟評議爲本文研究目的。藉由二家對比詮釋所透顯孟學發展，溯源宋至清孟學系譜，檢別學術轉化何以從宋明理學「向內體證理路」，趨向清代「向外道德實踐」展現不同義理蘊趣，此工作之廓清當爲本文研究價值之所在。

　　本論文研究方法：回顧孟學發展史，漫長註疏著作可謂汗牛充棟，何以新視野重探孟學流變？這問題正可從「西方詮釋學」獲得啓發。基於此，依循歷史脈絡揭示影響朱熹／戴震詮釋隱蘊因素，追問這詮釋背後所預設根據，置於隸屬時代背景下進行理解，從文獻推知尋求解惑可能，還原經典以期獲致合理邏輯性的思想掌握。援引二法，以「西方詮釋學」哲學方法及沈清松「對比研究法」，共融併用做爲本文研究方法的理論依據。

　　本論文研究內容：本文論述茲分六章進行分析，綜合論述進路。首先，立基於歷史發展脈絡，忠於朱熹／戴震孟學文獻的解讀，盡可能掌握經典語義，探源詮釋所關懷的歷史意識，經由導引出詮釋系統的架構成形，衡定評騭義理價值。其次，對比研究朱熹／戴震孟學思想，追問何以造成這不同理解的根據，再從西方詮釋學的觀點展開貫串分析，提供另一參照系統。研究目的不僅在於說明朱熹／戴震二家註孟特色，更立足在中西互爲體用的立場，援「西」釋「中」探析孟學的各種可能，期能對於中國孟學詮釋的脈絡提供更佳的論述角度。再者，疏理西方詮釋學在解釋傳統問題的特點，既是當代研究無法逃避的前提，如何接引與西方詮釋話語，又不失中國傳統經典的解釋權，融合傳統與當代，進能與西方學術思潮相侔合，正是本文研究期能廓清之任務。

（七）

《戴震及其後學與孟荀思想異同研究》

郭寶文　臺灣大學中國文學研究所博士論文，民國 99 年

　　本論文目的在嘗試解決戴震思想較接近孟學或荀學之問題，以及相關思想在清代中葉時的影響。在學界紛雜不一的意見中，筆者發現戴震與孟子同樣主張性善，以及戴震思想有接近荀子之處，是各家之共識。因此判定戴震之性善論及相關思想，究竟是孟子式抑或荀子式，便成爲解決此矛盾問題之關鍵。故本文先列舉與戴震相關之孟、荀思想差異，包括論性之定義、如何達成性善、禮義與情欲之關係、天人觀及聖人觀、群己關係等課題，再以此

差異爲判準分析戴震思想。可以發現戴震雖然主張性善，並強調禮義內在於人性，此兩點的確異於荀子，但就以情、欲、知論性，反對禁絕情欲，重視心知之智，「反對復其初」以及「重視發展、累積」等思想來看，戴震思想其實離開孟子較遠，反與荀子有許多相似之處。本文也進一步分析戴震由於崇敬孟子以及反對理學的緣故，因此認可孟子而不贊同荀子。但就思想之實質內容而言，其實戴震與荀子有著共同的核心關懷，也就是反對回歸源始，返復天理或原初之性的思想傾向。這使荀子與戴震的思想建構，皆屬於往前看、向前走，而非向上、向內回溯的思想，迥異於孟子而自成一類，也因此戴震思想實可視爲「改良」或「調整」後的荀子學。最後本文也分析受戴震影響的三位學者：焦循、阮元、凌廷堪與荀子學的相近之處，並發現在重視聖人教化及給予荀子正面評價上，甚至有較戴震更接近荀子之處。戴震等四位學者正是清代中葉荀學思潮的代表人物，也象徵荀子及戴震思想的重要性及影響力。

（八）

《戴震的哲學與考據學》

妻毅　北京大學中國哲學博士論文，1997 年

對儒家經典義理的探求是戴震治經的基本目標。戴震的義理之學在與程朱理學的鬥爭中顯示出強烈的社會批判色彩，而其思想依據則是儒家的經典文獻。戴震強調，他要通過考據的方法重構孔孟的義理體系，因此本文著重探討了考據學與戴震的義理之學的關係，以便從經學史的角度考察其哲學體系的形成。本文認爲其關係主要體現在三個方面：一、戴震通過對古代禮制的考證，認爲「體民之情、遂民之欲」爲古代聖王治理天下的指導思想，以作爲其批判理學的思想根據；二，通過對經典詞義的訓詁，否定了理學家對經典的理解，並通過對理、道等範疇的考證，重新確定其哲學內涵；三，考據學的方法，如分析、實證等，被運用到對義理問題的研究中，成爲戴震哲學中重要的思想方法。文章對戴震哲學的反響作了評述，對戴震義理與訓詁關係的理論作了評價，並對如何對待訓詁方法在哲學研究中的意義提出了具體的看法。在對戴震哲學淵源的研究上，文章認爲除了注意前人思想資料的影響外，還應從戴震的身世經歷、社會背景、治學路數、思想方法等多方面進行考察，以臻於對戴震哲學的形成有一個較爲全面的認識。

（九）

《戴震義理之學詮釋》

王傑　中國人民大學中國哲學博士論文，2001 年

　　戴震是我國十八世紀中葉傑出的考據學家、自然科學家及思想家，是中國傳統思想向近代思想過渡的重要代表人物，二百多年來一直受到國內外學者的普遍關注，並逐漸形成了一門「戴學」。戴震一生學識淹博，碩果纍纍；戴震學術體大精思，包羅百家，在天文、地理、數學、音韻、歷律、機械、訓詁、考據、義理等領域都取得了重大的學術成就，成爲乾嘉考據學派中最主要的代表人物之一，作爲一代學術大師和思想巨擘，戴震爲中國思想文化寶庫留下了豐富寶貴的精神遺產。對戴震思想的解讀是我們全面把握和準確理解整個清代思想文化乃至中國文化的重要環節。本文從義理之學的角度，把戴震義理之學思想置於明清以來實學文化發展的廣闊背景中，對戴震義理之學的思想脈絡及邏輯結構做一番較爲全面系統的敘述。

　　戴震早中期主要致力於考據、音韻、訓詁之學的研究，晚年則更關注義理之學思想體系的闡發和建構。作爲考據學家的戴震與作爲思想家的戴震，在學術研究和思想評價方面具有不同的研究路徑和方法。本文認爲，研究戴震思想，可以遵循兩條不同的切入點和研究路徑：研究戴震的學術思想，應遵循「以字通詞，以詞通道」的研究路徑，即由考據開出義理的研究路徑。依據這一研究路徑，主要是通過對儒家原典的文本詮釋，發掘原典背後的「義理」所在，最終達到「由語言以通乎古賢聖之心志」的目的。其思想價值就在於當大多數考據學者沉湎於爲考據而考據，以考據爲目的的時候，戴震卻僅僅把考據作爲一種手段，其目的就是要回歸原典，通過對原典的文本詮釋，剝離宋儒附加在儒家原典上的「塵垢」，恢復原始儒家的本來面目。而研究戴震的義理之學思想，本文則遵循戴震所確立的「人道本於性，而性原於天道」的邏輯結構。本文在研究戴震的義理之學時，是把戴震的義理之學作爲一個完整的思想結構來論述的。本文遵循戴震「天道──性──人道」的邏輯路徑，採取歷史與邏輯相統一的研究方法，但卻緊密結合戴震義理之學思想所產生的經學基礎即由考據開出義理的研究方法，而這一論述的前提就是戴震所確立的「人道本於性，而性原於天道」的邏輯結構，《孟子字義疏證》正是戴震這一義理之學思想體系的典型範本。依據這一研究路徑，本文第一、二

章主要是對戴震義理之學形成確立之前提及原則方法做了說明，目的在於指出戴震義理之學與程朱義理之學儘管皆以「義理之學」相標榜，實則在前提基礎方面及原則方法方面存在著根本性的差別。從第三章到第七章，對戴震義理之學的邏輯起點、邏輯展開及邏輯終結做了詳盡的論述。具體說就是，元氣實體思想（天道）是研究戴震義理之學思想的邏輯出發點。性是戴震義理之學的核心內容。性的實體就是「血氣心知」，它是聯接和溝通天道與人道的中間媒介和紐帶。性除了自身的價值規定外，還向兩個層面延伸展開：就其「血氣」方面而言，展現為「理存乎欲」；就其「心知」方面而言，展現為「盡實致知」。戴震把其義理之學的邏輯終點落到了「體情遂欲」的政治層面。第八章對戴震義理之學的歷史評價及近代啟蒙意義做了系統考察和總結，這樣，戴震的義理之學就構成了一個完整的邏輯結構體系。

　　為了充分論證戴震義理之學是建構在堅實的經學基礎和自然科學基礎之上，本文在論述戴震義理之學思想時，各章各節緊緊圍繞一個「實」字作文章。這既是為了呼應明清以來由「虛」返「實」的大社會文化背景，也是為了批判理學的需要。本文還認為，戴震的義理之學在前期和後期存在著差別。前期之義理側重於由訓詁而推求義理，通過訓詁考據便可發掘經典背後的真理，是一種由訓詁開出義理的「義理」；後期之義理是更高層次的義理，是一種「自得之義理」。它與早期最大的不同就在於：（1）義理成為了文章和考核之源，執義理而後能考核能文章；（2）後期之義理更側重於與政治的結合，具體說就是與「體情遂欲」政治思想的結合。戴震義理思想的前後不同，是與戴震義理之學由理論層面上升到政治層面的轉化分不開的，是與戴震義理之學最終落腳到政治層面分不開的。

　　本文共分八章：

　　第一章主要從四個層面對戴震義理之學思想建構之前提進行了闡述。（1）「志存聞道」的學術路向；（2）戴震義理之學思想形成與確立的三個階段；（3）戴震義理之學思想轉變原因辨析；（4）戴震義理之學研究的方法論問題。本章旨在從戴震所處的社會文化背景中闡明戴震義理之學思想的形成與提出與當時盛行的考據學運動密切相關，戴震的義理之學並不是玄虛之學，而是嚴格構築在經學及自然科學基礎之上的。這樣，不但使戴震義理之學思想的提出有了堅實可靠的經學及自然科學基礎，而且也與程朱所謂的義理之學在理論上劃清了界限。

第二章首先對中國學術史上的訓詁之學與義理之學的演進歷史及其關係做了一番簡要敘述，認為在中國學術思想發展史上，對待經典的態度不外乎兩種：一種是考據訓詁的方式，一種是義理推闡的方式。訓詁之學與義理之學是中國思想史上早已存在的兩種解經模式。與之相適應，訓詁之學表現為古文經的形式，義理之學表現為今文經的形式；在思維模式上，訓詁之學表現為「我注六經」的思維特點，義理之學表現為「六經注我」的思維特點。其次本章還要說明：戴震在自覺建構其義理之學體系時，十分自覺地遵循了兩個基本原則：一是「由訓詁而推求義理」原則；二是「執義理而後能考核」原則。如果把戴震義理之學思想的發展歷程做一劃分的話，那麼可以說，戴震前期確立的治學原則就是「由訓詁而推求義理」，後期確立的治學原則則是「執義理而後能考核」。最後，本章還對戴震義理之學的理論表現形態做了引導性的解說，從而在第三章到第七章推出戴震義理之學的主體部分。

第三章主要指出了戴震的元氣實體思想是戴震義理之學的邏輯起點。本章首先對程朱理學的超驗本體論進行了分析，並指出了其雜襲釋老之說的本質所在，目的是為了表明戴震的元氣實體思想是在批判理學超驗本體的基礎上形成和發展起來的。戴震試圖以訓詁考據為手段，通過嚴密細緻的邏輯推理方法，打破程朱理學賴以存在的「天理」基礎，把元氣實體思想建構在堅實的「實體實事」、「氣化」基礎之上。本章還用較多篇幅對戴震元氣實體思想之構成——氣、理、道的內在含義、概念界定以及三者之間的相互關係做了系統的論說。本章最後指出，作為戴震義理之學邏輯起點的元氣實體思想並非是形而上的可有可無的「概念遊戲」，而是批判理學之需要，是戴震展開其義理之學體系的先決條件。戴震的元氣實體思想在中國思想發展史上佔有十分重要的地位。

第四章認為「血氣心知」思想是戴震元氣實體（天道）思想在向社會政治、社會倫理領域（人道）過渡過程中的一個重要環節，是戴震元氣實體（天道）思想在人性領域中的必然表現和邏輯展開，同時也是戴震義理之學的人性基礎。「性」作為溝通與連接天道與人道的中間環節，從邏輯上說，它必然在內在結構上既包含有天道方面的一般特性，也包含有人道方面的一般特性。因此，本章主要是對戴震關於「性」自身的價值規定及其「性」所具有的自然性與社會性特徵方面來論述「性」所具有的一般特徵。具體展開為兩個層面：（1）心性實體：以「血氣心知」為存在基礎；（2）人性結構模式：

自然構成與社會構成。本章最後認為，「血氣心知」思想是戴震義理之學的重要組成部分，它的延伸性和豐富性在社會政治領域展現為「理存乎欲」的新倫理思想和「盡實致知」的認識論思想。

　　第五章從「血氣」的延伸性和豐富性的角度，即從理與欲、自然與必然的層面對戴震的「理存於欲」的理欲統一思想做了全面深層的闡述。所謂「理與欲的問題，用現在的名詞來說，即道德原則和物質利益之間的關係問題。」本章圍繞理、欲關係，從（1）中國古代「理欲」思想透視；（2）一種新倫理觀的張揚：戴震的理欲統一思想兩個方面進行了系統考察。通過對中國古代「理欲」思想的溯源，梳理了「理欲」思想發展演變的基本脈絡，指出特別是宋明以來理學、心學、氣學諸派對理、欲關係的態度，對戴震的理、欲思想影響極大。本章把論述的重點放在了戴震對「理存於欲」思想的分析和敘述上，並從自然和必然的層面深化了戴震的理、欲思想。本章最後認為，戴震的「理存於欲」是一種新的倫理觀，是對以往舊道德觀、倫理觀的揚棄和批判。戴震集眾家之所長，繼承了自孔孟以來不同歷史時期思想家對理、欲之爭的積極成果，充分肯定人欲的重要性，把精神性的「理」完全建構在「欲」的現實基礎之上，把宋明以來的理、欲之辯推到了當時所能達到的最高峰。理、欲統一的思想在戴震的義理之學思想體系中佔有極其重要的位置。

　　第六章從「心知」的延伸性和豐富性的角度，對戴震的「盡實致知」思想做了全面深層的闡述。盡實致知思想是戴震義理之學思想的重要理論表現形態。戴震的盡實致知思想是其元氣實體思想在認識論領域的進一步拓展和深化，同時也是其血氣心知思想在認識論領域的進一步拓展和深化。本章從（1）「對客觀實體『認知』的兩個階段」；（2）「獲取真理：去私與解蔽」兩個層面對戴震的認識論思想進行了剖析。本章還指出，戴震的盡實致知思想不但是對程朱理學「理得於天而具於心」理論的挑戰，而且是對整個封建制度不合理性的挑戰，對十九世紀近代思想的啟蒙起到了認識上的先導作用，具有十分重要的近代啟蒙意義。

　　第七章把戴震的體情遂欲思想獨立出來，單列一章，並認為戴震的體情遂欲思想是其義理之學的邏輯終結。本章首先從批判理學的角度特別是批判理學「以理殺人」的角度揭露了理學殘害生命、危害社會的本質，造成了「小之一人受其禍，大之天下國家受其禍」、「天下受其害者眾也」的悲慘局面，其次本章指出，戴震正是試圖通過體民之情、遂民之欲的方式來實現自己的

政治理想和抱負。戴震的批判精神既表現了戴震不畏權勢、無所畏懼的人格魅力，也表現了戴震對程朱理學批判的進步性及超時代性；同時也表現了戴震對垂死冀生勞苦民眾的深深關切；戴震的體情遂欲思想是在對封建社會的深刻批判和自覺反省的基礎上提出來的，是中國思想文化發展過程中極其重要和珍貴的精神財富，值得我們很好地研究借鑒和批判繼承。

第八章主要對戴震義理之學的歷史命運及其影響做了系統全面的分析和敘述。本章把戴震義理之學的歷史命運及其影響劃分為前後兩個階段：即清中後期對戴震義理之學的評價以及清末民初對戴震義理之學的評價。在前期，針對當時學者對戴震義理之學的不同態度，又分為三派，即肯定派、游離派以及否定派。並對各派代表人物對戴震義理之學的態度做了簡明扼要的說明。在後期，主要選取章太炎、梁啓超、胡適、劉師培等人為代表，他們對戴震評價的角度和側重點不同，但有一點是相同的，那就是他們都充分肯定和高度評價了戴震義理之學的歷史功績和啓蒙意義。本章認為，凡是進步的有價值的理論學說，在歷史的長河中，總歸會閃耀出熠熠的光輝，總歸會成為人類思想的寶貴精神財富。

（十）

《戴震生平與作品考論》

蔡錦芳　浙江大學中國古典文獻學博士論文，2002 年

戴震是中國十八世紀的一位大學者和大思想家。兩百多年來，研究戴震的學者很多，著作、論文也很多。不過，由於戴震介性鮮明、思想大膽、學問精博，所以在關於戴震的研究中也留下了不少有爭議的問題，至今懸而未決。本論文主要就是以這些有爭議的問題作為考察對象，包括戴震的背師問題，戴校《水經注》問題，戴震的義理成就，戴震反理學思想的成因，戴震與錢大聽的關係，《屈原賦注》後《音義》三卷的撰者問題，《轉語二十章》的成書問題等等。通過挖掘新材料、轉換新角度、開拓新視野，這當中尤其重視戴震在徽州的三十多年的生活經歷對其思想和學術的重要影響，並進行認真細緻地梳理和分析，然後或提供一個答案，或增添一種新解，或填補一點空白，均力求在前人研究的基礎上有所突破或進步，以期對戴震的思想和作品能有更真實和更深刻的理解。

（十一）

《戴震治經方法考論》

李紅英　北京大學中國古典文獻學博士論文，2002 年

清代學術最具代表性的時期是乾嘉時期，這也是清代學術全盛之際。在乾嘉時期的學術群體中，戴震又可稱中心人物、樸學大師，寫下了大量著作，博涉天文、歷算、地理、音韻、訓詁等方面，不僅令當時人折服，更為後人歎為觀止。而戴震這一學術現象的出現，有經學歷史長短消長的必然，也有承宋明之後學術空疏之風的直接觸發使然，形成了科學實用、簡明理性、多元靈活的治學方法。

戴震治經之所以取得這麼大的成就，其原因在於他與同時代人相比，更講究較為科學的治學方法。他始終認為，經是聞道的手段，而聞道則是治經的目的，立足根本，注重對經典文本的研讀，倡導由字以通詞，由詞以通經，由經而聞道，「實事求是」、「無征不信」，以尋求十分之見、解蔽去私、本末兼察；並強調治學要「不以人蔽己，不以己自蔽，不為一時之名，亦不期後世之名」等；戴震一生治經的具體設想主要表現在《七經小記》之中。從《七經小記》的結構、框架，可窺見戴震治經的路徑、方法，各個部分的有機結合，形成了戴震一生治經聞道的思想體系、方法準則，即戴震義理。戴震這種治學的精神、態度、方法，對於我們今天有很大的作用。本文通過研究戴震的治學精神、態度、方法，為今後我們整理、點校、考證古典文獻，弘揚中華民族傳統文化，提供借鑒、參考。

（十二）

《性與天道——戴東原哲學研究》

陳徽　復旦大學中國哲學博士論文，2003 年

乾嘉時期，學界雖有所謂的「漢、宋之爭」，然實際上，真正籠罩思想界的仍為宋明理學特別是程、朱之學。彼時，戴東原以復明六經、孔、孟之道為己任，奮起而辟之，並遂開其後的疑宋、反宋之思潮。本文即是對戴東原的義理思想及其相關問題的專題性研究。

首先，本文以翔實的史料與東原的義理思想之邏輯發展為根據，對東原的主要義理著述之成文時間及其相互關係、東原的義理思想之淵源與演化等

問題進行了詳盡的考辨，訂正了學界長期存在的某些考據與論斷之失。

其次，本文對作爲中國哲學核心思想之一的「氣」與「氣化」等觀念進行了歷史的分疏。指出：氣、精氣以及元氣三者之間雖然有許多歷史與邏輯的關聯，然其間的區別也必須予以足夠的重視；同時，作爲基本統攝儒家思想之「天道觀」的「氣化論」，實亦爲東原的義理思想當然的邏輯起點，那種以東原爲一「元氣一元論者」的看法有其不實之處。

再次，以儒學及其主要範疇的歷史演化爲背景，本文根據東原的義理思想的「人道本於性，而性原於天道」的邏輯理路，深入而系統地考察了東原的天道觀、人性論與人道學說。指出：本著「氣化即道」的「一本論」，東原完全消解了宋儒所賦予「理」、「性」等儒家傳統範疇的「形而上學性」，認爲由於深受老、釋之學的影響，宋儒的「理氣之辨」、「理欲之辨」以及「本體與工夫之辨」等思想，不僅表現出明顯的「二本論」之特點，而且亦有拽儒學入於老、釋之途之過；同時，因於「性由才呈」之主張，東原深入地探討了「性」與「才」之間的密切關係，指出人之「性善」乃是由於其「才美」；不僅如此，基於「理之爲性」而非宋儒的「性之爲理」的觀點，東原還系統地考察了性與理、理與情、理與欲之間的關係，認爲：人的情、欲之要求與相應之滿足乃是出於「性之本然」，所謂的「理」或「天理」乃是因於「以情絜情」之所得，是爲了節乎情、欲使之皆「達中」並由此而實現「生生」之條理性與秩然性。宋儒的「理欲之辨」實是「執理無權」，必將淪入「執意見爲理」之窘地且生諸如敗政禍民等弊。

最後，本文還回顧了東原的義理思想之歷史命運並就其評價等問題進行了簡要的探討。

（十三）

《戴震重知哲學研究》

王艷秋　華東師範大學哲學系博士論文，2003 年

在 18 世紀考據學的包圍中，戴震哲學的出現是一個亮點。本文以戴震哲學的重知特色爲考察對象，通過分析它產生的原因、背景、表現，探討它在中國哲學史上的意義。文章的基本觀點是:戴展的重知表現爲其哲學的基本形態，他的哲學可以稱之爲重知哲學，這一哲學形態的出現，具有使儒學從理學的德性本體論向以樸素實在論爲基礎的認識論轉變的傾向。重知是戴震爲

徹底走出理學所採取的方式，他的努力客觀上導致了哲學重心的轉移，並表現出一定的近代色彩。

引言　戴震哲學的重知既是對傳統儒學的繼承，又有偏離傳統儒學的傾向，其特點是肯定知識的獨立價值，樹立知識優先的思維原則，在方法上注意到了認識的客觀性和表達的邏輯性。重知主要表現在，從肯定外在對像世界存在的意義出發，以求知的方式和認知的方法，探討理學中屬於道德本體論的問題，即「善」的問題、「理」的問題和「道」的問題，並旁及儒家傳統哲學的幾乎所有問題。它具體展開為兩個方面，一是強調對外物之理的正確認識，二是強調對儒家經典文獻的正確解讀。戴震的重知哲學沒有得到其後學推動，因而哲學重心的轉移沒能產生出一種新形態的哲學。

第一章　戴震重知哲學出現的原因及學術背景考察。本章從三個方面論證了促使戴震哲學出現的因素，一是明清之際思想家對理學的批判，戴震的哲學是這一批判思潮的深化；二是考據學的興起，它為戴震提供了反思理學的新視野、知識優先的價值原則和實證的思維方法，戴震得以從語言文字的層面拆除理學基本概念的合理性基礎；三是自然科學特別是西方科學的影響，戴震既是哲學家又是科學家，對科學的關注為他提供了新的哲學對像和表達哲學思想的新方法，即事物的「不易之則」和形式邏輯的方法。幾個因素共同發揮作用，致使清代學術領域出現道德理性的失落和知識理性的高揚，這是戴震重知哲學產生的總體背景。

第二章　對「血氣心知」概念的綜合考察。在戴震的哲學在中，「血氣心知」概念的提出有具有標誌性意義，表明戴震哲學開始突破理學的德性本體論，進入認識論的形態。這一概念是戴震的人性論、天道觀、認識論相互關聯的扭結。它的提出最直接的原因是對抗理學的「性即理」，反對理學家在心性之內的自我提升和自我超越。戴震把「血氣」和「心知」聯繫在一起，既強調作為主體的人的自然存在的意義，又強調人之為人的特點在於其自然本性（心知）的發揮，他將哲學的重心轉到如何最大限度地發揮「心知」的作用，在對外物的認識中把握事物之「理」，在對文獻的解讀中把握聖人傳達的「心志」。戴展將「心知」視為人性的最重要特點，不僅改造了傳統儒家的人性論，還確立了知識相對於道德的獨立價值，和以求真作為最高目標的哲學要求，在中國古典哲學即將結束的時候，改變了儒學的走向。

第三章　本章至第五章討論戴展哲學重知的表現。本章重在分析戴震重

知的實質：並不是要建立一個純粹的知識體系，而是試圖在求知的框架內解決儒學的道德可靠性問題，將明善視爲對眞理性知識的追求。戴展之所以能在求知的範圍內解決明善的問題，與其認識論的特色和他對善的特殊規定有關。首先，他將可靠的認識建立在「心通其則」上，強調認知主體（心知）具有認識一切事物法則的能力，建立起彼此的主體和客體概念，打破了理學「心一理」統一的結構。其次，他賦予了「善」概念以新的內涵，善作爲表示人性特徵的概念其含義是「自然」，作爲表示法則和規範的概念其含義是「必然」，所以人擴充自身的能力（自然）和認識事物的法則（必然）是一個問題的兩個方面，都是善的具體表現。這樣，對知識的廣泛追求就有了道德價值涵義，道德則成了知識的結果。求知在戴震的哲學中具有最高的意義。

第四章　求知（也是明善）首先表現爲認識外物之理，本章將討論戴震如何在認識論的視野內看待「理」的問題，以及「理」與「情」、「欲」的關係問題。戴震把理學的具有形而上實體意義的理（或天理）還原爲事物的「分理」和「條理」。分理和條理是「天地、人物、事爲之理」，屬「不易之則」，具有「虛」的特點，人們只有通過認識才能知道事物之理的存在。理不能在本體論的層面被解釋，卻可以在認識論的層面被接受，戴震以此排除理學理概念的合理性，建立起自己的理概念。戴震同樣是在認識論的視角下討論理與情、欲的關係。他認爲情慾是「物」，有其客觀法則。他把情慾分成兩部分，一部分是可以普遍化的，即人人都應具有的、因而是社會性的情感和慾望，屬於理，是應該得到滿足的;另一部分是不能普遍化的、只能存在於一己的情慾，戴震稱之爲私慾，是應該祛除的。惟有通過正確的認識才能把握情慾中之理。總之，戴震試圖通過認知，在情、欲和理之間建立某種客觀的、確定的關係。

第五章　重知（即明善）還表現爲正確理解經典文獻，「明古賢聖之道」，本章著重揭示戴震在診釋經典文獻中的方法論特色。戴震首重「實事求是」的原則，在此基礎上他提出「知本始」、「求會通」、「精於道」等具體步驟。戴震注意到知識與智慧（聖智）的不同，認爲理解六經、孔、孟，不能停留在考據學的追求具體知識上，而必須上升到明道才能具備聖人的智懷。然而他逐層第進的方法最終還是求知的方法，他的進於聖智從根本上看還是求知。他試圖超越具體知識同他懼怕超越會導致理學的「以意見爲理」之間，存在著緊張關係。

第六章　戴震的重知在其後學那裡得到一定的延續，更重要的是發生了折變。焦循的「能知故善」思想顯然受到戴震重知的影響，但他把知限定在「禮」的範圍內，與戴震把「理」視爲知的對象有一定距離。知的對象從「理」轉變成「禮」，這在焦循、凌廷堪和阮元那裡成爲主導趨向，並演變出「以禮代理」說。「以禮代理」把戴震的重知引離了它原來的路線，使戴震的認識論轉向歸於夭折。他們的思想沒能成爲將戴震哲學引進近代的橋樑。本章最後探討了戴震重知哲學的近代意義。

（十四）

《乾嘉學派文學觀研究──以戴震、錢大昕、洪亮吉為研究中心》

陳明鎬　北京大學中文系博士論文，2004 年

　　本論文是以清代中期乾隆與嘉慶年間考據學者戴震、錢大昕、洪亮吉爲對像研究了他們的文學觀念。清代中期在學術界繼承清初的實學思想就出現了乾嘉學派。對各派的形成與發展及學術特色，從時間而言，吳派與皖派的形成比較早。對此兩派的學術特色而言，吳派偏於固守舊說；皖派比較能闡發自己的思想。雖然他們有信漢儒古訓而反宋明理學的學術態度與以道爲本的宗旨，但各有所長。清代中期又是文學創作活動與文學理論格外繁榮，大部分文學家也參與考據學行列，因此本論文選比較有特色的三人戴震、錢大昕、洪亮吉而研究他們的文學與考據學術觀念之間有何特色。前人對清代的文學與學術思想都有研究成果，就研究了文學與學術演變的過程，並對它們的關係作出了概括。但對考據學者的文學觀研究成果寥寥無幾，尤其尚未有具體研究各個考據學者的文學觀。從具體分析中可以梳理文學觀與考據學思想的內在規律。清代文學與考據學在各個發展階段中有相互影響，也有相互爭論。本論文的結構，從縱向探討理論的淵源與學者個人的前後思想演變；在於橫向，分析當時主要的文學與學術環境及互相交流。乾嘉之間考據學與文學皆到了鼎盛期，有相互滲透與轉化，因此在第一章論述了考據學者與各個文學派之間的關係，就如格調派、性靈派、桐城派與考據學者之間爭論、影響、師承關係等的研討，而且在此章特別討論文學家與考據學者對義理、考據、辭章的爭論；第二章研究戴震的文章觀如何反映聖人之道的學術思想，分別論述以考經明道爲經世致用、作文有本的文學本質論、訓詁考據對於文學作用的功用論、要求文人學問根柢的認識論；第三章論述錢大昕重才學的

詩學觀，首先從他的治學思想看求實與貴人性的儒家思想，然後討論文學思維與考據學的考實造詣如何融爲一體，就是分析考據學與文學的融通，其如以史考詩、尙實而斥虛構的小說與戲曲、從詩歌發生看以音載義、考其異同而辨正等。再以重才學的詩論與創作闡述詩論的四長與淳雅的詩風；第四章先談洪亮吉成長環境和性格，然後從詩貴人品的詩學觀分析詩人本性與詩品的統一，由此進一步分析詩文可傳者的性、情、氣、趣、格之間關係和內涵，最後在創作要求與方法中論述有關考據學問與小學特色之詩論。本論文既注重對乾嘉時期考據學者的文學觀與考據學思想的結合，也具體分析了考據學者的文學觀與其對其他文學派的影響。

（十五）

《戴震考據學研究》

徐道彬　安徽大學漢語言文字學博士論文，2004 年

戴震治學黜虛務實，由考據而入義理，故考據學是其爲學根本。近年來，戴學研究多偏重其哲學思想的探討，較少有結合具體考證實例來研究其學術思想和方法者。有鑒於此，本文試就考據學諸領域，從具體材料入手，對戴氏在文字、音韻、訓詁、校勘、版本、目錄、辨僞、輯佚等方面的學術成就加以研究。有一分材料說一分話，不作空言虛論，在實證基礎上，歸納總結出戴震考據學成就和思想方法，以及對後世學者的深遠影響。

本文力求從學術發展史角度探求戴震在批判和繼承兩漢經學、宋明理學基礎上，師古而不爲所役，創新而不違其規、從而卓然樹立、集成大家的眞正原因。並將其置於考據學歷時發展和清代學術的共時平面上來考察其對前代學術的揚棄和對其時學術的創新，「但宜推求，勿爲株守」，以達「淹博、識斷、精審」的境地，建立起獨特的學術思想理論體系。同時說明戴震考據學既具有一般考據學實事求是，無征不信的共性，也帶有明顯的時代特徵和徽州地域文化特色，以及自身爲學空所依傍、深造自得、明經致用的個性特點。通過對戴氏由「道問學」而至「尊德性」的學問行事之路的考察，並且與其同時學者但知聚銅，不知鑄釜相比較，來體現其對人生問題的深入探討和對人性民生的終極關懷。

在考察戴震考據學思想方法的同時，針對戴學研究中存在的一些誤解和偏見，本文試圖加以糾正，表明戴震對漢學、宋學不佞不詆，實事求是的態

度；與惠棟、江永等同時學者交相師友而「不以人蔽己，不以己自蔽」；對於僞書、緯書、佛學持通達公允、不存偏見的客觀態度。並且指出戴氏在治學中的失誤之處及其「西學中源說」的保守思想。

戴震一生致力於經術，掙扎於生計，然而、桃李不言，下自成蹊，其身前身後受之沾溉肯無數，所謂吳派、皖派、揚州學派中主要人物承其學者，亦各有建樹，其間並無門戶對壘之實。而且在考據學衰落之後，戴學影響並未因此而減弱。可以說，現在以至將來，清儒樸學精神將會永存，戴震實事求是思想在社會生活各方面也會得以發揚光大。

（十六）

《戴震的「治學」與「明道」》

樸英美　北京大學中國哲學博士論文，2005 年

戴震（1723－1777）是在清乾嘉時期最著名的考據學者及思想家。戴震由基於文字、音韻、天文學、算學、地理等的訓詁考據入手尋求經書義理與聖人之道。在乾嘉時期，考據學已經成爲當時的學術主流，其中，戴震是唯一的把由訓詁考據以解經明道的宗旨徹底貫穿的學者。因此，戴震的學問具有兩方面的趨向：一、重視訓詁考據的宗旨，平生用力在訓詁考據上，從這一方面看，他可以說是乾嘉學術的承襲者；二、治學以明道爲目的，而且志在揭開古今治亂的源頭。所以，其學問不能只爲知識而求知，從這一方面看，他不同於一般乾嘉學者。

本論文是關於戴震的「治學」與「明道」的研究。依戴震思想看，「治學」不只是指訓詁考據方面，而是它必須以明道爲目的；「明道」不只是指論義理方面，而是它必須以訓詁考據爲基礎。因此，雖然說爲「治學」與「明道」，其實它們決不能分開說的。戴震的這種學術宗旨的突出表現就是《孟子字義疏證》。在《孟子字義疏證》中，戴震批評宋明理學的錯誤並發揮自己的哲學思想，不過其解釋方法與過程完全基於訓詁考據以釋文與解經。由此可知，戴震終於把自己的治學精神與方法徹底貫穿而建立了新的義理之學。

本論文的內容分爲四個部分：

一、首先討論戴震的思想演變。戴震的思想演變顯現一個學者對於學問嚴謹與求精的態度及其思想變化的過程。從重視訓詁考據的階段到發揮義理之學的階段，他一步步實踐自己的學術主張。

二、其次討論戴震的治學。戴震的「治學」就是「求知」。他主張，沒有充分證據的知識(「意見」)導致「害於事，害於政」，因此學者必須力求具有充分根據的正確知識（「十分之見」）。

三、再次討論戴震的治經。戴震表示，求知與求道就是以經典爲根底。因此，在他的治經成果中，可以體驗到他如何試圖將求知與求道的結合。

四、最後討論戴震的明道。「明道」是戴震的治學目標。在《孟子字義疏證》中，他把其治學方法反映在解釋體例與解釋方法中，把他的治學目標反映在其解釋內容即哲學思想中。戴震對於理、天道、性、人道、知的理學範疇進行分析而重新解釋。

（十七）

《戴震詩經學研究》

程嫩生　浙江大學人文學院中國古典文獻學博士論文，2005 年

戴震身處乾嘉時期，當時考據之學蓬勃興起，詩經宋學日趨式微，戴震治詩與當時學術背景密不可分。

戴震主要通過考證名物字義與探討詩之意兩個方面來研究《詩經》，戴震考證名物字義方法多元化，所作考證頗爲精闢，後來大多數治詩者均繞不開戴震一些名物字義的考證。雖然考證名物字義爲戴震說詩之重鎮，但戴震並非棄詩之意於不顧。戴震探討詩之意時遵循「思無邪」宗旨，採用知人論世與以意逆志等多種方法，與《孔子詩論》相較，戴震詩說瑕瑜互見。戴震治詩經歷了一個相當長的歷程，通過將其未定稿《毛詩補傳》與代表作《毛鄭詩考正》以及識見稍定之作《杲溪詩經補注》加以比較，可覘戴震治詩水平之進展以及治詩思想之異同。

戴震具體說詩時既能吸取漢代詩學鋪陳政教的思想，以美刺方式說詩；又能接受宋代詩學之熏染，注重詩的文本語言，以詩說詩。無門戶之見，對漢、宋詩學均作了不同程度的繼承與批判。雖重視《傳》、《箋》之說，但戴震對此二者揚抑相參，故其並非主毛或主鄭。戴震在早期作品《毛詩補傳》中對朱熹的淫詩說屢作批判，既可見其根深蒂固的尊經意識，也可覘其早期並非朱熹的學術干城。與《毛詩補傳》相較，戴震在後期作品《杲溪詩經補注》中對朱熹有明顯重視。可見戴震後期反對朱熹具有選擇性，並非全面痛詆，由此可窺戴震實事求是的解經思想。

戴震與惠棟均爲乾嘉時期學術巨擘，將二者詩學相較可以發現，二者均有信古思想，不過惠棟以古爲尚，而戴震能衝破古之牢籠，以求是爲鵠的。吳、皖之分有其緣由所在，但此劃分還有待於進一步說明或修訂，這樣才使吳、皖之分不趨於一偏。

戴震詩學碩果纍纍，影響深遠。由於歷史的原因，戴震詩學也呈現出時代的局限性，缺陷不克自掩。

（十八）

《戴震道德哲學研究》

任萬明　中國人民大學倫理學博士論文，2006 年

戴震是中國十八世紀一位具有強烈社會責任感和人道情懷的思想家。他以疏證《孟子》的方式，對弊端叢生的程朱理學展開全面批判，開創了程朱理學批判的新階段，並在此過程中建構了自己的道德哲學。

第一章論述戴震道德哲學的立論依據。戴震道德哲學的產生，是與當時社會所提供的思想文化環境密切相關的。批判理學視角的轉變，考據學的興起，自然科學的發展，是影響戴震道德哲學產生的幾個主要因素。正是這些歷史因素的存在和滋長，爲戴震道德哲學的產生提供了全新的認識論視野和方法論依據。

戴震道德哲學的立論依據是知識與道德的融通。知識與道德的關係問題向來是儒學的主題之一。傳統儒學總是以某種方式將知識置於道德之下，只肯定知識的工具價值。理學以道德在心性之內得到完善作爲理論旨歸，其道問學總是服務於尊德性這一目標。理學以損害知識的獨立性爲代價而對「得於天而具於心」的形而上之「理」的體認，最終必然導致獨斷論，還可能爲權勢利用，成爲殺人的借口。

戴震對於「知善統一」做出深入論述。他試圖將儒家的倫理道德重新置於理性原則之中，實現原始儒學所倡導的「仁且智」理想。他以道德知識化、知識道德化作爲解決問題的方式，力圖在此基礎上實現仁與智的統一。與傳統儒學往往以倫理學吞併認識論不同，戴震強調道德對知識的依賴性，強調從認識論角度探討道德規範合理性之必要和可能。在戴震看來，知識不僅是道德的基礎，還構成道德的實質內容，有知識的「智」是一種最高的美德。戴震不同於宋明理學之處在於，肯定知識具有內在的價值，並認爲道德的確

立有賴於知識的完善。在戴震的哲學中，「善」不能離開「知」而獨立自存，善或者道德的合理性只能在認識論中確立。戴震在肯定外在世界具有認知意義的前提下，將道德哲學的主題從如何培養主體德性轉移到如何認識事物的必然之則進而獲得指導主體行為的準則。可以說，戴震道德哲學的出發點和歸結點是知識與道德的關係問題。正是基於知識與道德的融通，戴震得以在人性論、理欲觀、德性論等方面破立結合，既有力地批判了程朱理學，又充分地論證了自己的觀點。

第二章論述戴震道德哲學的形上基礎。「人道本於性，而性原於天道」。唯物主義天道觀是戴震道德哲學的形上基礎。在天道觀層面，戴震消除了理學「理」範疇的先驗性和實體性，使得道德原則建立於人倫日用社會生活的基礎之上。

戴震從形而上學本體論的高度，以氣化學說對「道」進行新的詮釋。「道」指實體實事及基於其上的道德準則，而不是指一種先驗的支配人類社會生活的「天理」。道德作為社會意識，作為人的價值觀念，從屬於人類社會生活。他運用其考據學方面的淵博知識，辨析了「形而上」與「形而下」之別，批判程朱理學把作為規律之「道」上升為與「器」相對應的獨立自存的實體。

戴震從天道與人道一體貫通的本體論出發，對程朱將「道」抽象化、形而上學化的傾向進行了全面的理論清算。在他看來，世界上並不存在一個外在於具體事物，且凌駕於一切具體事物之上的先驗的「理」。行為法則與道德規範是在人們的現實生活與具體的人倫關係中確立的，不存在超越於人倫日用的行為法則與道德規範。在理氣觀上，理學的失誤在於，受到佛老二本論的影響，視「理」為「一物」。戴震在嚴格區分諸範疇之間關係的基礎上，將天道與人道相互貫通，建構了一個完整而簡明的唯物主義天道觀，為其道德哲學的展開提供了一個形上基礎。

第三章論述戴震的人性論。戴震「血氣心知」概念的提出，旨在突出人性中「心知」的功能，建立「心知」與外在世界的聯繫，讓人的潛能充分發揮出來。因此，如何最大限度地擴充「心知」、獲得知識以達到「仁義理智無不全」，成為其道德哲學的關注點。他認為，人與動物的區別在於「心知」，人與人的區別同樣在於「心知」。在此基礎上，戴震對程朱理學「性即理」的性二元論展開批判，旨在維護人性的統一性，肯定情慾的合理性。戴震既強調了人作為主體自然存在的意義，又強調人之為人的特點在於其自然本性的

發揮，即最大限度地發揮「心知」的作用，通過認識外物把握事物的必然法則，通過解讀文獻把握聖人的心志。

戴震運用《孟子》提出的「命」、「性」、「才」範疇，加以自己獨到的詮釋，從三個不同的方面說明人的天性即人性的自然稟賦。由陰陽五行之氣所分得的不同規定、限定，即人得之於天者，叫做「命」；由陰陽五行之氣所分得的不同而形成人的最初本質和屬性，即人的個性、氣質之性和道德理性，叫做「性」；「性」所表現出來的形體氣質，即人自身的材質、功能，叫做「才」。在戴震看來，「命」、「性」、「才」從不同側面揭示了人性的自然稟賦，這三個方面的統一，就是人的自然本性或天性。

戴震指出，人性的現實內涵由欲、情、知三個不同的層面構成，現實的人性中都包含著欲、情、知三個方面。既然情慾是性之自然，是人生而俱有的東西，就不能說它是惡。相反，在人類特有的「心知」的指導下，使其合乎規律地發展，即是善。所謂仁，所謂理義，其實就建立在情慾之上，是情慾「反躬而靜思」、「以情絜情」的結果。在欲、情、知三者中，知是最根本的。由於「欲」「情」「知」三者都屬於自然人性的範疇，所以人們必然會去追求情慾的滿足，也必然會以「知」來促進情慾的實現，並以「知」來給予情慾以適當的控制和調適。

基於其血氣心知的性一本論，戴震對孟子的性善論進行了新的詮釋。戴震放棄了從宇宙終極原因尋找性善根據的做法，揚棄了孟子性善論的先驗色彩。戴震肯定人的情慾的合理性，並且認為它是人之為人的本質表現。但是，人性善與人的「心知」是分不開的，人之性善就表現在「心知」上。人的「氣質之性」所具有的各種慾望，在「心知」指導下合乎自然規律地發展，即是「善」，從而形成人的道德行為。惡源於僅僅滿足一己之欲，關心一己之情，而未能滿足他人之欲，關心他人之情。戴震還嚴格區分了「私」與「蔽」。「私」屬於道德問題，去私的最佳途徑是道德實踐；「蔽」屬於認識問題、知識問題，解蔽的最好方法是學習知識、提高認識。不過，作為不學不思的一種結果，「愚」與「惡」之間存在著一定的關聯。

第四章論述戴震的理欲觀。理欲關係問題是戴震整個義理之學的核心，也是其代表作《孟子字義疏證》的中心議題。戴震對理學理欲觀的批判，基於全新形態的「理」概念。戴震在概念分析上把「理」規定為分理、條理、情理。在將這些內涵運用於社會生活時，它們被解釋為人類社會生活的特殊

性、秩序性以及適度性。此外,「理」還指對道德原則的正確認識,即道德眞理。

理欲關係的辨證,是戴震道德哲學的精粹。針對程朱理學「存天理,滅人欲」,即把天理和人欲相對立的理欲對立說,戴震提出了「理存乎欲」的理欲統一說。戴震視欲和情爲人的本性,強調人生而必有欲、有情。但是,人不能縱慾、窮欲,而應該把情慾限制在一定的程度和範圍之內,這個程度和範圍就是「理」,「理」乃是情慾之適中而不過度。據此,戴震提出了「絜情」、「同欲」說。

自然與必然是戴震理欲關係的一種理論表述。自然與必然不可分割,自然的東西合乎規律的發展,便是必然,必然的東西又不在自然之外,二者具有相輔相成、同步發展的性質。「理」作爲當然準則不具有先在性,而是從具體的人倫日用中抽象出來的「至正」之則,這種「至正」之則就是要遂人之欲、達人之情以至於無纖微之憾。只有堅持自然之欲與必然之理的統一,才能使道德規範和情慾活動都具有現實的合理性。

戴震在肯定理欲統一的前提下,也重視理欲的矛盾方面。程朱認爲,理欲之所以矛盾,社會上之所以有惡,是由於「私慾所蔽」。在程朱看來,慾望是自私的,天理則是至善的;慾望愈多,愈偏私,愈違理;欲和理此消彼長,不能共存一體。戴震則認爲,理欲之所以矛盾,社會上之所以有惡,不光因爲人的私慾作祟,還因爲人的認識上有蔽。即惡的產生是因爲人有私和蔽,而私和蔽是由不同的原因造成的。私是慾望方面的問題,蔽是認識方面的問題,兩者不能混淆。由於引入了認識論的視野和方法,戴震「理存於欲」的理欲觀顯示出強大的理論魅力和現實價值。

第五章論述戴震對程朱理欲觀的批判。宋明以來,程朱理學「存天理、滅人欲」的理欲觀對社會造成了極大危害。程朱理學的理欲觀帶來的惡果主要體現在:苛責君子而縱容小人;導致普遍的虛僞;適成忍而殘殺之具。戴震有力地揭露了中國傳統社會倫理異化的殘酷性,指出程朱理欲觀「以理殺人」,成了壓迫卑者、幼者、賤者的統治工具。

程朱「存天理,滅人欲」理欲觀形成的原因是:其一,理的實體化。在程朱那裡,作爲倫理道德所以可能和必然的根據,「天理」內在於人心,是先驗的道德理性(性體)。程朱誇大「理」的絕對至上性,意味著道德理性原則高於人的現實利益,普遍倫理原則高於個體感性慾求。其二,欲的泛化。程朱

在理欲觀上所使用的概念並非是一貫的，有時甚至是矛盾的，概念範疇使用上的歧義性導致了欲的泛化。同時，程朱理學在理論上的確存在著禁慾主義傾向。其三，理學的意識形態化。戴震所批判的程朱理學，實際上是意識形態化的程朱理學，戴震道德哲學的真正價值在於對理學末流和理學意識形態化的批判。

在戴震看來，認識上的錯誤遠比道德上的錯誤更具有災難性，因為一個在認識上陷於錯誤的人可能以自己的意見為真理迷惑他人，還可能挾權勢之威強責於人。戴震指出，不能把「知之失」歸之於「欲之失」，要盡量避免認識上陷於錯誤而自蔽。戴震從多個方面展開對意見之理的探究和批判。戴震提出，「意見」與「理」的區分標準是「心之所同然」，即社會上大多數人所共同主張、共同認同的觀點就是「理」。為了避免和克服「以己之意見」為理，達到「心之所同然」的「理義」，就必須「去私」、「解蔽」。「去私」的關鍵是實行「忠恕」之道，即「以情絜情」、「己所不欲，勿施於人。」「解蔽」的途徑和方法則是堅持不斷地博學、審問、慎思、明辨，不為一人之意見所惑，從而避免個人以隨心所欲的「意見」取代普遍性的道德原則並以此為依據而肆意損害他人。

第六章論述戴震的德性論。在戴震這裡，道德原則具體體現為仁義禮三種道德規範。人之情慾擴而為人倫日用，這就是社會存在的真正內容，仁義禮的產生離不開人倫日用這個基礎。仁義禮必須在人倫日用中尋求，即在作為「物」的人倫日用中探索並歸結出普遍安當的準則。

戴震以「生生」作為「仁」的根本內涵，這不僅是對自然之道生生不息的流行過程的觀察和總結，更是對人的生養之道的重視和關懷。「義」與「禮」則是生生過程中所體現的秩然有序的條理、規則。仁義禮三者間的具體聯繫表現在：仁作為人道生生的直接體現，是核心，義和禮是對人道生生過程中所具條理和規則的歸結，義和禮並不外在於仁，它們是以仁的達成為目標的。

以智仁勇為德，來自於《中庸》，戴震沿用這些傳統範疇作為其道德修養的目標，但是又對它們進行了改造和重新闡釋。戴震認為，智仁勇是在仁義禮的基礎上提出的，仁義禮構成了智仁勇的實質內容。仁義禮是客觀的善，以人倫日用達於「純粹中正」為其價值內涵；智仁勇是主體的德性，以能使人倫日用達於「純粹中正」為其規定性。這二者是二而一、一而二的。在具體涵義上，「智」作為主體的實踐理性或認知德性，是知性基礎。「智」就是

「不蔽」，是指人們能夠正確認識和掌握事物固有之理，不為偏見所蒙蔽。「仁」是主體對天道與人道生生狀態的體驗、認同和參與，是宇宙生生過程內化於主體而成就的一種德性。與促成生生過程緊密相連的是去除偏私之害。去除偏私的根本途徑是通過「以情絜情」培養「仁」的德性。「勇」是主體自發地追求上進的意志性能力，是指人們自強不息、百折不回的道德意志與道德勇氣。智仁勇三者共同指向生生之道的實現，三種德性都具備，就意味著主體自身品格的完善和生生目標的達成。戴震以「仁且智」做為最高道德理想。戴震強調仁與智的主要原因，就在於他在肯定欲本身的同時，對惡的根源提出了一種不同於理學的新解釋，認為惡源於欲之流於私和知之失之蔽，而仁與智則是使這兩個問題得以消除的德性。

結語部分總結了戴震道德哲學的現代意義。戴震道德哲學為我們思考和解決當代道德建設所面臨的問題提供了不可多得的理論資源。

（十九）

《「戴震の哲学」をめぐる思想史：劉師培と章炳麟を中心に》

石井剛　東京大学博士論文，2008 年

本論文は、清代中期の漢学者戴震（字は東原、1724～1777）の哲学について二つの側面から考察を行う。一つは、清末民初期における中国学術の近代的転型プロセスの中で、「戴震の哲学」が形成されていったプロセスを探り、その内容を明らかにすること。もう一つは、戴震に起源を持つ哲学的思弁が清末期にどのような問題構制のもとで、どのように戴震を批判的に継承していったのかを分析すること。この二つの問題を上下 2 編に分けて検討する。

上編では、梁啓超（1873-1929）と胡適（1891-1962）による「戴震の哲学」形成のプロセスを明らかにするとともに、戴震の学術体系が明末に伝来した西学の影響下で形成された漢学的哲学としての性格を有していたことを明らかにする。

清代漢学の実証主義的な気風は、清末民国初期にいたって、「科学精神」や「科学的方法」として再評価されるようになる。それは、中国における学術の近代的転型を促す内在的条件であると認識された。その一方で、漢学はそれ以前の宋明理学（宋学）に比して、没哲学的だという見解がしば

しば見られる。その一人梁啓超は、宋学的哲学の系譜のなかに戴震を位置づけた。胡適は、梁啓超とは対照的に、反宋学的立場から清代に新しい科学的な哲学が誕生したと論じて、その典型を戴震に求めた。つまり、胡適は漢学的哲学の存在を主張したのだ。だが、胡適は戴震の新しい哲学を支えた「科学精神」の由来を適確に名指すことはなかった。（以上第 1 章）

梁啓超は、胡適とは異なり、戴震の「科学精神」が明末にイエズス会士が伝えた西学の影響によって成立していたことを指摘している。ただ梁啓超は漢学の科学性と哲学を相容れないものだと見ていたために、戴震における漢学的哲学の誕生に十分な評価を与えることができなかった。戴震が集大成した清代漢学が主に行ってきたことは、イエズス会の学科体系においてフィロソフィアに分類されるものであった。漢学に哲学がないという評価自体は、近代的学科分類を変わることのない自明なあり方と見て、そこから断定したものにすぎない。戴震は、明末以来の新しい知のかたちを自らの言説構成の原動力として、格物致知のあり方を大きく転換したのだと言える。その意味でこそ、戴震は脱宋学的であったといいうる。しかし、彼は同時に聖人という仮構的人格を設定した。その結果、科学的な客観知識に対する開かれた態度と、性善説や修己治人的な道徳修養論とが一つの哲学体系の中に共有されることになった。（以上第 2 章）

上編を通じて明らかにしたのは、宋学的系統の上に成立する「戴震の哲学」像が、必ずしも、明末以来の中国学術史におけるダイナミズムを適切に評価したものではないということだ。戴震は、明末に伝えられた西学の知識と思考方法から多大な影響を受けて、明代までとは異なる格物窮理の学を行った。それはまさに、中国における哲学 philosophy の成立とでもいうべき事件であった。清代には明末に流入した西学の影響のもとで方法的に大きな転換を遂げた新しい哲学が成立していたのであり、従来の梁啓超的清代学術史観は、それを適切にとらえ切れていなかった。

下編では、劉師培（1884-1919）と章炳麟（1869-1936）の清末における言説を取り上げる。彼らは、戴震が代表する清代哲学をもとにしながら、ポスト戴震期における二つの対照的な哲学的言説を構築した。

劉師培は、戴震の訓詁学的な理欲論を批判的に継承し、「心理」という概念を持ち出すことによって、それが自己展開する弁証法的歴史観を構想

する。この概念は、戴震が一度「意見」であるとしてうち捨てた、外界認識の際に起動する主観的な分析作用のことであった。劉師培は、性善説をめぐる戴震のアポリアを批判するために、もう一度それを拾い上げたのだ。彼は、戴震の思想の中心は三綱批判と平等主義であるとした。そして、進化論を吸収しながら、原初的平等から究極的な善としての大同的平等へと展開していくべき目的論的歴史像を描こうとした。戴震の理欲論は、欲望肯定論という点から見れば、利己主義的弊害を有するが、一方では究極的平等への契機を展開するものでもあった。その意味で、戴震の交利主義思想は、「心理」の自己展開プロセスとしての劉師培の歴史観の中で、重要な弁証法的動力として機能している。劉師培は戴震に源を発する漢学の伝統を自らの知的資源として存分に吸収、応用しつつ、同時に陽明学を再評価することによって戴震を有機的構成要素として自らの歴史哲学に取り込んでいった。したがって、劉師培の戴震論は漢学を通過したものでありながら、実質的には梁啓超の宋学的哲学としての戴震像を先取りし、しかもより強力に構成しようとした例であるとも言える。（以上第3章）

　章炳麟は、中国固有の哲学伝統の中から宋学を排除し、荀子と荘子に代表される周秦諸子学を哲学であるとする。そして、戴震はそのような系列の哲学史の中で最も近い時代の哲学者であったという。章炳麟は音韻訓詁学から周秦諸子学へという眞理追求の段階的方法論を提唱している。これは漢学的哲学の近代的展開というべき例だろう。章炳麟の公理批判思想にも、戴震の理観に対する継承の痕跡ははっきりと刻まれている。そして、章炳麟独自の斉物思想は、戴震的理の否定ではなく、超越論的な視点のもとでそれを相対化していくことを契機として成り立っている。章炳麟は、戴震の学術行爲を「学隠」と呼んだ。章炳麟にとって、「隠」というあり方は、本来性とは異質の勢として現前している理的秩序の中につきしたがっていく（随順）ことを意味していた。章炳麟は、戴震が示した理的秩序を、非本来的でありつつ、なおもそこに依拠していかなければ人が人たり得ないような世界の境位として承認する。しかし、それは同時に『五無論』の中で示されたような無生主義のユートピアとは異なり、随順的存在としてしか生存し得ない人間が依って立つべき限定的な公共的準則の体系だったのだ。章炳麟が公理に代えて提出した斉物という概念は、公理の客観性を

承認しつつ、なおも万物がありのままに存在するような多様性の原理を名指すものであった。（以上第4章）

　戴震と劉師培、章炳麟を結びつける共通の学術的関心は音韻訓詁研究（小学）に表れている。また、戴震の理的構造論はその音韻学研究の体系を支えるものでもあり、彼らの音韻研究の構造を祖述し比較することは、その理的構造に対する把握のしかたを分析することにつながる。とりわけ、戴震の理から出発して斉物概念にたどり着いた章炳麟において、こうした比較は重要な意味を持つ。章炳麟は、戴震の方法を用いながら言語の音韻的構造を体系化しようとした。だが、戴震と異なっているのは、章炳麟の体系が、その斉物思想を映すような、多様性の体系として描かれていることだ。方言音に対する認定と体系編入のやり方は、さまざまな声が同時に存在しているような斉物的世界観へと直接つながっている。ただし、章炳麟は言語という一種の理的秩序をそのまま普遍性の開示であるとは見なかった。言語的理は同時に勢であり、無生的世界の本原性とは異なった随順の世界であった。そして章炳麟は、哲学の役割をそのような随順的世界に対する思考実践=「見」に限定している。すなわち、章炳麟にとって哲学とは、本原性の世界と勢としての現実との狭間で、随順的世界にとどまりつつ、斉物的平等の地平を模索することであったと言える。その意味で章炳麟にとって言語とは、始原においては暴力的に与えられた存在と認識の依拠であると同時に、有限な個体的生とは異なり、「跡」を遺していくことのできる希望の仮託先でもあった。（以上第5章）

　章炳麟の転注理解は、斉物的多様性の世界を映す言語論に重なるものであるが、それは劉師培の転注論にも類似している。しかし、このような類似にもかかわらず、両者の思想は、深刻な相違を呈しているというべきだろう。それは、彼らの文論を比較することで明らかとなる。章炳麟の文論は、文字の有する独自の価値を強調することに主眼が置かれていた。それはまさに、現出者をいかに公共的なまなざしのもとに象り、その「跡」を遺していくのかという問題に対する解答の試みであった。それに対して、劉師培は、韻文中心主義の文学論を展開する。その帰結は、「天籟」のもとに普遍的言語が成立するに違いないという、やはり目的論的、かつ予定調和的な歴史観の反復であった。これは、章炳麟が、言語音声の多様性、瞬

間性、空間的・時間的差異性をそのまま認めて成り立たせていくような超言語的境位を「天籟」であると見たのとは対照的であろう。『荘子』斉物論篇に登場する「天籟」というアレゴリーの解釈において、劉師培と章炳麟は対照的であり、しかもそれは、両者の思想の対立点を如実に反映している。ただし、章炳麟の反目的論的哲学は、劉師培の小学研究から示唆を受けて成立しており、章炳麟の思想が劉師培の持つ強力な目的論的思考からどれくらい自由なものとなりうるのかという問題は十分遺されている。（以上第6章）

　全編を通じて、「戴震の哲学」というジャンルが形成されてくる歴史的プロセスを明らかにすると共に、戴震の学術思想における哲学的課題が清末期にどのように継承され、新たな問題を開いていったのかを考察した。それは、「戴震の哲学」というジャンルを相対化しながら、戴震以降の哲学ー明末以降に転換を遂げた中国哲学ーのゆくえをたどろうとする試みであったと言える。

（二十）

Re-inventing the Way: Dai Zhen's "Evidential Commentary on the Meanings of Terms in Mencius" (1777)

Ewell, John Woodruff, Jr. *University of California, Berkeley, 1990*

This dissertation presents a complete annotated translation of Dai Zhen's (1724-1777) Evidential Commentary on the Meanings of Terms in Mencius, and includes three introductory chapters which discuss the origin and significance of the text.

The Introduction raises the issue of what it means to regard such a text as a work of "philosophy," given that this term, as Feng Youlan points out, denotes a category of Western origin. Chapter I considers various interpretations of Dai Zhen's work that have been proposed in the 20th century, and suggests that Dai himself might have characterized his work, in 20th century terminology, as a theory of the practices and structures that constitute the Sagely Way. Chapter III explores the genesis of Dai Zhen's argument as a critique of the fundamental assumptions and interpretative theories of Song daoxue Confucianism, as formulated in the

Northern Song by Zhou Dunyi (1017-1023), Shao Yong (1011-1077), Zhang Zai (1020-1077), Cheng Yi (1033-1107), and Cheng Hao (1032-1085), and as systematized in Southern Song by Zhu Xi (1130-1200).

（二十一）

Acquiring "Feelings That Do Not Err": Moral Deliberation and the Sympathetic Point of View in the Ethics of Dai Zhen

Tiwald, Justin *The University of Chicago, Illinois, 2006*

This work is about the 18th Century Chinese Confucian philosopher Dai Zhen (1724-1777), a sophisticated advocate for the use of sympathy in moral deliberation and a staunch critic of orthodox Neo-Confucianism, which he regarded as responsible for a crisis in moral thought. I focus on Dai's elegant conception of the proper relationship between desire, sympathetic concern, and moral reasoning, and show that his better-known views on metaphysics and intellectual history are best understood as supporting his fundamental concerns about the place of the feelings and desires in moral deliberation. In so doing, I contend that Dai offers an appealing account of moral deliberation as sympathy-based, over and against accounts that are based fundamentally on moral principles or non-sympathetic faculties. I also show that Dai had a nuanced understanding of the relationship between desire and well-being, responsive both to the view that human welfare independent upon the desires, but also to the widespread desire-skepticism found in the philosophical and religious thought of his era. I conclude that Dai's central philosophical project in moral deliberation theory forces us to reconsider the precise way in which we value the good of another person through sympathetic concern, the relationship between desire and well-being (where Dai has a more successful view than modern informed desire theories), and the importance of self-interest for moral reasoning.

參考書目

一、中文一手資料

（一）戴震著作

《戴東原集》，清乾隆五十七年壬子段氏經韻樓刻《經韻樓叢書》本，上海中華書局排印、縮印《四部備要》本，1936 年。

《戴東原先生全集》，安徽叢書編審會影印《安徽叢書》本，1936 年。

《戴東原戴子高手札眞蹟》，臺北中華叢書委員會，1956 年。

《孟子字義疏證》，微波榭本，何文光整理，北京中華書局，1961 年。

《戴震集》，湯志鈞校點本，上海古籍出版社，1980 年。

《戴震全集》，清華大學，北京。

（二）其他著作

方東樹，《漢學商兌》，臺北商務，1968 年。

王廷相，《王廷相集》，北京中華，1986 年。

王夫之，《船山遺書全集》，臺北，中華文化叢書，1972 年。

王守仁，《王陽明全書》，臺北正中，1953 年。

朱熹，《朱子語類》，北京中華，1986 年。

朱熹，《四書集註》，臺北學海，1984 年。

吳廷翰，《吳廷翰集》，北京中華，1984 年。

凌廷堪，《校禮堂文集》，《安徽叢書》第四期，1935 年。

張載，《張載集》，北京中華，1978 年。

章學誠，《文史通義》，上海古籍，1956 年。

阮元,《揅經室全集》,臺北世界,1963年。

焦循,《雕菰集》,臺北新文豐,1985年。

程瑤田,《通藝錄》,叢書集成續編第10～11冊總類,臺北新文豐,1989年。

程頤、程顥,《二程集》,北京中華,1981年。

黃宗羲,《黃宗羲全集》,臺北里仁,1987年A。

黃宗羲,《宋元學案》,全祖望續成,北京中華,1987年B。

黃宗羲,《明儒學案》,北京中華,1987C。

劉蕺山,《劉子全集》,中華文史叢書;57,臺北華文,1968年。

陸九淵,《陸九淵集》,北京中華,1980年。

陳確,《陳確集》,北京中華,1978年。

羅欽順,《困學記》,叢書集成新編第23冊,臺北新文豐,1985年。

顧炎武,《日知錄》,黃汝成集釋,國學基本叢書,臺北商務,1956年。

顧炎武,《顧亭林詩文集》,北京中華,1983年。

二、中、日、西文二手資料

山井湧,盧瑞容譯,〈明末清初的經世致用之學〉,《明清思想史研究》,東京大學出版會,1980年。

山根三芳,蔡懋堂譯,〈朱子倫理思想之研究〉,《國立編譯館館刊》第二卷第一期,1973年。

井上進,〈樸學之背景〉,《東方學報》第六十四冊,京都,京都大學人文科學研究所,1992年。

王汎森,〈明末清初的人譜與省過會〉,《中央研究院歷史語言研究所集刊》第六十三本,1993年。

王汎森,〈「心即理」說的動搖與明末清初學風之轉變〉,《中央研究院歷史語言研究所集刊》第六十五本,1994年。

王茂,〈論戴震哲學的結構與含義〉,《哲學研究》第一期,北京,1981年。

王茂等人合著,《清代哲學》,安徽,人民出版社,1992年。

石錦,〈略論明代中晚期經世思想的特質〉,《中國歷史學會史學集刊》第十八期。

朱曉海,〈近代學術史課題之商榷——論戴震與章學誠之後〉,《東方文化》,香港,1978年。

何佑森,〈清代漢宋之爭平議〉,《文史哲學報》,臺北,臺灣大學文學院,1978年。

何佑森,〈論「形而上」與「形而下」——兼論朱子與戴東原〉,《臺大中文學

報》創刊號。

何冠彪，《明末清初學術思想研究》，臺北學生，1991 年。

余英時，《歷史與思想》，臺北聯經，1976 年。

余英時，《論戴震與章學誠》，臺北華世出版社，1980 年。

余英時，《史學與傳統》，臺北時報，1982 年。

余英時，《中國思想傳統的現代詮釋》，臺北聯經，1987 年 A。

余英時，《中國近世宗教倫理與商人精神》，臺灣聯經，1987 年 B。

岑溢成，《詩補傳與戴震解經方法》，臺北文津，1992 年。

李弘祺，〈試論思想史的歷史研究〉，《思與言》七卷二期，1969 年。

李弘祺，《讀史的樂趣》，臺北允晨，1991 年。

李永熾，〈思想史的類型、範圍與對象〉，《中華文化復興月刊》四卷十期，1971
  年。

李紀祥，《明末清初儒學之發展》，臺北文津，1992 年。

周昌龍，〈戴東原哲學與胡適的智識主義〉，《漢學研究》，第十二卷第一期，
  1994 年。

周輔成，〈戴震的哲學〉，《哲學研究》，第三期，北京，1956 年。

林毓生，《政治秩序與多元社會》，臺北聯經，1989 年。

林慶彰，《明代考據學研究》，臺北學生，1983 年。

侯外廬，《中國早期啓蒙思想史》，北京人民出版社，1958 年。

胡適，《戴東原的哲學》，臺北遠流，1968 年 A。

胡適，《胡適作品集》，臺北遠流，1968 年 B。

島田虔次，《中國近代思維之挫折》，東京，筑摩書房，1970 年。

張永堂，張永堂等譯，《中國思想與制度論集》，臺北聯經，1976 年。

張岱年，《中國倫理思想研究》，上海古籍，1989 年。

張壽安，〈凌廷堪的禮學思想——以禮代理說與清乾嘉學術思想之走向〉，《中
  央研究院近代史研究所集刊》二十一期，1992 年。

張壽安，〈戴震義理思想的基礎及其推展〉，《漢學研究》第十卷第一期，1992
  年。

梁啓超，《戴東原》，臺北中華，1979 年。

梁啓超，《先秦政治思想史》，臺北東大，1977 年。

梁啓超，《清代學術概論》，臺北華正書局，1989 年 A。

梁啓超，《中國近三百年學術史》，臺北華正書局，1989 年 B。

梁啓雄，《荀子簡釋》，古籍出版社，1957 年。

章太炎，《章太炎全集》，上海，1983 年。

勞思光，《新編中國哲學史》，臺北三民書局，1981 年。

馮友蘭，《中國哲學史新編》第六冊，北京人民，1989 年。

黃克武，〈理學與經世──清初《切問齋文鈔》學術立場之分析〉，《中央研究院近代史研究所集刊》十六期，1987 年。

黃克武，〈清代考據學的淵源──民初以來研究成果之評介〉，《近代中國史研究通迅》十一期，臺北，南港，1991 年。

黃啓華，〈乾嘉考據學興起的一些線索──兼論顧炎武錢大昕學術思想的發展關係〉，《故宮學術季刊》第八卷第三期，1991 年。

黃進興，〈清初政權意識型態之探究：政治化的道德觀〉，《中央研究院歷史語言研究所集刊》第五十八本第一分，臺北，1987 年。

黃瑞祺，《曼海姆》，臺北桂冠，1990 年。

湯用彤，《魏晉玄學論稿》，收於《魏晉思想》，臺北里仁，1984 年。

湯志鈞，《近代經學與政治》，北京，中華書局，1989 年。

溝口雄三，〈論明末清初時期在思想史上的歷史意義〉，《史學評論》十二期，1986 年。

容肇祖，〈戴震說的理及求理的方法〉，《國學季刊》，1925 年。

容肇祖，《明代思想史》，臺北開明，1978 年。

容肇祖，《容肇祖集》，北京，1989 年。

熊秉眞，〈從唐甄看個人經驗對經世思想衍生之影響〉，《中央研究院近代史研究所集刊》十四期，1985 年。

熊秉眞，〈十七世紀中國政治思想中非傳統成份的分析〉，《中央研究院近代史研究所集刊》十五期上冊，1986 年。

熊秉眞，〈清政府對江西的經營〉，《中央研究院近代史研究所集刊》十八期，1989 年。

葛兆光，〈明清之際中國實學思潮的變遷〉，《北京大學學報》第二期，1985 年。

劉述先，〈孟子心性論的再反思〉，《中國文哲研究通研》第四卷第三期，1994 年。

陸寶千，《清代思想史》，臺北廣文，1983 年。

陳其南，〈再論儒家文化與傳統商人的職業倫理：明清徽州商人的職業觀與儒家〉，《當代》，十一期，1987 年。

陳秉璋，《道德社會學》，臺北桂冠，1988 年。

陳祖武，《清初學術思辨錄》，北京中國社會科學出版社，1992 年。

錢穆，《中國近三百年學術史》，臺北商務，1937 年。

錢穆，《國史大綱》，臺北商務，1940 年。

錢穆，《陽明學述要》，臺北正中，1955 年。

錢穆，《朱子學提綱》，臺北東大，1971 年。

錢穆，《中國學術思想史論叢》，臺北東大，1980 年。

錢穆，《國史新論》，臺北東大，1981 年。

鮑師國順，〈戴東原著作考述〉，《孔孟學報》第五十九期，1980 年。

鮑師國順，〈戴震與段玉裁的師弟情誼與學術關係〉，《中山人文學報》，第一期，1993 年。

蔡元培，《中國倫理學史》，臺北商務，1981 年。

謝正光，〈從明遺民史家對崇禎帝的評價看清初對君權的態度〉，《新亞學術集刊》第二期，香港，1979 年。

濱口富士雄，〈清代考據學解釋理念之展開〉，《日本中國學會報》第四十三集，東京，日本中國學會，1991 年。

蕭公權，《中國政治思想史》，臺北聯經，1982 年。

羅炳綿，〈清代考證學淵源和發展之社會史的觀察〉，《新亞學術集刊》第二期，香港，1979 年。

薩孟武，《中國社會政治史》，臺北三民書局，1975 年。

〈明清變遷時期社會與文化的轉變〉，《中國歷史轉型時期的知識分子》，臺北聯經，1992 年。

〈明末清初經學研究的回歸原典運動〉，《孔子研究》，1989 年。

Baumer, Franklin L. Modern European Though: Continuity and Change in Ideas, 1600～1950. New York, Macmillan, 1977.

Berger, Peter L. and Thomas Luckmann. The Social Construction of Reality : A Treatise in the Sociology of Knowledge. New York, Anchor Books, 1967.

Berlin, Isaiah. Four Essays on Liberty. Taipei, 1992.

Chao, Shih-wei, "Yen Fu and the Liberal Thought in Early Modern China", Querterly of Chinese Culture, June 1995.

de Bary, William Theodore. The Liberal Tradition in China. New York, Columbia University Pess, 1964.

……, Neo-Confucian Orthodoxy and the Learning of the Mind-and-Heart. New York, Columbia University, 1981.

Elman, Benjamin A. "The Unravelling of Neo-Confucianism: From Philosophy to Philology in Late Imperial China", 《清華學報》新十五卷一、二期，1983 年。

……. From Philosophy to Philology. Cambridge, Harvard University, 1984.

……"Criticism as Philosophy: Conceptual Change in Ch'ing Dynasty Evidential

Research", 《清華學報》新十七卷一期，1985 年。

……Classicism, Politics, and Kinship: The Ch'ang-chou School of New Text Confucianism in Late Imperial China. Berkeley, University of California Press, 1990.

Foucault, Michel. The Archaeology of Knowledge. Tr. by A. M. Sheridan Smith, New York, Harper & Row, 1972.

Fromm, Erich. Man forHimself: an inquiry into the psychology of ethics. New York, Rineheart, 1947.

Grieder, Jerome B. Hu Shiih and the Chinese Renaissance: Liberalism in the Chinese Revolution, 1917～1937. Cambridge, 1970.

Guy, R. Kent. "The Development of the Evidential Research Movement: Ku Yen-wu and the Ssu-k'u Ch'in-shu", 《清華學報》新十七卷一期。

Hare, Richard M. Moral Thinking: its levels, method, and point. Oxford University Press 1981.

Henderson, John B. The Development and Decline of Chinese Cosmology. New York, Columbia University, 1984.

Higham, John. "Intellectual History and Its Neighbors", Journal of the History of Ideas, vol. XV, No. 3, 1952.

……. "The Rise of American Intellectual History", American Historical Review, vol. VI: 3, April 1961.

Huntington, Samuel P. Political Order in Changing Societies. Yale University, 1968.

Jay, Martin. "Fieldwork and theorizing in intellectual history: A replay to Fritz Ringer", Theory and Society, 19, 1990.

LaCapra, Dominick. Modern European Intellectual History. Ed. with Steven L. Kaplan, Cornell University Press, 1982.

……. Rethinking Intellectual History. Cornell University Press, 1983.

Lemert, Charles. "The habits of intellectuals: Response to Ringer", Theory and Society, 19, 1990.

Loden, Torbjom. "The Social Function of Tai Chen and Confucianism Thoughts", 《中華文史論叢》第一期，1989 年。

Lovejoy, Arthur O. The Great Chain of Being : a study of the history of ideas. Cambridge, Mass., 1936.

Mannheim, Karl. Man and Society in an Age of Reconstruction: Studies in Modern Social Structure. London, Routledge & Kegan Paul, 1949.

Metzger, Thomas A. Escape from Predicament: Neo-Confucianism and China's Evolving Political Culture. New York, Columbia University Press, 1977.

Moore, George E. Principia Ethica. New York, Cambridge University Press, 1993.

Parsons, Talcott. The Structure of Social Action: A Study in Social Theory with

Special Reference to a Group of Recent European Writers. Glencoe, III. : Free Press, 1949.

Popper, Karl R. The Poverty of Historicism. New York, Harper & Row, 1964.

⋯⋯. The Open Society and Its enemies. NJ, Princeton University Press, 1966.

Pye, Lucian W. The Spirit of Chinese Politics. Taipei, 1992.

Ricoeur, Paul. The Conflict of Interpretations. Northwestern University Press, 1974.

⋯⋯.Main Trends in Philosophy. New York, Holmes & Meier Publishers, INC., 1979.

Runyan, William McKinley. Psychology and Historical Interpretation. Ed. by Runyan, New York, Oxford University Press, 1988.

Schurtz, Alfred. Collected Pappers, Vol I. Edited and introduced by Maurice Natanson, The Hague, M. Nijhoff, 1973.

Schwartz, Benjamin I. "A Brief of Defense of Political and Intellectual History-With Particular Reference to Non-western countries", Daedalus, December, 1971.

Tai, Ching-hsien. "Chinese Future and the Prospect of Chinese Ethical Thought," International Conference on Mainland-Taiwan Relations towards the 21th Century. Yale Mainland-Taiwan Society, Yale University, April 3, 1993.

Skinner, G. William. The City in Late Imperial China. Ed. by Skinner, California, Standford University Press, 1977.

Stromberg, Roland N. "Some Models Used by Intellectual Historians," The American Historical Review, vol. VIII, No. 3, 蔡英文譯，1975。

Tarascio, Vincent J. "Intellectual History and the Social Sciences: The Problem of Methodological Pluralism", Social Science Quarterly, 1990.

Weber, Max. The Methodology of the Social Science. Tr. and ed. by Edward A..Shils and Henery A. Finch, Glencoe, III. : Free Press, 1949.

⋯⋯The Religion of China: Confucianism and Taoism. Tr. and ed. by Hans H. Gerth, Glencoe, III.: Free Press, 1951.

⋯⋯"The Logic of Historical Explanation", Weber. Selections in Transly W. G. Runciman, Cambridge University Press, 1978.